계열별 글쓰기의 기초와 실제

· 지은이

남경완 창원대학교 국어국문학과
박정선 창원대학교 국어국문학과
이준환 창원대학교 국어국문학과

계열별 글쓰기의 기초와 실제

초판 1쇄 발행   2018년 2월 23일
초판 3쇄 발행   2022년 3월 21일

저   자   남경완·박정선·이준환
펴 낸 이   박찬익

펴 낸 곳   ㈜**박이정**
주   소   경기도 하남시 조정대로45 미사센텀비즈 7층 F749호
전   화   031) 792 - 1193, 1195
팩   스   02) 928 - 4683
홈페이지   www.pjbook.com
이 메 일   pijbook@naver.com
등   록   2014년 8월 22일 제2020-000029호
제   작   제삼P&B

ISBN   979-11-5848-375-3 03710

＊책값은 뒤표지에 있습니다.
＊본서에서 인용한 글들의 저자와 출판사의 사전 이용 허락을 얻지 못한 점 양해 부탁드립니다.
  추후에라도 저작권과 관련한 문의를 주시면 성실히 응하겠습니다.

계열별 글쓰기의 기초와 실제

남경완 · 박정선 · 이준환 지음

글쓰기는 생각과 느낌을 언어로 표현하는 행위이다. 우리는 이 세상을 살아가면서 다양한 경험을 한다. 그러한 경험을 하면서 우리는 세상과 타인에 대한 특정한 느낌을 얻고 생각을 하게 된다. 또한 그러한 경험을 하는 자기 자신에 대해서도 생각하게 된다. 그런데 우리는 세상과 타인, 자신에 대한 생각과 느낌을 마음속에 간직하기만 하는 것이 아니라 언어로 표현하고자 하는 욕구를 느낀다. 이러한 자기표현의 욕구는 인간에게 내재된 근원적인 욕구라고 일컬어지기도 한다. 글쓰기는 인간의 그러한 자기표현의 욕구를 문자로 실현하는 행위이다.

(주)박이정

　글쓰기는 자기 표현, 지식의 자기화와 재창조, 타인과의 소통이란 의미를 지닌 활동이다. 우리는 살아가면서 다양한 경험을 하고 그에 대한 자신의 생각과 느낌을 표현하려는 욕구를 느낀다. 그런 의미에서 글쓰기는 자신을 표현하는 활동이다. 또한 글쓰기는 지식을 자기화하고 재창조하는 활동이다. 우리는 책과 강의를 통해 여러 분야의 교양적, 전공적 지식을 습득한다. 습득한 지식을 자기 것으로 만드는 유효한 방법 중 하나가 자신의 언어로 그것을 정리하는 것이다. 그것이 글쓰기를 매개로 이루어진다. 아울러 지식의 자기화는 새로운 지식을 창출하는 바탕이 되며, 새로운 지식은 글쓰기를 통해 체계화된다. 한편 글쓰기는 타인과 소통하는 활동이기도 하다. 사회적 동물인 인간은 여러 층위의 집단에 소속되어 다른 구성원들과 관계를 맺으며 살아간다. 타인과의 관계 형성과 유지는 많은 경우 언어에 의존한다. 글쓰기는 우리가 공동체의 일원으로서 타인과 원만한 관계를 유지하는 데에 중요한 역할을 한다.

　현재 많은 대학에서 글쓰기를 교양 필수 교과목로 지정하여 운영하고 있다. 그 이유는 앞서 언급한 바와 같이 대학생이 생활 세계, 학문 세계, 직업 세계 등에서 주체적이고 능동적인 인간으로 살아가는 데에 글쓰기가 커다란 기여를 하기 때문이다. 게다가 정보 통신 기술의 비약적인 발달로 우리는 인터넷이라는 또 하나의 세상에서 살고 있다. 우리는 이 새로운 세상에서 글쓰기를 통해 타인과 관계를 맺으며 새로운 형태의 삶을 영위하고 있다. 대학은 이런 이유에서도 학생들에게 글쓰기의 올바른 방법을 교육하려 애쓰고 있다. 대학생들은 글쓰기 능력이 현대 사회에서 살아가기 위해 필요한 요건이라는 점을 인식하고 글쓰기 능력을 기르기 위해 부단히 노력해야 한다.

　『계열별 글쓰기의 기초와 실제』의 제1부는 글쓰기의 기초 지식과 원리를 익히도록 편성되어 있다. 기초 글쓰기는 글쓰기의 이해와 과정별 글쓰기로 구분된다. '제1장 글쓰기의 이해'에서는 글쓰기의 의미와 중요성, 유의점 등 글쓰기에 관한 전반적 사항을 파악하고, 전공 계열별 글쓰기의 특성에 대해서도 이해할 수 있도록 하였다. '제2장~제6장 과정별 글쓰기'에서는 내용 생성하기, 내용 조직하기, 집필하기, 고쳐쓰기에 이르는 글쓰기의 과정을 따라가면서 각 단계별로 글쓰기 방법을 익히고 실제로 글을 쓰고 다듬는 경험을 쌓도록 구성하였다.

『계열별 글쓰기의 기초와 실제』의 제2부는 심화 글쓰기에 해당되며, 자기소개서 쓰기와 계열별 에세이 쓰기로 이루어져 있다. '제7장 자기소개서 쓰기'에서는 자기소개서의 유형과 작성 방법을 익히고 실제로 써 보도록 하였다. 대학생들은 이를 통해 취업이나 각종 비교과 체험 활동을 지원할 때 제출하는 자기소개서를 올바로 쓰는 능력을 기를 수 있다. '제8장~제10장 계열별 에세이 쓰기'에서는 최근 인문학, 사회 과학, 과학 기술 분야에서 쟁점이 되고 있는 주제로 에세이를 써 보도록 하였다. 대학생들은 여러 학문 분야의 시의성 있는 주제에 관련된 자료를 읽고, 동료 학생들과 토론하며, 이를 바탕으로 자신의 생각을 논리적이고 체계적으로 피력하는 훈련을 할 수 있다. 그런 과정에서 자기 전공은 물론이고 타 전공에 대한 이해를 심화하고 지식을 확장할 수 있다.

『계열별 글쓰기의 기초와 실제』는 대학생들이 글쓰기 실력을 향상시키는 데 도움을 주려는 목적에서 집필된 책이다. 대학생들은 이 책을 통해 과정별 글쓰기 원리와 방법을 익힌 후 글쓰기 실습을 하고, 여러 학문 분야에서 쟁점이 되는 주제에 관한 사색과 토론을 바탕으로 자신의 견해를 논리적이고 체계적으로 제시하는 경험을 할 수 있을 것이다. 대학생들은 이런 과정을 거치면서 주체적이고 능동적으로 글을 쓰는 능력을 함양해 가게 될 것이다. 이 책은 일차적으로 대학생들이 교양 글쓰기 과목을 수강할 때 활용하는 교재이나 평소에도 좋은 글을 쓰기 위해 활용할 수 있는 참고 도서이기도 하다. 이 책이 대학생들의 글쓰기 능력 신장에 실질적인 기여를 할 수 있기를 바란다.

지은이 일동

• 이 교재의 활용법 및 일러두기

1. 이 교재는 대개의 대학에서 일주일에 두 차례 수업을 하는 현실에 맞추어, 계열별 글쓰기의 기초에 해당하는 제1장~제6장은 2차시로 나누어 수업하는 것으로 구성 하였으며, 계열별 글쓰기의 실제에 해당하는 제7장~제10장은 4차시로 나누어 수 업하는 것으로 구성하였다. 각 차시별 학습 내용은 각 장의 도입부에 제시되어 있 는 "주요 내용"의 '학습 내용'에 제시를 하였으니 참고하길 바란다.

2. 각 장의 도입부에 제시된 "주요 내용"에는 '학습 목표', '학습 내용', '교수–학습 방 법', '평가'에 관한 핵심적인 내용을 제시해 놓았다. 그러니 이 내용에 맞게 이 교재 를 활용한다면 수업의 효과가 극대화되리라 믿는다.

3. 이 교재는 모듈화하여 편성하는 방식을 지향하였으며 각 부분에 실습 활동을 배치 하고 어느 정도 실습 공간도 둠으로써 실습을 통하여 글쓰기에 관한 실제적인 지식 을 터득하고 능력을 갖추어 나가도록 하였다. 그러니 교재에 제시되어 있는 여러 실습 활동을 적극적으로 활용해 주길 바란다.

4. 글쓰기의 실제 부분의 활동에서는 학생들이 어디에 초점을 맞추어서 이해하고, 생 각하고, 내용을 생성하고, 정리하고, 집필하고, 수정하고 해야 할지를 제시하여 글 쓰기 활동의 방향을 명확히 하고자 하였다. 이를 통해 평가를 할 때의 기준도 명확 히 하고자 하였다. 그러니 각 부분에 제시되어 있는 내용들에 따라 충실히 학습하 고 실습을 해 주길 바란다.

5. 제8장~제10장의 계열별 에세이 쓰기는 인문학 글쓰기, 사회 과학 글쓰기, 과학 기 술 글쓰기의 순서로 배치하였다. 제8장은 인간 본성에 대한 탐구를 하는 글을, 제9 장은 사회적 합의와 계약에 관한 글을, 제10장은 인간의 욕망과 합리성에 관한 글 을 골랐고, 제8장에서 제10장으로 갈수록 글의 난도도 높아지도록 하였다. 그러니 글의 주제와 난도를 고려하여 계열별 에세이 쓰기를 해 주기 바란다.

6. [자료]에 제시된 글들 중에 규범에 맞지 않는 것이 있는 경우 독해의 정확성을 높이 기 위하여 어문 규정과 『표준국어대사전』을 따라서 띄어쓰기를 중심으로 하여 수 정을 하여 제시하였다. 다만 학생이 쓴 글들은 원문대로 수록을 하였다.

7. 교재의 끝부분에는 부록으로 글쓰기에서 자주 틀리는 어문 규정에 해당하는 내용을 실어 놓았다. 그러니 학습자들은 이를 적극적으로 활용하여 어문 규정을 준수하는 글쓰기를 할 수 있도록 하길 바란다.

CONTENTS_

제2부: 글쓰기의 실제

제 **1** 부
글쓰기의 기초

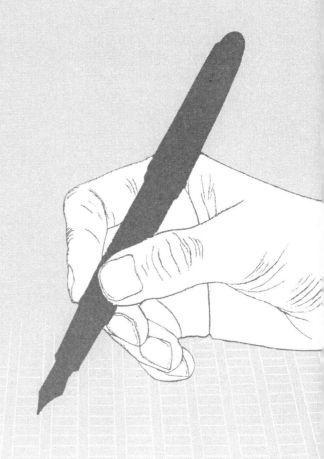

제1장
글쓰기의 이해

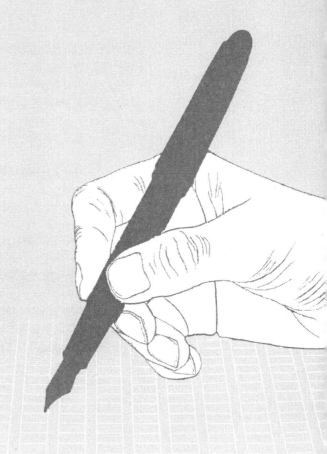

▧ 주요 내용 ▧

구분		내용
학습 목표		• 글쓰기의 의미와 중요성에 대해 말할 수 있다. • 좋은 글을 쓰기 위해 유의해야 할 점에 대해 설명할 수 있다. • 계열별 글쓰기의 특성에 대해 알 수 있다. • 자기 글쓰기의 문제점을 파악하고 해결 방법을 찾을 수 있다.
학습 내용	1차시	• 글쓰기의 의미, 중요성, 유의점의 이해, 계열별 글쓰기의 특성
	2차시	• 자기 글쓰기에 대한 분석
교수–학습 방법	강의	• 글쓰기의 의미, 중요성, 유의점
	토론	• 글쓰기의 어려움과 해결방안
	실습	• 자기 글쓰기를 분석하는 글쓰기
평가		• 글쓰기의 의미와 중요성에 대한 이해 • 좋은 글을 쓰기 위한 요건의 이해 • 자기 글쓰기에 대한 분석의 정확성과 깊이

1.1. 글쓰기의 의미

글쓰기는 생각과 느낌을 언어로 표현하는 행위이다. 우리는 이 세상을 살아가면서 다양한 경험을 한다. 그러한 경험을 하면서 우리는 세상과 타인에 대한 특정한 느낌을 얻고 생각을 하게 된다. 또한 그러한 경험을 하는 자기 자신에 대해서도 생각하게 된다. 그런데 우리는 세상과 타인, 자신에 대한 생각과 느낌을 마음속에 간직하기만 하는 것이 아니라 언어로 표현하고자 하는 욕구를 느낀다. 이러한 자기표현의 욕구는 인간에게 내재된 근원적인 욕구라고 일컬어지기도 한다. 글쓰기는 인간의 그러한 자기표현의 욕구를 문자로 실현하는 행위이다.

한편으로 글쓰기는 사회적 의사소통 행위이기도 하다. 우리는 가정, 학교, 직장, 지역사회, 국가 등 다양한 층위의 집단에 소속되어 타인들과 관계를 맺으며 살아간다. 그러한 관계 속에서 우리는 타인들과 생각이나 감정을 교환하거나, 지식과 정보를 주고받는다. 또한 타인을 설득하여 생각과 행동을 바꾸기 위해 주장을 제시하기도 한다. 이 같은 여러 가지 의사소통은 말이나 글을 통해 이루어진다. 글쓰기는 글(문자 언어)을 수단으로 하며, 복잡한 규범과 원리에 바탕을 둔 고차원적인 의사소통 행위이다.

통신 기술의 발달에 따라 우리는 빠르게 정보화 시대로 진입하였다. 지금 우리는 인터넷을 통해 무한한 지식과 정보를 신속하고 용이하게 교환, 재창조할 수 있는 환경 속에서 살고 있다. 이처럼 정보화 시대는 산업화 시대에 비해 우리에게 글쓰기의 기회를 훨씬 더 많이 제공하고 있다. 글쓰기의 환경이 변화된 것이다. 그런 만큼 글쓰기는 작가나 문필가 등 소수의 특별한 집단에 국한되었던 과거와는 달리 이제는 훨씬 더 많은 이들의 삶과 밀접한 관계를 맺게 되었다. 우리는 컴퓨터, 스마트폰 등의 기기를 이용하여 인터넷 세상에서 매일매일 새로운 정보를 얻고, 자신의 생각과 느낌을 표현하며, 세상과 소통한다. 오늘날 글쓰기는 우리 삶의 주요한 부분이 되었다.

1.2. 글쓰기의 중요성

대학의 모든 공부는 일차적으로 인류가 축적해 온 지식을 충실히 습득하는 데 있다. 지식의 습득 방법은 주로 교양 또는 전공 서적을 읽는 것과 전문가인 교수의 강의를 듣는 것이다. 그러나 책을 읽거나 강의를 들었다고 지식을 완전히 이해할 수 있는 것은 아니며, 설령 이해한 지식이라 하더라도 시간이 지남에 따라 기억 속에서 사라지기 마련이다. 지식의 완전한 습득을 위해서는 독서나 강의를 통해 얻은 지식을 자신의 언어로 정리하는 작업이 필요하다. 그래야만 지식을 온전히 이해하고 오래 기억할 수 있기 때문이다. 그런 점에서 글쓰기는 지식을 자기화하는 데에 매우 효과적인 방법이다.

글쓰기는 자기화한 지식을 바탕으로 새로운 지식을 창출하는 방법이기도 하다. 대학생의 공부가 기존 지식의 충실한 습득에 그쳐서는 안 된다. 사회는 대학생으로 하여금 습득한 지식을 활용하여 새로운 지식을 만들어 내기를 원한다. 학문적, 국가적 발전이 새로운 지식의 창출로부터 비롯되기 때문이다. 새로운 지식은 언어를 수단으로 하여 체계적이고 논리적으로 정리되어야 한다. 그래야만 보편적이고 객관적인 지식으로 인정받을 수 있기 때문이다. 언어를 통해 새로운 지식을 정리하는 것이 바로 글쓰기이다.

한편 글쓰기는 대학생이 인성과 품위를 갖춘 성숙한 시민으로 성장하는 데 긍정적인 기여를 한다. 글쓰기는 자기 자신을 깊이 성찰하고, 타인과 원만히 소통하는 매개로서의 역할을 하기 때문이다. 우리는 글쓰기를 통해 보다 성숙한 인간으로 성장할 수 있으며, 공동체 사회에서 타인과 어떻게 관계를 맺으며 살아갈 것인지를 모색할 수 있다. 그러므로 글쓰기는 한 인간이 이 세상을 살아가는 데에 중요한 역할을 수행한다.

1.3. 글쓰기의 유의점

1.3.1. 좋은 글이 갖추어야 할 요건

좋은 글은 새로운 내용이 담겨 있고, 생각이 짜임새 있게 배열되어 있으며, 의미가 명료한 문장으로 이루어져 있다. 이런 글은 잘 읽히고, 내용 파악도 수월히 할 수 있다. 좋은 글은 자기표현과 의사소통에 성공한 글이다. 좋은 글의 요건을 항목화하면 다음과 같다.

- 새롭고 창의적인 생각이 담겨 있어야 한다.
- 내용이 흥미롭고 독자를 사로잡는 것이어야 한다.
- 구성이 체계적이고 논리적이어야 한다.
- 문장이 정확하고 참신해야 한다.

1.3.2. 좋은 글을 쓰는 방법

좋은 글을 쓰는 것은 쉬운 일이 아니다. 좋은 글을 쓰기 위해서는 부단한 노력이 필요하다. 예로부터 많이 읽고, 많이 생각하고, 많이 쓰는 것이 글쓰기의 유일한 방법으로 일컬어져 왔다. 오늘날에도 이 가르침의 가치는 조금도 떨어지지 않는다. 그와 함께 자기 글쓰기를 성찰하고 남들에게 객관적으로 평가받는 것도 좋은 글을 쓰는 방법이다. 좋은 글을 쓰는 방법을 다음과 같이 정리할 수 있다.

- 자기 글쓰기의 수준과 문제점에 대해 늘 점검하고 정확히 파악한다.
- 체험과 독서, 사색, 토론을 통해 글감을 풍부하게 갖춘다.
- 글쓰기의 기술적 방법을 익히고 많이 써 본다.
- 남에게 자신의 글을 보이고 피드백을 많이 받는다.

1.4. 계열별 글쓰기의 특성

1.4.1. 인문학 글쓰기

인문학은 인간의 언어와 문학, 역사와 철학을 다루는 학문 영역이다. 인문학 글쓰기는 인문학적 소양과 관점을 바탕으로 인간의 내면과 삶에 대한 통찰과 사유를 언어화하는 행위이다. 인문학 글쓰기를 통해 문학, 역사, 철학 등 인문학의 제반 영역에 대한 이해의 폭을 넓힐 수 있다.

1.4.2. 사회 과학 글쓰기

사회 과학은 한 사회의 여러 가지 현상을 분석하고 그 원인과 해결점을 모색하는 학문 영역이다. 사회 과학 글쓰기는 사회 현상을 객관적이고 실증적인 태도로 분석하여 그 원인과 해결책을 찾는 행위이다. 사회 과학 글쓰기를 통해 정치, 경제, 사회 등 사회 과학의 여러 영역에 대한 이해의 폭을 넓힐 수 있다.

1.4.3. 과학 기술 글쓰기

과학 기술은 수학, 물리학, 화학 등 기초 과학 분야에서 의학, 생명 공학, IT 등 응용과학 분야에 이르기까지 인간 생활을 보다 윤택하고 편리하게 하는 분야를 다루는 학문 영역이다. 과학 기술 글쓰기는 과학 기술 분야에서 요구되는 객관성, 정확성, 간결성을 바탕으로 한 의사소통의 행위이자, 과학 기술을 인간 및 사회와의 관련 속에서 성찰하는 행위이다. 과학기술 글쓰기를 통해 기초과학, 응용 과학의 제반 영역에 대한 이해의 폭을 넓힐 수 있다.

1 글쓰기가 왜 어렵고 힘든지에 대해 자신의 글쓰기 경험을 바탕으로 토론해 보자.

2 다음 예시를 참조하여 자기 글쓰기의 문제점과 원인, 해결 방법에 대해 생각해 보고 간략히 정리해 보자.

내 글쓰기에 대한 분석

1. 문제점: 써야 할 글의 주제에 대해 떠올린 생각들은 많은데, 그것들이 제대로 정리를 하지 못해 글을 다 쓴 후 보면 내용이 뒤죽박죽이다.

2. 원인: 글 내용이 뒤죽박죽인 이유는 내용을 전개하는 방법을 제대로 모르기 때문인 것 같다. 또 개요 작성이 중요하다는 것은 알지만, 막상 하려고 하면 힘들고 귀찮아 작성하지 않고 그냥 죽 써 버리기 때문에 그런 것 같기도 하다.

3. 해결 방법: 써야 할 글의 주제에 대해 떠올린 생각들을 요약해 두고, 글을 쓰기 전에 개요를 충분한 여유를 가지고 작성하고 글을 쓴다. 또 내용 전개 방법에 대해서도 공부한다.

－학생 글－

제 **2** 장
내용 생성하기

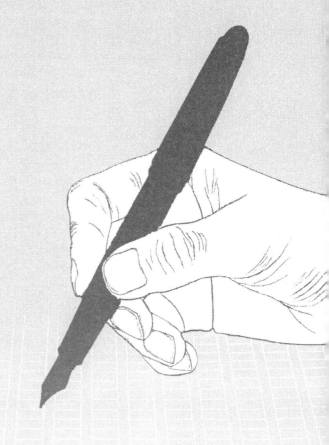

▨ 주요 내용 ▨

구분		내용
학습 목표		• 글쓰기의 과정을 전체적으로 이해하고, 각 단계별 유의점을 파악할 수 있다. • 자신이 쓰고자 하는 글의 주제를 구체적으로 설정할 수 있다. • 글을 써 나가기 위해 필요한 자료를 수집하는 방법을 터득하고 수집된 자료를 체계적으로 분류할 수 있다.
학습 내용	1차시	• 글쓰기의 전체 과정 이해 • 주제 설정의 방법
	2차시	• 자료 수집의 방식 • 자료의 체계적 분류 방법
교수–학습 방법	강의	• 주제의 개념, 자료 분류의 원칙
	토론	• 자유로운 주제 도출
	실습	• 주제 선정의 실제 • 자료 분류의 실습
평가		• 전체 글쓰기 과정에 대한 이해 • 주제 선정 과정에서 사고의 확장성, 독창성 • 자료 수집, 분석, 분류 과정의 체계성

2.1. 글쓰기의 과정

2.1.1. 도입

한 편의 글을 쓴다는 것은 자신의 생각을 정립해 나가는 정신적 활동임과 동시에 실제로 그 생각을 문장과 단락의 연결로 완성해 나가는 물리적 활동이기도 하다. 내가 관찰한 객관적 사실이나 자신의 주관적 해석을 글로 표현하기 위해서는 어떻게든 한 문장 한 문장 써 내려갈 수밖에 없다.

인간의 모든 활동에는 하나의 과정(process)이 존재한다. 가령, 그림을 그리기 위해서는 우선 자신이 그림으로 표현하고자 하는 대상을 선정하고, 그 대상에 대한 특징들을 세밀하게 관찰한 뒤, 전체적인 구도를 생각해 보고, 스케치를 한 후, 채색하는 단계를 거치는 것이 일반적인 과정이 된다.

글을 쓰는 행위 역시 이와 비슷하다. 자신이 관심을 가지고 있는 주제를 찾아서 그 주제와 관련된 여러 자료들을 읽고 접한 후 그에 대한 자신의 생각과 판단을 정리하고, 이를 하나하나 실제 문장으로 표현하기까지 여러 단계의 과정을 밟아 나가게 된다. 이것은 마치 소설가 김승옥이 이야기한 실타래를 풀어내는 일과 비슷하다.

훌륭한 글, 독자를 감동시키는 글은 쓴 사람의 세밀한 계산에 의해 쓰인 글이 대부분이다. 치밀한 구도, 정확한 언어의 선택은 감동만으로는 안 된다. 가장 감동받았을 때는 외마디 소리로밖에 달리 표현할 길이 없을 것이다. 이 감동을 실타래에서 실을 풀 듯, 하나하나 순서에 의하여 풀어 갈 때, 좋은 글이 되는 것이다. 이 실을 풀어 가는 과정이야말로 글쓰는 사람에게 중요하다. 성급한 사람은 실을 풀어내기는커녕, 처음과 끝이 어디인지 모르게 헝클어 놓을 뿐이다.

그러나 '치밀한 구도', '정확한 언어의 선택'이 처음부터 쉽사리 만들어지는 것은 아니다. 쓰고자 하는 글의 주제에 대해 깊이 있게 생각해보고, 그와 관련된 자료를 충분히 탐색한 후 여러 차례의 시행착오를 거치면서 전체 글의 체계적인 구성을 완성해 갈 수 있다.

실/습/하/기

– 자신이 한편의 글을 쓸 때, 어떤 과정을 거치는지 생각해 보자.

– 아래 [표]의 빈 칸을 완성하여 비교해 보자.

글을 쓰는 과정	요리하는 과정	집을 짓는 과정
	오늘 저녁에는 무엇을 해 먹을까?	
	시장에 가서 필요한 장을 본 후,	
	재료를 요리에 알맞게 다듬자.	
	요리 도구를 꺼내고,	
	순서에 따라 요리를 시작한다.	
	맛을 한 번 보고,	
	모자란 양념이 있으면 좀 더 넣는다.	

※ 장을 볼 때, 재료를 다듬을 때, 요리를 할 때 등 각 단계별로 유의해야 할 점은 무엇인지도 함께 이야기해 보자.

_____

_____

_____

※ 완성된 요리를 어떤 접시에 올려 어떻게 장식할 것인지도 중요하듯이 집을 짓거나 글을 쓸 때 마지막 마무리에서 필요한 것은 무엇인지도 함께 생각해 보자.

_____

_____

_____

2.1.2. 과정에 대한 이해

글쓰기가 진행되는 과정을 전체적으로 이해하고, 본인이 글을 써 나갈 때 이러한 과정을 밟아 나감으로써 얻을 수 있는 이점은 무엇인지 생각해 보자. 이것은 곧 어떤 행위의 과정을 총체적으로 이해하고, 각 과정의 단계를 충실하게 따르면서 전체 과정을 진행하는 것이 얼마나 중요한 것인지를 깨닫는 것이다.

인간의 모든 행위에는 과정이 존재한다는 점을 다시 한 번 상기해 보자. 모든 일에는 순서(order)가 있게 마련이다. 일의 처리 속도는 일반적으로 과정의 효율성에 크게 좌우되고, 최적화된 과정은 하나의 패턴을 이루게 된다. 따라서 일의 과정을 습득하는 것은 일의 성공적 수행을 위한 첫걸음이 된다.

물론, 이러한 과정은 고정적인 것이 아니고 얼마든지 상황에 따라 변형될 수도 있다. 가령 라면을 끓일 때 면을 먼저 넣을 것인가, 스프를 먼저 넣을 것인가에 대한 해묵은 논쟁은 어느 한쪽이 일방적으로 옳은 것이 아니라 각자가 처한 상황과 취향에 따라 얼마든지 선택 가능한 일이다.

하지만 어떤 일을 처음 시작하는 초심자의 경우 매뉴얼을 충실하게 익히는 단계가 필요한 것도 사실이다. 전체적인 과정을 꼼꼼하게 기록해 놓은 매뉴얼은 대개 오랜 시간에 걸쳐 축적된 경험적 타당성을 확보하고 있기 때문이다. 따라서 해당 매뉴얼을 충분히 연습한 후 자신만의 스타일을 찾아 나가는 것이 일반적이다.

한 편의 글이 완성되어 가는 과정 역시 마찬가지이다. 특히, 대학에서 필요한 전문적 영역에서의 학문적 글쓰기나, 실제 생활에서 필요한 다양한 종류의 실용적 글쓰기에서는 대부분의 경우 각각의 특성에 맞는 전형적인 과정이 어느 정도 마련되어 있다. 일반적인 차원에서 글쓰기의 과정이 어떤 순서로 이루어지는지 개괄적으로 살펴본 후, 각 단계별로 실습을 진행해 보자.

2.1.3. 글쓰기 과정의 개요

학문적, 실용적 글쓰기의 과정은 대체로 주제를 설정하고 그와 관련된 자료를 수집한 뒤, 전체 글의 개요를 작성하고 실제 글을 집필한 후, 마지막으로 전체 글을 다듬고 수정하는 순서로 이루어진다.

① **주제 설정**
  - 글쓰기의 출발점으로서 글을 쓰는 목적과 대상을 결정하는 일
  - 처음에는 부여받은 주제를 수행하다가 점차 자신이 주제를 직접 찾아 나서게 된다.

② **자료 수집**
  - 실제 글을 쓰기 위한 재료를 수집하는 일
  - 자료를 수집하는 능력과 함께 자료를 정리하는 능력이 필요하다.

③ **개요 작성**
  - 글의 거시 구조(macro-structure), 곧 목차를 결정하는 일
  - 개요가 작성되면 전체 글쓰기 작업의 반 이상이 완성되는 셈이다.

④ **집필**
  - 실제 글을 완성해 나가는 일
  - 생각만으로 되는 일이 아니라 직접 손을 움직여야 하는 일이다.

⑤ **고쳐쓰기**
  - 자신의 글을 다시 객관적으로 바라보는 일
  - 반복된 수정을 통해 보다 완성도 높은 글을 작성할 수 있다.

2.2. 주제 설정

2.2.1. 주제의 개념

글의 주제란 '필자가 글을 통해 드러내고자 하는 중심 생각'이다. 그런데 필자가 전달하고자 하는 내용이 독자들에게 쉽고 선명하게 전달되기 위해서는 글의 주제가 구체적이고 명확해야 한다.

대학에서 학생들이 쓰게 되는 글의 주제는 교수자로부터 주어지는 경우가 많고, 대개 그러한 주제들은 대학생들의 수준에서 자신의 생각을 정리하는 연습이 되기에 적절한 것들이다. 인문, 사회, 예술, 과학 등의 교양 분야에서는 그에 해당하는 전통적인 에세이 주제들이 존재하고, 각 학과 단위의 전공 수업에서도 역시 전공 지식의 습득을 위한 전통적인 리포트(보고서) 주제들이 있게 마련이다.

그러나 '표현의 자유와 공공 윤리'나 '자연환경과 인간 문화', '인터넷 시대의 삶' 등과 같은 주제는 필자가 쓰고자 하는 글의 구체적인 주제라기보다는 글의 내용적 범주를 제시하는 대단히 넓은 범위의 주제일 뿐이다. 만약 이와 같이 보다 상위의 범주로 제시되는 주제로 글을 쓰기 위해서는 해당 주제에 대해 자신이 쓰고자 하는 글의 세부적인 주제를 보다 구체적으로 설정하여야 한다.

상위의 주제에서 자신의 관점과 주장을 담을 수 있는 주제를 설정하는 과정은 다음과 같은 '가주제(pseudo-subject)'와 '참주제(true-subject)'의 개념으로 설명할 수 있다.

- 가주제: 내가 쓰고자 하는 글의 소재나 대상. 비교적 큰 범위의 내용, 즉 상위의 주제가 된다.
- 참주제: 가주제와 관련된 구체적인 내용. 여러 하위 주제로 분할되고, 즉 하위의 주제가 된다.

예를 들어 '인터넷 시대의 삶'이라는 가주제는 '인터넷이 사람들의 소통에 미친 긍정적 측면과 부정적 측면' 혹은 '인터넷을 통한 경제 활동의 변화 양상' 등과 같은 참주제로 확장될 수 있다.

2.2.2. 주제 설정 방법

주제 설정에서 중요한 것은 자신만의 참주제를 찾아 나가는 것이다. 즉, 글의 소재 차원으로 제시되는 가주제에서 출발하여 그와 관련된 여러 가지 사항들을 생각해 보고, 그로부터 내용의 범위를 좁혀 가면서 자신의 주제를 구체화하는 것이다.

이때, 핵심적인 문제는 나만의 구체적인 주제를 어떻게 만들어 낼 것인가 하는 것이다. 가령 '배낭여행'이라는 글감을 제시받았을 때, 나는 과연 무엇을 쓸 것인지를 결정하는 일이다. 이를 위해 가장 흔히 이용되는 방식이 바로 브레인스토밍(Brainstorming)과 마인드맵핑(Mind mapping)이다.

- 브레인스토밍(Brainstorming): 자유로운 상상력으로 주제와 관련된 여러 가지 생각들을 모으는 과정이다. 굳이 어떠한 체계나 질서를 찾으려 하지 않으면서, 주제와 관련이 있다고 생각되는 아이디어라면 비록 당장은 그것이 전체 내용 속에 어떻게 자리 잡게 될지 모를지라도 하나의 항목으로 설정한다.
- 마인드맵(Mind map): 마인드맵이란 무질서하게 나열된 여러 가지 아이디어들을 하나의 지도 형식으로 조직화하는 것이다. 파편적으로 산출된 다양한 아이디어들을 서로 관련성이 높은 것들끼리 묶어내기도 하고, 여러 항목 간의 상하 관계를 따져 위계를 구성할 수도 있다. 즉, 하나의 의미적 연쇄(chain)를 만들어 내는 과정이다.

사실 브레인스토밍이나 마인드맵이라는 방식은 개념적으로 어려운 것은 아무 것도 없다. 초등학교 시절부터 이러한 활동은 하나의 놀이처럼 끊임없이 이루어져 왔을 것이다. 그러나 중요한 것은 도대체 빈칸을 채울 것이 얼마나 있는가 하는 점이다. 생각이 떠오르지 않으면 폭풍도 일어날 수 없고, 지도는 더더욱 그려지지 않는다.

결국 가장 중요한 사실은 새로운 문제를 찾아내는 것이 결코 머릿속에서만 만들어지지 않는다는 것이다. 브레인스토밍과 마인드맵 역시 우선 현재 자신이 알고 있는 것에서부터 출발할 수밖에 없다. 어떤 주제에 대해 무엇인가가 떠오르기 위해서는 그것에 대해 우선 자신이 알고 있는 것부터 찾아보아야 한다. 그런데 자신이 경험해 보지 못한 낯선 주제의 내용이라면 대부분의 경우 이내 한계에 부딪히게 된다.

대학에서의 수업을 통해 접하게 되는 정치, 경제, 사회, 문화, 과학 등 다양한 주제에 대하여 나름대로의 생각을 정립하고 그것에 대해 자신의 글을 쓰기 위해서는 지금까지와는 다른 좀 더 많은 사전 준비가 필요해진다. 그것은 곧 현재를 정확하게 파악하고, 과거를 폭넓게 돌아보며, 미래를 합리적으로 예측하는 과정을 거치는 것이다.

- **주제 설정의 과정**
  - 첫째, 현재를 파악하기
    : 우선, 해당 주제에 대해 내가 현재 알고 있는 것들이 무엇인지 생각해 본다.
    : 내가 알고 있는 것이 너무 없다면? 문서 편집기를 열기 전에 일단 공부부터 시작한다.

  - 둘째, 과거를 돌아보기
    : 해당 주제에 대해 나보다 먼저 관심을 가진 사람들은 어떤 내용에 주목했는지 찾아본다.
    : 자신의 관심과 비교해 보고, 나의 생각과 같은 점과 다른 점을 찾아본다.

  - 셋째, 미래를 예측하기
    : 해당 주제에 대해 자유롭게 상상해 보고, 관련성을 맺을 수 있는 세부 주제로 확장한다.
    : 과거와 현재의 내용을 종합하고 거기에 자신의 생각을 어떻게 접목할 수 있을지 글의 전체 구성을 구상한다.

2.2.3. 주제 설정 실습

창의적 글쓰기의 영역이라면 주제 설정에서 가장 중요한 것은 자신만의 관점을 드러낼 수 있는 독창성이다. 누구나 생각할 수 있는 것, 누구나 짐작할 수 있는 것은 사람들에게 새로움을 주지 못한다. 새로움을 주지 못하는 글은 흥미를 끌기 어렵다.

그러나 우리는 여기에서 독창적이고 창의적이라는 개념을 너무 강박적으로 생각할 필요는 없다. 대학에서의 글쓰기가 학문적, 실용적 글쓰기를 연습하는 차원이라면 사실상 지금까지 존재하지 않았던 완전히 새로운 내용으로만 채워진 글을 쓴다는 것은 불가능한 일이다.

주제 설정에서 새로움을 찾는 과정은 이미 잘 알고 있는 대상에 대해 지금까지 익숙했던 생각에서 벗어나 조금은 다른 시각으로 글감을 찾는 것으로도 충분할 수 있다. 또한 지금까지 논의되었던 내용들이라 하더라도 그 생각들을 체계적으로 구성하여 자신의 견해를 명확히 밝힐 수 있는 글을 쓰는 것이 중요하다.

- **주제 설정과 창의성**
  - 같은 대상을 바라보면서 새로운 생각을 떠올릴 수 있는 것은 곧 창의성의 영역이다.
  - 창의성은 하루아침에 만들어지지도 않지만, 그렇다고 타고난 것도 아니다.
  - 창의성은 대상에 대한 세밀한 관찰에서 출발하여, 사고의 확장으로 완성된다.

실/습/하/기

- 나에게 익숙한 대상에 대해 새로운 생각을 해 보자.
- 빈칸 채우기

교복은 [체중계] 이다.

왜냐하면, 교복이 헐렁해지면 몸무게가 줄어든 것이고, 교복이 꽉 끼면 몸무게가 늘어난 것을 알 수 있기 때문이다.

- 응용

스마트폰은 (   )이다.

왜냐하면, ……………………

여자 친구(남자 친구)는 (   )이다.

왜냐하면, ……………………

(문학/법학/건축 공학)은 (   )이다.

왜냐하면, ……………………

※ 자신의 생각을 자유롭게 기술해 보자.

실/습/하/기

– 다양한 사고의 확장을 위해 어떤 대상을 정해 떠오르는 생각들을 정리해 보고, 그로부터
 어떤 주제의 글을 쓸 수 있을지 생각해보자.

예) 다음 그림을 보고 떠오르는 생각은 무엇인가?

– 자율 주행차(self–driving car): 운전자 없이 스스로 주행하는 자동차. 유명 자동차 업체뿐 아니라
 IT 업계 또한 개발을 위해 열띤 경쟁 중이며, 2020년을 기점으로 상용화가 가능할 것으로 전망된
 다. 현재는 자율 주행 기술은 100퍼센트 무인차를 추구하는 구글이 가장 앞서 있으며, 2010년에
 무인 주행 실험에 성공했다. 무인 자동차가 상용화되기 위해서는 안전과 관련된 시스템과 문제가
 선결되어야 한다. (DAUM 백과사전)

※ 활동1: '자율 주행차'에 대해 자신이 알고 있는 것은 무엇인가?

※ 활동2: 그것을 토대로, '자율 주행차'를 소재로 하여 쓸 수 있는 글의 주제를 선정해 보자.

2.3. 자료 수집

2.3.1. 자료 수집의 중요성

자료는 글을 쓰기 위한 가장 기본적인 재료이다. 즉, 자료는 자신이 쓰고자 하는 글의 토대이면서, 나의 생각을 펼쳐 나가는 주요한 근거가 된다. 따라서 쓰고자 하는 글의 주제와 관련된 좋은 자료들을 수집하는 것은 일차적으로는 글의 주제에 대한 자신의 생각을 확장하고 정리하는 데에 도움이 되고, 이차적으로는 글의 구성과 흐름을 결정하는 데에 기여를 하게 된다.

이런 점에서 보면 자료를 수집하는 과정과 주제를 설정하는 과정이 완전히 분리된 것은 아니다. '자율 주행차'에 대한 글을 쓴다고 할 때, 이에 대한 자료를 찾아보면, 자율 주행차의 개발 역사와 현황 같은 개관적인 내용에서부터 자율주행이 가능하기 위해 필요한 기술적 문제들에 대한 내용, 나아가 자율 주행차가 실용화되기 위해 선결되어야 하는 법률적 문제, 경제적 파급 효과 등 실로 다양한 자료들이 검색될 것이다. 이러한 다양한 자료들을 스스로 공부하고 검토하면서 자신이 쓰고자 하는 글의 세부 주제가 완성되어 갈 수도 있다.

글을 쓰기 위해 수집하는 자료는 크게 1차 자료와 2차 자료로 구분된다.

- **1차 자료**
  1차 자료는 글의 주제와 관련된 연구의 대상 그 자체라고 할 수 있다. 가령, 김소월의 시에 대해 글을 쓰는 경우라면 김소월의 작품 자체가 1차 자료가 되고, 실험 보고서를 작성하는 경우라면 실험의 설계와 진행 과정 전체에서 축적된 데이터 자체가 1차 자료가 된다.

- **2차 자료**
  2차 자료는 글의 주제와 직간접적으로 관련되어 있는 여러 참고 자료들을 뜻한다. 직접적으로는 본인이 쓰고자 하는 주제에 대하여 앞선 연구자들이 수행한 선행 연구들을 검토해야 하고, 간접적으로는 주제와 관련된 신문 기사, 설문지, 기타 통계 자료 등도 검토할 필요가 있다.

2.3.2. 자료의 수집과 정리

1) 자료의 수집

자료를 수집하는 가장 전통적인 방법은 도서관을 이용하는 것이다. 자료 검색 시스템을 이용하여 해당 주제와 관련된 도서들과 관련 논문들을 직접 찾아 읽으면서 내가 쓰고자 하는 글에 실제 활용할 수 있는 자료를 찾을 수 있다. 한 편의 책이나 논문을 읽다 보면, 거기에는 또 다른 관련 문헌들이 소개되어 있는 것을 찾을 수 있고, 이렇게 꼬리에 꼬리를 물어 자료들을 수집한다.

이와 함께 과학 기술의 발전에 따라 또 다른 방법으로 인터넷을 활용하여 다양한 정보를 수집하는 것도 가능해졌다. 이미 현대인들에게는 매우 익숙해진 검색 프로그램을 이용하여 몇몇 적절한 키워드를 활용한다면 해당 주제와 관련된 자료를 집안에서도 손쉽게 구할 수 있다. 기존의 도서관에 종이책의 형태로 존재하던 수많은 자료들 역시 전자화된 문서로 데이터베이스화되어 실시간으로 내 컴퓨터에 다운로드할 수 있게 되었다.

그러나 도서관과 인터넷, 이 두 가지는 현대 사회에서도 여전히 서로 보완적인 역할을 담당함을 명심하자. 세상의 거의 모든 정보들이 간단한 웹 서핑만으로도 검색되는 이 시대에 도서관을 이용한다는 것이 비효율적인 것으로 느껴질지도 모른다. 그러나 글을 쓰기 위해 자료를 수집하는 과정은 단순히 모르는 사실을 알아내기 위한 검색과는 차원이 다른 일이다. 속도와 양적인 면에서는 도서관이 웹 서핑을 따라갈 수 없겠지만, 미리 정리되어 있는 단편적 정보들의 나열만으로 해당 주제에 대한 총체적인 모습을 살필 수는 없다.

자신의 생각을 정립하여 표현하는 글쓰기는 단답형의 문제를 풀어가는 과정과는 본질적으로 다르며, 자료의 수집 단계는 곧 필자의 생각을 확장하는 것과 연관되어야 한다.

2) 자료의 정리

실제 글쓰기의 과정 중 자료 수집의 단계에서 가장 중요한 것은 얼마나 많은 자료를 수집하느냐에 달려 있지 않다. 도리어 수집된 자료를 얼마나 체계적으로 정리할 수 있느냐의 문제가 더욱 중요하다. 정보 검색의 시대에 양적인 경쟁은 더 이상 효용성이 없다.

오늘날 일반적인 차원에서 정보에 대한 접근 능력은 각 개인별로 큰 차이가 없어지고 있다. 그것은 물론 현대 사회의 발달된 인터넷 환경에 기인한다. '자율 주행차'의 역사와 문제점에 대해 자료를 찾아보고자 한다면, 불과 몇 분 내에 수많은 백과사전, 신문기사, 보고서 등을 검색해 낼 수 있다.

그러나 문제는 만약 30명의 학생이 일정한 시간 동안 인터넷을 이용해 자료를 수집한다면 거의 대부분의 학생들이 비슷비슷한 자료들을 공통적으로 가지고 있게 될 것이라는 점이다. N사의 검색 프로그램을 사용한 학생이든, 아니면 D사, 혹은 G사의 검색 프로그램을 사용한 학생이든 큰 차이가 없다.

결국, 정보에 대한 접근보다 중요한 것은 정보 처리의 능력이다. 30명의 학생들이 동일한 자료를 제공받은 상태로 각자 글을 쓰게 된다고 상상해 보자. 모두가 같은 분량, 같은 내용의 자료를 대상으로 한 편의 글을 쓴다고 하더라도 그 결과는 각자의 실력에 따라 판이하게 달라진다.

이러한 차이는 근본적으로 확보된 자료를 정리하고 분류하는 방식에서 비롯된다. 즉, 자료들을 그것의 성격과 내용에 따라 적절하게 분류하고, 내용적 관련성에 따라 순서와 위계를 설정해 나가는 능력이 필요하다. 이러한 자료의 분류는 이후 글의 개요를 작성하는 단계와 직접적으로 연결될 수 있다.

- 다음 대상을 소재로 글을 쓴다고 할 때, 이와 관련된 자료를 수집하고 정리하는 과정을 생각해 보자.

예) 자율 주행차

- 활동 1: '자율 주행차'에 대한 자료를 수집하기
- 활동 2: 수집된 각 자료별로 내용 범주를 기록하고, 서로 간의 위계를 설정하기

3) 인용 및 참고 문헌 작성법

글을 쓰는 과정에서 수집하고 참고한 다양한 자료들 가운데 자신의 글에서 직간접적으로 인용되거나 활용된 자료들은 반드시 그 출처를 정확하게 제시하여야 한다. 자신의 생각과 타인의 생각을 명확하게 구분하지 않는 것은 자칫 표절로 간주될 위험성이 있으며, 이것은 모든 종류의 글쓰기에 해당된다.

자신의 글에서 타인의 글을 인용하는 경우는 직접 인용과 간접 인용의 두 가지 방식이 있다.

① **직접 인용**(direct quotation)
- 참고한 원전의 내용을 있는 그대로 옮기는 방식
- 별도의 독립된 문단으로 인용할 수도 있고, 한 단락 내에 인용할 수도 있다. 후자의 경우 반드시 큰따옴표(" ")로 묶어서 제시한다.
- 직접 인용의 경우, 원전의 내용은 표기법과 용어 등은 복사한 것처럼 완전히 동일하게 써야 한다. 설령 원전 표기가 과거의 표기 방식이거나 심지어 틀린 글자가 있더라도 그대로 옮겨 적는다.

② **간접 인용**(indirect quotation)
- 원전의 내용을 자신의 말로 풀어서 인용하는 방식
- 별도의 독립된 문단으로 구분하지 않으며, 따옴표도 넣지 않는다.
- 그러나 인용된 부분이 끝나는 지점에서 주석을 달아 해당 원전의 출처를 정확하게 제시하여야 한다.

이상과 같이 자신이 인용한 자료들의 출처를 정확하게 밝혀 준다면 일단 표절의 위험성에서는 벗어날 수 있다. 그러나 잊지 말아야 할 것은 인용이란 자신의 생각이나 주장을 뒷받침하고 논증하기 위해 보조적으로 활용되는 것이라는 사실이다. 따라서 인용의 분량과 형식은 적절한 수준을 유지해야 한다.

가령 A4 10페이지 가량의 리포트를 작성한다고 할 때, 그 가운데 5~6페이지가 인용으로 구성되어 있다면 그것은 진정한 자신의 글이라고 평가받을 수 없으며, 짜깁기에 불과한 글이 되고 만다. 또한 글의 흐름과 별다른 상관없이 그저 권위 있는 학자의 글을 인용하는 것은 도리어 자신의 주장을 약화시키는 결과로 이어진다.

위와 같이 직접 인용이든 간접 인용이든 자신이 참고한 자료에 대해서는 독자들이 그 문헌을 찾아볼 수 있도록 서지 사항을 밝혀야 하는데, 그 방식에는 참고 문헌과 주석 두 가지가 있다.

참고 문헌은 자신의 글을 끝맺은 후 참고 문헌 목록을 별도로 제시하는 것이고, 주석은 자신의 글 내에서 자료를 인용한 부분마다 각주나 미주를 통해 밝히는 것이다. 다만, 참고 문헌이나 인용 주석을 작성하는 세부적인 표기 형식은 학문 분야나 학술지마다 미세하게 차이가 있다. 가령, 아래 예에서 따옴표나 겹낫표 등의 부호, 그리고 서지 정보의 순서 등은 완전히 일률적인 하나의 원칙이 존재하는 것이 아니므로, 해당 학문 분야의 관례를 따르는 것이 일반적이다.

여기에서는 보편적으로 포함되어야 하는 정보 내용과 일반적인 표기 방식을 익히도록 한다.

- **참고 문헌 작성법**
  1) 단행본: 저자명, 출판 연도, 책 제목, 출판사
     예) 유시민(2014). 「나의 한국현대사」, 돌베개.
        Pustejovsky, J.(1995). The Generative Lexicon, The MIT Press.
  2) 학술 논문: 저자명, 출판 연도, 논문 제목, 학술지 이름, 권호수, 페이지
     예) 김민수(1962). "주 시경(周時經)의 학술용어", 「한글」 129, 30-59.
        Giuliano G, Bartley GE, Scolnik PA(1993). Regulation of carotenoid biosynthesis during tomato development. Plant Cell 5, 379-387.

- **인용 주석**
  1) 내각주
  - 본문 내에서 표기하는 방식
     예) 법이란……라고 정의내린다.(홍길동 2011: 23)
  2) 외각주
  - 각주 형식으로 표기하는 방식
     예) 3)(← 각주 번호) 유시민(2014). 「나의 한국현대사」, 123~124쪽.

※ 참고 문헌은 반드시 일정한 기준으로 정렬하여 제시한다. 일반적인 원칙은 '국내서 → 외국서'로 하고 각각 이름의 가나다 순서로 제시하는 것이다.

제**3**장
내용 조직하기

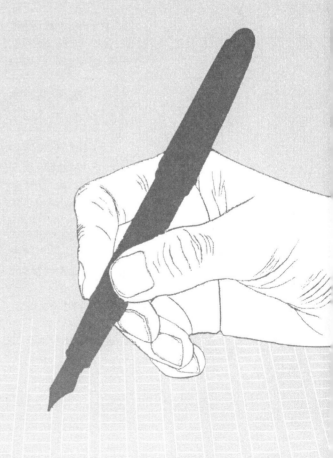

▨ 주요 내용 ▨

구분		내용
학습 목표		• 집필하기에 앞서 전체 내용에 대한 개요 작성의 과정을 습득한다. • 개요 작성의 의의와 필요성을 인식하고, 구체적인 방법과 유의점을 파악한다. • 실제 주제를 선정하여 전체 개요를 작성할 수 있다.
학습 내용	1차시	• 개요 작성의 의의와 방법 • 실제 개요 작성
	2차시	• 학생들이 작성한 개요 검토 • 문제점 파악 및 수정
교수-학습 방법	강의	• 개요 작성의 방법론
	토론	• 주제에 대한 토론
	실습	• 개요 작성 및 상호 검토
평가		• 개요 작성 방법에 대한 이해 • 작성된 개요의 체계성 • 리뷰 내용의 이해 및 수정 작업

3.1. 개요 작성의 필요성

한 편의 글을 쓸 때, 그것이 비교적 짤막한 글이라면 자신이 쓰고자 하는 내용의 순서를 이미 자신의 머릿속에 담아둘 수 있겠지만, 복잡한 논리적 전개 과정이 필요하거나 여러 가지 세부 항목을 나누어 설명해야 하는 비교적 긴 글의 경우에는 실제 글을 집필하기에 앞서 자신이 쓰고자 하는 내용을 순서대로 정리할 필요가 있다.

글의 개요란 바로 이와 같이 글 전체의 흐름을 체계적으로 정리해 놓은 것이다. 실제로 글을 써 나가기에 앞서 자료를 살펴보며 머릿속에 떠오른 생각들을 정리하고, 어떤 내용부터 차례대로 써 나갈지를 결정한다. 즉, 앞서 '주제 설정'과 '자료 수집' 단계가 자신이 쓰고자 하는 내용을 일차적으로 정리하는 것이라면, 개요를 작성하는 것은 아주 구체적인 순서(order)와 서술 방식을 결정하는 것이다.

이런 점에서 개요를 작성하는 것은 전체 글을 완성해 가는 출발점이 된다. 개요는 글을 시작하는 단계에서부터 실제 글을 써 나가는 단계, 그리고 글이 완성되는 단계에 이르기까지 글쓰기의 전체 과정을 이끌어 주는 역할을 하기 때문이다.

- **개요의 역할**
  - 시작 단계: 글의 설계도, 자신이 구상한 주제와 수집된 자료를 토대로 전체 글의 조감도를 제시한다.
  - 집필 단계: 글의 지도(map), 본래의 의도에서 벗어나지 않도록 길잡이의 구실을 한다.
  - 완성 단계: 글의 목차, 최종적으로 수정된 개요는 전체 글의 내용과 흐름을 제시하는 목차가 된다.

물론 시작 단계에서 작성한 개요는 이후 집필 과정에서 끊임없이 수정될 수 있다. 자료들 간의 의미적 연관성을 새롭게 구성할 수도 있고, 새로운 시각이나 관점이 보완될 수도 있다. 결국 처음의 개요를 통해 글을 써 나가는 행위는 연역과 귀납의 통합이다.

실제 글을 집필하기에 앞서 이와 같은 개요를 작성하는 것은 전체 글이 일관성과 균형성, 체계성을 갖출 수 있도록 도와준다.

글의 일관성이란 해당 주제에 대해 폭넓은 분석을 시도하면서도 논점이 흐려지지 않도록 하는 것이다. 독자들의 입장에서는 이 글이 정확하게 어떤 문제를 해결하기 위해 작성된 것인지를 놓치지 않고 따라갈 수 있게 된다. 다음으로 글의 균형성이란 해당 주제에 대하여 꼭 다루어야 할 중요 사항들이 누락되거나 중복되지 않도록 하는 것이다. 독자들의 입장에서는 꼭 필요한 정보들을 충분히 섭렵하면서 새로운 생각을 펼칠 수 있게 된다. 마지막으로 글의 체계성이란 해당 주제에 대한 논의가 자연스러운 흐름으로 구조화되도록 하는 것이다. 독자들의 입장에서는 장과 장, 절과 절의 연결이 논리적으로 느껴지면서 필자의 논증 과정을 검증해 볼 수 있게 된다.

- 개요의 필요성

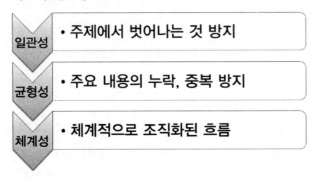

일관성	• 주제에서 벗어나는 것 방지
균형성	• 주요 내용의 누락, 중복 방지
체계성	• 체계적으로 조직화된 흐름

또한 이와 같은 개요 작성을 통해 필자는 주제 설정과 자료 수집 단계에서 부족했던 점은 없었는지 검증해 볼 수 있다. 개요를 작성하면서 혹시 주제와 벗어난 이야기가 포함되지는 않는지, 또는 충분한 자료와 글감이 모아졌는지 등을 확인해 볼 수 있다. 글을 써 나가는 모든 과정에서 메모해 놓은 개요를 계속 참고하면서 전체 글이 형식적으로나 내용적으로나 짜임새 있고 계획했던 바대로 흘러갈 수 있도록 스스로 점검할 수 있다.

─ 다음은 국내 어느 대학 홈페이지의 사이트맵 가운데 '대학생활' 항목의 내용이다.

• 학사안내
- 학칙/규정집
- 대학요람 🗐
- 학사일정
- 교육과정 🗐
- 수강신청

• 학군단/병무안내
- 학군단
- 병무안내

• 장학/학자금
- 장학금지급규정
- 교내/교외장학
- 학자금(인터넷)안내
- 외국어성적우수장학금
- 장학금관련QnA

• 해외문화탐방

• 주간식단안내

• 주요시설안내 🗐

• 학생활동
- 대학생활안내
- 학생자치기구
- 동아리
- 인터넷증명발급
- 학생증발급

• 사회봉사

• 통학버스안내

※ '대학생활' 항목에서 누락되거나 중복된 내용은 없는지 살펴보자.

※ 다른 대학의 홈페이지에 대해서도 검토해 보자.

3.2. 개요 작성의 방법

3.2.1. 형식적 측면

모든 글에는 선형적 순서가 존재하므로, 전체 글의 흐름을 명시적으로 보여줄 필요가 있다. 전체 글의 내용은 계층적으로 구조화되어야 하므로, 독자들이 이러한 구조를 한 눈에 확인할 수 있도록 형식화하여 보여줄 필요가 있다. 또한 필자의 입장에서도 개요를 작성할 때부터 이러한 계층적 구조를 인식함으로써, 향후 전체 글의 목차를 안정적으로 완성해 나갈 수 있다.

개요 작성의 형식적 측면에서 중요한 점은 이와 같이 독자들이 글을 읽어나가기 전에 미리 전체 글의 개관을 쉽게 파악할 수 있도록 도와주는 것이다. 이를 위해서는 전체 글의 계층적 구조를 상위의 범주와 하위의 범주로 층위를 달리하여 효과적으로 보여줄 수 있는 방식이 필요한데, 이러한 역할을 담당하는 것이 바로 글의 분류 기호이다.

- **분류 기호**
- 글의 전체 목차를 보여 주는 분류 기호는 다양한 형식으로 존재한다.
  : 가장 기본적인 아라비아 숫자(1, 2, 3…)에서부터 로마자 숫자(Ⅰ, Ⅱ, Ⅲ…), 영문 기호(A, B, C…), 한글 기호(가, 나, 다…) 등을 활용할 수 있다.

- 어떤 분류 기호를 사용하든 본질적으로 가장 중요한 것은 상위의 범주와 하위의 범주를 명확하게 구분하여 보여 주는 것이다. 이를 통해 전체 글의 순서와 구조를 가장 효율적으로 제시하는 방식을 찾을 필요가 있다.

- 또한 분류 기호의 사용은 전체 글에 있어서 일관되게 적용되어야 한다. 즉, 모든 장과 절에서 분류 기호의 상·하위 체계를 동일하게 사용한다.

현재 분류 기호의 상·하위 체계를 적용하는 일반적인 몇 가지 방식을 제시하면 다음과 같다. 아래와 같은 방식으로 전체 글의 내용을 조직화하면 하위 목차가 전체 글 속에서 어떤 위치에 있는지를 쉽게 확인할 수 있다.

· **분류 기호의 상·하위 체계**

형식 1	형식 2	형식 3

I.
 	
A
 	
 1.
 	
 a
 	
 (1)
 	
II.
	I.
	
	 1.
	
	 1)
	
	 (1)
	
	 ①
	
	II.
		1.
		 1.1.
		  1.1.1.
		  1.1.2.
		 1.2.
		  1.2.1.
		  1.2.2.
		2.

실/습/하/기

※ 위 세 가지 형식 각각의 장단점에 대해 생각해 보자.

3.2.2. 내용적 측면

개요 작성의 내용적 측면에서 유의해야 할 점은 전체 글의 구조와 흐름을 자연스럽게 구성하는 것이다. 이것은 앞서 제시한 일관성, 균형성, 체계성을 유지하는 것과 연결되는 것이라 할 수 있다. 즉, 쓰고자 하는 내용이 일관된 흐름을 지니고 있는지, 전체 내용이 하나의 통일된 주제를 지니고 있는지 확인하면서 개요를 작성해야 한다.

내용적 차원에서 특히 주의해야 할 점은 장과 절로 구성되는 내용들이 계층적으로 위계가 잘 설정되었는지를 확인하는 것이다. 이는 앞서 형식적 측면에서 분류 기호의 상·하위 체계를 잘 구성해야 하는 것과 마찬가지 이유에서이다. 그러나 형식적 차원에서와 달리 내용적 차원에서는 세부 항목들 간의 내용적 비중과 중요도를 따지는 것이 기계적으로 이루어지기 어렵다는 점에서 좀 더 복잡한 양상을 띠게 된다.

가령, 다음 지도를 참고해서 '나의 첫 유럽 배낭여행'의 여행 루트를 작성한다고 생각해 보자. 현재 계획은 영국 런던(3일), 프랑스 파리(4일)를 거쳐 독일 뮌헨(1일)을 둘러보고, 스위스의 루체른(1일), 인터라켄(1일)을 거쳐 이탈리아의 베네치아(2일), 피렌체(1일), 로마(3일)를 여행할 예정이다.

위와 같은 전체 16일에 이르는 일정의 개요를 어떻게 작성할 수 있을까? 가장 쉬운 방법은 방문하는 모든 국가나 도시를 날짜순으로 나열하는 것이다.

① 영국 → 프랑스 → 독일 → 스위스 → 이탈리아
② 런던 → 파리 → 뮌헨 → 루체른 → 인터라켄 → 베네치아 → 피렌체 → 로마

하지만 이와 같이 여행지를 단순히 나열한다면 어떤 문제가 있을까? 피상적으로는 유럽의 도시 이름에 익숙하지 않을 경우 도시와 국가의 대응이 쉽지 않을 것이다. 그러나 보다 심각한 문제는 이번 여행에서 어느 곳이 보다 중요한 곳인지 전혀 드러나지 않게 된다는 점이다. 그렇다면 '국가'라는 범주와 '도시'라는 범주를 구분하면서 동시에 이것을 통합해서 제시하면 어떨까?

③ 영국(런던) → 프랑스(파리) → 독일(뮌헨) → 스위스(루체른, 인터라켄) → 이탈리아(베네치아, 피렌체, 로마)

전체 일정을 이해하는 데에 조금 나아지긴 했지만, 여전히 문제가 되는 것은 각 나라별, 도시별 비중이 아직도 드러나지 않는다는 점이다. 각 여행지에서 머무르는 기간이라는 변수를 포함하여 일정을 다시 제시해 보자.

④ 영국 3일(런던) → 프랑스 4일(파리) → 독일 1일(뮌헨) → 스위스 2일(루체른(1일), 인터라켄 (1일)) → 이탈리아 6일(베네치아(2일), 피렌체(1일), 로마(3일))

국가라는 기준을 적용하면 이탈리아가 가장 큰 비중을 차지하지만, 도시라는 기준을 적용하면 파리가 가장 큰 비중을 차지한다는 사실이 드러난다. 또한 독일의 경우, 전체 일정에서 가장 비중이 작은 국가이며, 도시로는 피렌체도 뮌헨과 함께 가장 비중이 작다.

만약 여행을 떠나기 전 일정을 짜는 것이 아니라 여행을 다녀온 후 유럽 문화에 대한 에세이를 쓰는 것이라면 내용적인 측면에서 얼마든지 또 다른 기준이 추가될 수 있다. 즉, 도시적 문화 체험과 자연적 문화 체험으로 구분할 수도 있을 것이고, 또는 특수한 목적이 있는 경우라면 유로화를 사용하는 지역과 자국 통화를 사용하는 지역으로 구분하는 것도 충분히 가능하다.

실/습/하/기

– 위에서 제시된 '나의 첫 유럽 배낭여행' 일정이나 에세이를 개요로 작성해 보자.

※ 형식적 측면에서 살펴 본 개요 작성의 분류 기호를 사용한다.

※ 작성 후 다른 사람의 개요와 비교해 보자.

〈일정 개요〉

_____

_____

_____

_____

_____

〈에세이 개요〉

_____

_____

_____

_____

_____

_____

3.3. 개요 작성의 실제

개요를 작성하는 실제 과정에 대해서는 예를 들어 살펴보도록 하자. 추상적인 원리와 원칙에서 출발하는 것보다는 실제 사례 분석을 통해 문제점을 파악하는 방식으로 접근하는 것이 때로는 보다 효과적이다.

다음은 학생들이 자율 주행차를 대상으로 한 편의 글을 쓰기 위해 작성한 1차 개요이다. 이 학생들은 자율 주행차와 관련된 다양한 자료를 수집하고 여러 가지 문제들을 폭넓게 살펴본 후, '자율 주행차가 안전한 그날을 위해'라는 제목을 정하고 다음과 같이 1차 개요를 작성하였다.

• **개요 작성 사례**
– 제목: 자율 주행차가 안전한 그날을 위해

〈목차〉

1. 자율 주행차란?
   : 소개 및 정의
2. 자율 주행차의 현황
   2.1. 현재 개발된 기술
      2.1.1. 소프트웨어
      2.1.2. 하드웨어
   2.2. 회사별 개발 현황
      2.2.1. 자동차 제조업체
      2.2.2. 그와 관련된 기술업체
3. 자율 주행차의 문제점
   3.1. 자율 주행차의 위험성
   3.2. 자율 주행차의 관련된 법률
   3.3. 윤리적 문제

4. 자율 주행차의 해결 방안
   4.1. 기술의 발전
      4.1.1. '인지' 단계
      4.1.2. '판단' 단계
      4.1.3. '제어' 단계
   4.2. 법률의 구체화
      4.2.1. 시범 주행에 대한 법률
      4.2.2. 사고 발생에 대한 법률
   4.3. 사람의 안전 인식 향상
5. 결론
   5.1. 자율 주행차의 기대 효과
   5.2. 문제 해결을 위한 방안
   5.3. 자율 주행차의 미래 모습

자신들이 수집한 자료를 바탕으로 위 개요에 대해 장단점을 분석하여 나름대로 평가를 해 보자.

실/습/하/기

- **활동 1**: 위 개요에서 제시한 내용 가운데 이해가 되지 않는 부분이 있다면 관련 자료를 찾아 이해한다.

- **활동 2**: 위 개요의 장점과 단점이라고 생각하는 부분을 기술해 보자.

장점	단점

- **활동 3**: 단점이라고 판단되는 부분을 자신이라면 어떻게 수정할 수 있을지 기술해 보자.

수정 전	수정 후

위에서 제시한 '자율 주행차'의 개요는 본론 부분이 크게 현황, 문제점, 해결 방안으로 구성되어 있다. 그리고 문제점 부분에서 기술적, 법률적, 윤리적 문제를 제시함으로써 현대 사회에서 자율 주행차와 관련된 여러 문제들을 대단히 넓은 범위에서 포괄적으로 다루고 있는 점이 특징이다.

그런데 이러한 개요는 처음부터 마지막까지 한 번에 완성되지 않는다. 한 편의 글을 구성하는 개요는 우선 전체적인 틀이 만들어지고, 각 장별로 세부 내용이 확장되어 가는 것이 일반적이다. '현황, 문제점, 해결 방안'이라는 범주가 각각 하나의 장(1, 2, 3 …)을 이루고, 그 다음 각 장별로 절(2.1, 2.2, 2.3…)과 소절(4.1.1, 4.1.2, 4.1.3…)이 완성되어 나간다.

• 개요가 완성되기까지의 과정

이와 같은 과정을 거쳐 1차로 완성된 개요를 다시 한 번 검토해 보면 어떤 부분이 수정되면 좋을지를 한 눈에 파악할 수 있게 된다.

---

1. 자율 주행차란?
   : 소개 및 정의

2. 자율 주행차의 현황
   2.1. 현재 개발된 기술
      2.1.1. 소프트웨어
      2.1.2. 하드웨어
   2.2. 회사별 개발 현황
      2.2.1. 자동차 제조업체
      2.2.2. 그와 관련된(?) 기술업체

3. 자율 주행차의 문제점
   3.1. 자율 주행차의(?) 위험성
   3.2. 자율 주행차의(?) 관련된 법률
   3.3. (자율 주행차의) 윤리적 문제

4. 자율 주행차의 해결 방안
   4.1. 기술의 발전
      4.1.1. '인지' 단계
      4.1.2. '판단' 단계
      4.1.3. '제어' 단계
   4.2. 법률의 구체화
      4.2.1. 시범 주행에 대한 법률
      4.2.2. 사고 발생에 대한 법률
   4.3. 사람의 안전 인식 향상
      4.3.1. ???
      4.3.2. ???
5. 결론
   5.1. 자율 주행차의 기대 효과
   5.2. 문제 해결을 위한 방안
   5.3. 자율 주행차의 미래 모습

우선, 개요의 균형성과 체계성을 확인하기 위해서는 전체 개요를 순서대로 읽어 내려가는 것이 아니라, 계층적으로 검토해 보아야 한다. 즉, 최상위에서 2장, 3장, 4장으로 이어지는 내용의 흐름이 자연스러운지 확인해 보고, 다음으로 각 장의 절과 소절이 상하 관계로 잘 구성되어 있는지를 살펴본다. 이렇게 검토해 보면 균형성의 측면에서 4.3의 내용을 보강하여 3장과 4장의 관계를 다듬을 필요가 있고, 체계성의 측면에서 결론 부분의 내용도 5.2와 같이 중복된 내용을 수정할 필요가 있다는 점을 확인할 수 있다.

개요를 작성할 때 유의해야 할 세부적인 부분들로는 하위 절은 반드시 2개 이상의 복수로 구성되어야 한다는 점, 항목의 선정이 중요한 만큼 항목들 간의 순서를 정하는 것에도 주의를 기울여야 한다는 점이다. 2.2가 없이 2.1만 구성되는 것은 상·하위 계층 구분이 의미가 없는 것이고, '기술적 문제, 법률적 문제, 윤리적 문제'라는 항목을 어떤 순서로 배열할 것인지도 나름대로의 이유가 있어야 한다.

실/습/하/기

– 다음은 「한겨레신문」(2015년 10월 5일자)에 실린 기사이다. 전체 글을 읽고 개요를 작성해 보자.

"국어 지문, 모르는 단어 없는데 독해 어려워요" 문해력 떨어지는 아이들 '문맹', 스마트폰 탓만은 아냐 대학생도 '제대로 독해' 버거워	
①	청주의 한 고교에서 '모범생'으로 통하는 2학년 이아무개 군에게는 말 못할 고민이 있다. 글을 읽는 것이 두렵다. 내신 전교 최상위권에 과학 동아리 회장까지 맡고 있지만 영어와 국어 점수는 다른 과목에 비해 조금 떨어진다. 누구에게나 잘하는 과목과 못하는 과목이 있지만, 이 군의 경우는 조금 다르다.
②	"지문을 보면 모르는 단어가 하나도 없고 대충 뜻도 이해가 가요. 등장인물의 의도나 핵심 주제를 묻는 문제를 주로 틀리는데, 해설을 봐도 납득이 가지 않을 때가 많아요."
③	이 군을 가르치는 교사 문아무개 씨도 이 군의 고민을 알고 있었다. "보통 글의 주제나 글쓴이의 의도를 잘 파악하지 못하는 아이들이 성적이 좋기는 어렵다고 생각하지만 최근에는 이 군처럼 공부는 곧잘 하는데 글을 읽고 그 맥락을 이해하는 것에 어려움을 겪는 아이들이 꽤 많습니다. 이 문제를 어디서부터 해결해야 할지 몰라 계속 열심히 문제집을 푸는데, 좀체 해결되지 않아 학생들이 스트레스를 많이 받아요."
④	학교 공부만으로는 접하기 어려운 긴 호흡의 글일수록 이 군은 어려움을 느낀다. 이제라도 호흡이 긴 책을 많이 읽는 연습을 하면 좋아질 것이라 생각하지만, 수험 생활이 코앞이다 보니 막상 책 읽기를 시작하기 어렵다. 그는 "평소 국어 지문보다 훨씬 긴 글을 봤는데, 저도 모르게 긴장하게 됐어요. 끝까지 집중해서 읽기는 했는데, 무슨 말을 하고 싶어서 글쓴이가 이런 글을 썼는지 알 수가 없더라고요"라며, "짧은 글은 10 문제 풀면 그래도 6개 정도는 맞는데, 글이 길어지니 정말 막막했어요"라고 말했다.
⑤	이 군의 경우는 '기능적 문해력'이 부족한 대표적인 사례다. 문해력이란, '글을 읽고 이해하는 능력'을 말한다. 유네스코는 1956년부터 문해력을 두 가지로 구분하고 있다. 글을 읽고 쓰는 기초적인 능력을 말하는 '최소 문해력'과 사회적 맥락 안에서 글을 읽고 쓸 수 있는 능력인 '기능적 문해력(Functional Literacy)'이 그것이다.

⑥	지난 5월부터 6월초까지 〈교육방송〉(EBS)에서 20부작 보도 특집으로 내놓은 〈한글 교육의 불편한 진실〉 역시 기능적 문해력에 주목한 시도다. 초등학생들의 읽기 부진 문제를 다룬 이 프로그램은 한국인의 문맹률은 낮지만, 글의 의미를 제대로 파악하고 이해하는 능력을 뜻하는 문해력이 낮은 국민 비율은 경제협력개발기구(OECD) 회원국 평균의 2배에 가깝다는 점에 주목했다. 과거와 달리 요즘은 초등학교에서 제대로 된 한글 교육을 실시하기 어렵다. 한글 교육을 사교육에 의존하고 있다 보니 제대로 한글을 배우지 못하고 학교에 입학하는 학생들이 있어도, 교사가 일대일로 그들을 도울 수 없는 상황이다. 이런 환경에서 학생들은 읽기에서 멀어지고, 자연히 전반적인 학습에도 문제를 겪게 된다.
⑦	한국의 청소년들이 글을 잘 읽지 못한다는 것을 당장 납득하기는 어렵다. 경제협력개발기구가 매년 실시하는 국제학업성취도평가(PISA) 읽기 영역에서 한국은 늘 상위권에 있다. 세계 최저 수준의 문맹률을 자랑하는 국가이기도 하다. 영어도 아니고, 학생들이 한국어 읽기에 어려움을 겪고 있다는 것은 생소한 사실이다.
⑧	어른들은 흔히 학생들의 읽기 능력이 떨어지는 이유로 '스마트폰' 등 디지털 기기를 꼽지만 이도 오해다. 핀란드교육연구원의 카이사 레이노는 2014년 '문해력과 정보통신기기 사용의 상관관계'라는 연구 논문에서 "컴퓨터 사용이 전통적인 문해력 향상에 도움을 준다"는 사실을 밝혔다. 만 15살 청소년들을 중심으로 수행한 이 연구에서 레이노는 "오히려 디지털 기기가 다양한 상황에서의 문해력을 키우는 데 좋다"고 했다. 연구에서 아이티(IT) 실력이 우수한 학생들은 그렇지 않은 다른 청소년보다 읽기 실력이 뛰어났으며, 특히 이런 결과는 여학생들에 비해 읽기 능력이 떨어지는 것으로 알려진 남학생들 사이에서 두드러졌다. 문해력이 사회적 맥락 안에서 글을 읽고 이해하는 능력을 뜻하는 개념인 만큼 온라인 환경은 기능적 문해력 향상에 도움을 줄 수 있다. 온라인에 있는 다양한 텍스트를 접하며 학생들은 '사회적 맥락 속 읽기'를 경험할 수 있기 때문이다.
⑨	오히려 전문가들은 학생들이 읽기에 어려움을 겪는 이유를 공교육 현장에서 찾는다. 교과서 이외의 독서나 글쓰기 경험을 학교에서 충분히 제공하지 못하기 때문이다. 〈학교 속의 문맹자들〉(우리교육)의 저자 청주교대 엄훈 교수는 학생들의 읽기 부진 원인을 "교과서 중심의 일제식 수업 때문"이라고 손꼽았다. 그는 중학교의 국어 교사로 재직하던 시절 '읽을 줄 알아도 그 뜻을 모르는' 학생들이 많다는 것을 알고 읽기 부진 학생들을 위한 교육 프로그램 개발 및 연구를 하기 시작했다.

⑩	"한국의 교사들에게 교과서는 사실상 교육 과정이지요. 교과서를 중심으로 일제식 수업을 하다 보니 학생들의 수준에 맞춘 일대일 상호 작용은 거의 불가능해집니다. 어떤 학생에게 심각한 읽기 문제가 있어도 아이의 눈높이에 맞춘 도움을 주기 어렵습니다. 또, 교과서에 제시된 대로 가르치다 보니 막연히 '책을 읽고 글 쓰는 것은 좋은 것이다'라고 가르칠 뿐 깊이 있는 독서와 작문 경험은 주지 못합니다. 이런 수업을 계속하다 보면 교사들 역시 독서와 작문 교육에서의 전문성을 점점 잃고 말죠."
⑪	중등 교육에서 제대로 읽는 법을 배우지 못한 학생들은 대학 교육에 적응하는 데도 어려움을 겪는다. 중등 교육과 대학 교육에서 학생들에게 요구하는 읽기와 쓰기 능력 사이의 괴리는 생각보다 크다. 대학에서 학생들은 단순한 읽기를 넘어 저자의 의견을 종합적으로 판단해 자신의 견해와 비교하고, 그것을 논리적으로 풀어내는 쓰기를 해야 한다. 그러기 위해선 꾸준히 읽기 능력을 개발했어야 하는데, 그러지 못했던 학생들은 뒤늦게 대학 첫 2년을 '적응기'로 보낸다.
⑫	한 명문대 영문과 3학년에 재학중인 김아무개 씨는 "자습서 없이 글의 중심 주제를 파악하는 것이 가장 어려웠다"고 말했다. "일단은 텍스트를 제대로 읽는 법을 대학에 와서야 배우게 된 것 같아요. 고등학교 때 교과서를 많이 읽는다 해도 전체적인 주제나 소재에 대한 정리를 참고서에서 다 해 줬기 때문에 그냥 그걸 믿고 글을 읽었지요. 3학년이 된 지금은 조금 익숙해졌지만. 친구들 가운데에는 여전히 인터넷에서 찾은 요약 노트 없이는 저자의 생각을 파악하지 못하는 경우가 흔합니다."
⑬	노혜경 시인은 〈국어교육, 어떻게 할 것인가〉(창비)에서 대학 국어 교육 강사로 일하면서 느낀 학생들의 읽기 문제점을 언급했다. 그는 "자신이 읽은 말의 의미를 이해하지 못하면서 이해한 줄로 아는 '문해맹'이 대학에도 제법 있다"고 말했다. 그에 따르면, 대학생들에게 '철수가 미자를 두고 영희와 만나는 것이 사실이라면 철수는 바람둥이다'는 문장에서 알 수 있는 정보가 무엇이냐고 물었을 때, 상당수가 "철수는 양다리를 걸치고 있으니 나쁘다"거나, "철수는 바람둥이다"라고 답한다는 것이다. 문장에서 철수가 영희와 만나는 것이 확실하지 않은 일임을 명시하고 있는데도 곧잘 틀린 읽기를 하고 만다.
⑭	동국대학교 파라미타칼리지 이윤빈 교수도 "학생들이 교수가 과제를 내는 의도를 잘 파악하지 못하는 경우가 많다"고 말했다. "학생들에게 스스로의 주장이 잘 드러난 학술 에세이를 쓸 것을 기대하고 과제를 주었는데, 학생들은 자료를 공들여 요약한 뒤 독후감식 견해를 덧붙이는 경우가 많습니다. 공들여 썼지만, '빗나간' 글쓰기를 하게 되지요. 대학 입학 전후의 읽기, 쓰기 교육 간 일관성이 떨어지기 때문입니다. 입시를 준비하는 동안 학생들은 '정답을 찾아라' 혹은 '정답에 맞춰라'는 요구를 받죠. 논술을 하더라도 '정답이 있는 글쓰기' 훈련을 하고 오기 때문에 '너의 정답을 말해 보라'는 대학 교육의 요구는 낯설 수밖에 없습니다."

제4장
문단 쓰기

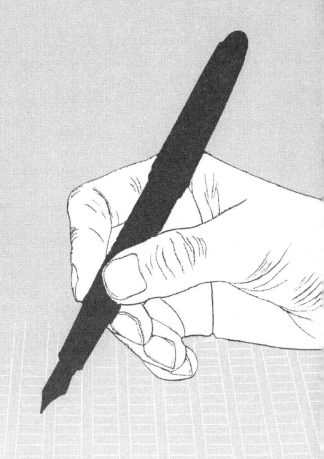

▨ 주요 내용 ▨

구분		내용
학습 목표		• 문단의 개념과 역할, 구조를 이해할 수 있다. • 중심 문장과 뒷받침 문장을 효과적으로 배열하여 문단을 구성하는 방법을 알고 문단을 쓸 수 있다. • 문단의 역할에 따라서 문단을 나누고 이어 쓰는 방법을 습득하여 문단을 쓸 수 있다.
학습 내용	1차시	• 문단의 개념과 역할, 구조, 구성 방법, 구분 방법과 이어 쓰기의 이해
	2차시	• 문단 쓰기의 방법과 실제
교수–학습 방법	강의	• 문단과 관련한 개념 소개
	토론	• 문단 사이의 관계와 역할에 대해 토론
	실습	• 문단을 나누고 이어 쓰는 방법 습득
평가		• 문단 관련 개념에 대한 이해력 • 상호 토론 수업 참여도 • 실습 과제 내용의 달성도

4.1. 문단의 개념, 구조, 구성 방법, 이어 쓰기의 이해

4.1.1. 문단의 개념과 역할

글은 우리의 생각이나 감정을 담는 도구이다. 이런 글을 이루는 가장 기본적인 단위는 문장이다. 문장 하나로도 하나의 완결된 생각이나 감정을 담을 수 없는 것은 아니지만 대개는 부족함이 있다. 따라서 현실적으로는, 여러 개의 문장들이 모여야 하나의 완결된 생각이나 감정을 충실히 나타낼 수 있게 된다. 이와 같이 여러 문장들이 모여서 하나의 완결된 생각이나 감정을 표현해 낸 것을 문단(文段) 또는 단락(段落)이라고 한다. 즉 문단은 글에서 생각이나 감정을 하나로 묶을 수 있는 기본 단위가 되는 것이다.

글이란 생각과 감정의 덩어리이다. 따라서 한 편의 글 속에는 여러 개의 생각과 감정이 담기게 된다. 이때의 생각과 감정은 복잡하고 다층적이고 복합적인 성격을 지니는 것이다. 이런 면에서 한 편의 글을 쓰기 위해서는 여러 문단이 필요하게 된다. 따라서 문단을 정확하고 효과적으로 쓰고 문단 사이의 관계를 잘 맺어 주어야 우리의 생각과 감정을 잘 표현해 낼 수 있게 된다. 그러므로 글을 쓰는 우리에게 우선적으로 필요한 것은 문단의 개념과 역할을 인식하고 정확하고 효과적으로 문단을 쓰는 능력을 갖추는 것이다.

그럼 다음 글을 바탕으로 하여 문단의 개념, 역할을 글의 구조와 관련지어 생각하여 보자.

[자료 1]

교통안전 캠퍼스를 만들자

①   지난 9월 초 국도 25호선에서 교내로 진입하여 내려오던 차량에 오토바이가 충돌하는 사고가 일어났다. 그 사고로 오토바이를 타던 학생은 허리를 다치는 큰 부상을 입었다. 다행히 생명에는 지장이 없었지만 가슴을 쓸어내릴 일이 아닐 수 없다.

②   최근 대학 내 차량이 늘어나고 있다. 무엇보다도 우리 대학이 국도와 시내를 잇는 통과로 역할을 하면서 외부 차량이 몰리면서 나타난 현상이다. 지금과 같은 상황을 방치한다면 언제든 유사한 사고, 더 심각한 사고가 일어날 수 있다.

③   구성원들의 안전을 위협하는 요인은 우리 스스로에게도 있다. 불법 주차나 과속을 일삼는 차량, 안전모도 쓰지 않고 운행하는 오토바이, 전용로를 놔두고 자동차 길로 달리는 자전거는 일상적인 광경이 되었다.

④   이제부터라도 모든 이들의 안전을 위해서 더 좋은 교통 환경을 만드는 데 힘을 모아야 한다. 물론 대학 당국도 과속 방지턱, 점멸 신호등, 도로 안전봉 등 안전시설물을 늘리거나 새로 설치하고, 교통안전 요원을 배치하는 등 학생들의 안전을 위해 애쓰고 있다. 우리는 이러한 당국의 노력을 응원하는 한편, 좀 더 실질적이고 강력한 대책을 마련할 것을 제안한다.

⑤   첫째, 외부 차량의 불필요한 출입을 억제하기 위하여 통행료를 원칙에 따라 철저히 징수해야 한다. 현재 통행료 징수 제도를 시행하고는 있지만 실효성은 별로 없어 보인다. 외부 차량이 정문 대신 다른 출입로를 이용할 경우 어쩔 수 없이 무료 통행을 허가하는 일이 빈번한 것이다. 따라서 관리 인원을 늘려서라도 통행료를 엄격히 받고, 필요하다면 일부 출입문은 들어오는 것만 허용하고 나가는 것은 불허하여 정문 이용을 유도하는 방안도 검토할 필요가 있다. 이 경우 차로를 줄여 보행로, 자전거 전용로 등을 더 넉넉히 확보할 수 있는 이점도 있다.

⑥   둘째, 차량이 지나는 주요 지점마다 과속 감시 카메라를 설치하여 안전한 운전을 유도해야 한다. 규정 속도를 어기는 차량 운전자에게는 적절한 제재를 가하고 학내 구성원일 경우에는 일정한 홍보 교육을 실시할 필요가 있다.

⑦   셋째, 대학 내 불법 주차 차량도 엄격하게 단속해야 한다. 불법 주차 차량들은 시야를 가려 보행자의 안전을 위협하는 측면도 있고, 다른 차량의 운행에도 방해가 된다. 나아가 공동 질서를 어겨도 된다는 생각을 조장한다는 점에서 교육적으로도 좋지 않다.

⑧   넷째, 교통안전 의식을 높이는 교육 및 홍보 활동을 적극적으로 실시할 필요가 있다. 특히 자동차, 오토바이, 자전거 이용 학생들을 대상으로 안전 교육 프로그램을 실시하는 방안을 진지하게 고려해 보아야 한다.

⑨   다섯째, 장기적으로는 보행자 중심의 안전 캠퍼스를 만들어 가야 한다. 대학 초입 지역에 대형 주차 시설을 만들어 차량의 구내 진입을 금지할 필요가 있다. 학생들이 자유롭게 걷고 이동하며, 조용하고 안전한 환경에서 생활할 때 학습 효과도 높아질 수 있다.

⑩   이러한 제안은 상식적인 수준이지만, 서로 머리를 맞댄다면 얼마든지 더 좋은 대안을 마련할 수 있을 것이다. 계획을 세우고 실천하는 데 적잖은 비용도 필요하겠지만 안전한 캠퍼스를 만드는 일은 그 어떤 것보다 우선한다.

－『창원대신문』, 2015. 10. 24.－

앞의 글을 보면 한 편의 글 안에 여러 개의 문단이 들어가 있음을 볼 수 있다. 그렇다면 여러분들은 윗글은 몇 개의 문단으로 이루어져 있다고 보는가? 여러 가지로 답을 할 수 있지만, 아마도 대개는 10개라고 하는 데에 주저함이 없을 것이다. 이렇게 10개라고 판단한 근거는 바로 줄 바꾸기와 들여쓰기에 있다. 이런 근거에 따라서 파악한 문단을 형식 문단이라 부른다. 이처럼 문단을 나누어 둔 덕택에 독자들은 내용을 파악하는 데에 많은 도움을 받을 수 있다.

그러면 앞의 글을 읽어 보고 각 문단의 내용이 어떤 것인지 정리하여 보고 이 글 전체의 내용이 무엇인지를 파악하여 보자.

가. 각 문단의 내용:

①

②

③

④

⑤

⑥

⑦

⑧

⑨

⑩

나. 글 전체의 내용:

각 문단을 읽어 보면 저마다 하나의 완결된 생각을 담고 있다는 것을 알 수 있다. 즉, 각 문단은 그 나름의 독자성이 있다. 하지만 글 전체적으로 보면 다른 문단과 관련을 맺으면서 이 글의 주제를 드러내거나 뒷받침하는 역할을 하고 있다.

이 글의 전체의 내용을 각 문단의 내용을 살려서 요약해 본다면 '급증하는 외부 통과 차량과 안전 불감증으로부터 학교 구성원들의 안전을 지키기 위해서는 통행료 징수, 과속 방지, 불법 주차 차량 단속, 교통안전 의식을 높이는 교육과 홍보 실시, 보행자 중심의 캠퍼스 만들기가 필요하다.' 정도로 제시해 볼 수 있다. 결국 '구성원들의 안전을 지키기 위한 교통안전 캠퍼스를 만들기 위한 방안'에 초점을 맞춘 글이라 하겠다.

이와 같은 내용을 전달하기 위해서 각 문단은 나름대로의 내용을 지니고 있으면서도 다음과 같이 글 전체의 구조 속에서 부분으로서의 역할을 하고 있다.

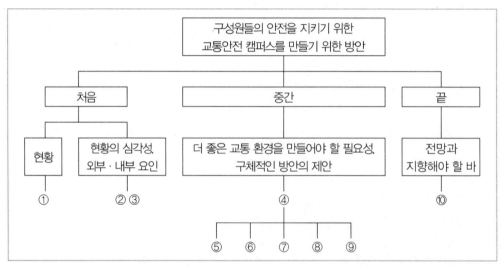

〈그림 1〉 「교통안전 캠퍼스를 만들자」의 문단 구조

위와 같이 각 문단은 문장보다는 큰, 글을 구성하는 가장 기본적인 단위로서, 각각의 독자성을 지닌다. 그러면서도 한편으로 다른 문단과의 관련성 속에서 글 전체의 내용을 효과적으로 드러내는 데에 이바지한다. 즉 ②, ③은 형식상으로는 별개의 문단이나 내용상으로는 하나로 묶일 수 있는 문단이 되고, ⑤, ⑥, ⑦, ⑧, ⑨ 역시도 ④의 하위 내용으로서 하나로 묶일 수 있는 문단이 될 수도 있다는 점을 알 수 있다. 따라서 문단에는 형식 문단 이외에도, 이처럼 내용상으로 하나로 묶일 수 있는 내용 문단이라는 것이 있다는 것을 알 수 있다. 우리는 글의 구조적인 관점에서 문단이 지니고 있는 이와 같은 특성을 잘 파악해 둘 필요가 있다.

4.1.2. 문단의 구조, 문단 짜임새의 유형

위에서 본 바와 같이 하나의 문단은 대개 여러 개의 문장으로 구성되어 있다. 그런데 하나의 문단을 이루는 여러 문장은 각각의 역할이 있다. 어떤 문장은 그 문단의 핵심 내용을 전달하는 역할을 하는 반면에 어떤 문장은 내용을 살찌우는 보조적인 역할을 한다. 앞에서 살펴본 문단을 가지고서 이런 문장의 역할을 중심으로 한 문단의 구조에 관하여 생각하여 보도록 하자.

이를 위해서 앞의 「교통안전 캠퍼스를 만들자」란 글로 돌아가서 각 문단에서 중심이 될 만한 문장에 밑줄을 그어 보도록 하자. 어떠한가? 중심이 될 만한 문장에 밑줄을 그어 본다면 아래와 같이 할 수 있을 것이다.

[자료 2]

교통안전 캠퍼스를 만들자

① 지난 9월 초 국도 25호선에서 교내로 진입하여 내려오던 차량에 오토바이가 충돌하는 사고가 일어났다. 그 사고로 오토바이를 타던 학생은 허리를 다치는 큰 부상을 입었다. 다행히 생명에는 지장이 없었지만 가슴을 쓸어내릴 일이 아닐 수 없다.

② 최근 대학 내 차량이 늘어나고 있다. 무엇보다도 우리 대학이 국도와 시내를 잇는 통과로 역할을 하면서 외부 차량이 몰리면서 나타난 현상이다. 지금과 같은 상황을 방치한다면 언제든 유사한 사고, 더 심각한 사고가 일어날 수 있다.

③ 구성원들의 안전을 위협하는 요인은 우리 스스로에게도 있다. 불법 주차나 과속을 일삼는 차량, 안전모도 쓰지 않고 운행하는 오토바이, 전용로를 놔두고 자동차 길로 달리는 자전거는 일상적인 광경이 되었다.

④ 이제부터라도 모든 이들의 안전을 위해서 더 좋은 교통 환경을 만드는 데 힘을 모아야 한다. 물론 대학 당국도 과속 방지턱, 점멸 신호등, 도로 안전봉 등 안전시설물을 늘리거나 새로 설치하고, 교통안전 요원을 배치하는 등 학생들의 안전을 위해 애쓰고 있다. 우리는 이러한 당국의 노력을 응원하는 한편, 좀 더 실질적이고 강력한 대책을 마련할 것을 제안한다.

⑤ 첫째, 외부 차량의 불필요한 출입을 억제하기 위하여 통행료를 원칙에 따라 철저히 징수해야 한다. 현재 통행료 징수 제도를 시행하고는 있지만 실효성은 별로 없어 보인다. 외부 차량이 정문 대신 다른 출입로를 이용할 경우 어쩔 수 없이 무료 통행을 허가하는 일이 빈번한 것이다. 따라서 관리 인원을 늘려서라도 통행료를 엄격히 받고, 필요하다면 일부 출입문은 들어오는 것만 허용하고 나가는 것은 불허하여 정문 이용을 유도하는 방안도 검토할 필요가 있다. 이 경우 차로를 줄여 보행로, 자전거 전용로 등을 더 넉넉히 확보할 수 있는 이점도 있다.

⑥ 둘째, 차량이 지나는 주요 지점마다 과속 감시 카메라를 설치하여 안전한 운전을 유도해야 한다. 규정 속도를 어기는 차량 운전자에게는 적절한 제재를 가하고 학내 구성원일 경우에는

일정한 홍보 교육을 실시할 필요가 있다.

⑦ **셋째, 대학 내 불법 주차 차량도 엄격하게 단속해야 한다.** 불법 주차 차량들은 시야를 가려 보행자의 안전을 위협하는 측면도 있고, 다른 차량의 운행에도 방해가 된다. 나아가 공동 질서를 어겨도 된다는 생각을 조장한다는 점에서 교육적으로도 좋지 않다.

⑧ **넷째, 교통안전 의식을 높이는 교육 및 홍보 활동을 적극적으로 실시할 필요가 있다.** 특히 자동차, 오토바이, 자전거 이용 학생들을 대상으로 안전 교육 프로그램을 실시하는 방안을 진지하게 고려해 보아야 한다.

⑨ **다섯째, 장기적으로는 보행자 중심의 안전 캠퍼스를 만들어 가야 한다.** 대학 초입 지역에 대형 주차 시설을 만들어 차량의 구내 진입을 금지할 필요가 있다. 학생들이 자유롭게 걷고 이동하며, 조용하고 안전한 환경에서 생활할 때 학습 효과도 높아질 수 있다.

⑩ **이러한 제안은 상식적인 수준이지만, 서로 머리를 맞댄다면 얼마든지 더 좋은 대안을 마련할 수 있을 것이다. 계획을 세우고 실천하는 데 적잖은 비용도 필요하겠지만 안전한 캠퍼스를 만드는 일은 그 어떤 것보다 우선한다.**

밑줄 그은 문장은 각 문단의 내용을 대표하는 것이다. 이에 반해서 밑줄을 긋지 않은 문장은 밑줄 그은 문장에서 전달하는 내용을 구체화하거나 보조하는 역할을 한다. 따라서 글의 분량이나 상황에 따라서는 생략이 되거나 여기에 다른 내용이 좀 더 첨가가 되거나 다른 것으로 대체될 수도 있는 것이다.

이에서 볼 수 있듯이 하나의 문단은 중심 문장과 여러 개의 뒷받침 문장으로 구성된다. 이때 중심 문장은 핵심 내용을 담고 있는 것으로 소주제문(小主題文)이라고도 한다. 따라서 각 문단의 내용 가운데에서는 글의 주제를 파악하는 데에 가장 중요한 부분이다. 이런 각 문단의 중심 문장을 뽑아서 잘 연결하면 글 전체의 핵심 내용을 파악할 수 있다.

4.1.1에서 「교통안전 캠퍼스를 만들자」의 내용을 '급증하는 외부 통과 차량과 안전 불감증으로부터 학교 구성원들의 안전을 지키기 위해서는 통행료 징수, 과속 방지, 불법 주차 차량 단속, 교통안전 의식을 높이는 교육과 홍보 실시, 보행자 중심의 캠퍼스 만들기가 필요하다.'와 같이 요약한 것과 밑줄 그은 문장들이 담고 있는 내용들 사이의 관계를 생각하여 보자. 여러분들이 보고 느낀 대로 중심 문장이 담고 있는 내용을 잘 연결하여 정리한 것이 바로 윗글의 내용 요약이라고 할 수 있다.

이와 같이 중심 문장들을 가지고서 글 내용을 압축하여 정리한 후 한 문장으로 만들면 글 전체의 주제를 담은 주제문이 된다. 이 주제문을 좀 더 압축하여 '구성원들의 안전을 지키기 위한 교통안전 캠퍼스를 만들기 위한 방안'과 같은 형식으로 제시하면 글의 주제가 된다. 그리고 이 주제를 잘 드러낼 수 있는 좀 더 함축적인 표현을 만들면 바로 '교통안전 캠퍼스를 만들자'와 같은 글의 제목을 뽑아낼 수 있다.

우리가 살핀 대로 문단은 중심 문장과 뒷받침 문장으로 구성되어 있는데, 이 중심 문장과 뒷받침 문장이 어떤 식으로 배치되어 있는지에 따라서 문단 짜임새의 유형을 나누어 볼 수 있다. 이를 위해서 먼저 [자료 2]에서 각 문단에서 중심 문장의 역할을 하는 것들이 문단 내의 어디에 위치하는지를 살펴보도록 하자. 어떠한가? 이를 정리하여 보면 다음과 같다.

- 앞부분에 제시: ①, ③, ⑤, ⑥, ⑦, ⑧, ⑨
- 뒷부분에 제시: ②, ⑩
- 앞부분과 뒷부분 모두에 제시: ④

위와 같이 한 문단은 주제문이 문단의 어느 부분에 배치되느냐에 따라서 유형을 분류하여 볼 수 있다. 그리고 [자료 2]에서는 살펴볼 수는 없었지만 중심 문장이 가운데에 배치된 유형도 있다.

이런 유형이 각각 어디에 해당하고 어떤 특징을 지니고 있으며 어떤 방식의 글쓰기에 적합한 것인지를 제시하여 보면 다음과 같다.

- 두괄식(頭括式): 중심 문장이 앞부분에 제시됨. 중심 내용을 먼저 제시한 후에 이유나 근거, 예시를 뒤에 듦. 글쓴이의 생각을 빠른 속도로 풀어나가기에 상대적으로 용이하고, 독자가 글의 내용을 파악하기에도 손쉬운 면이 있음.
- 미괄식(尾括式): 중심 문장이 뒷부분에 제시. 점층적으로 구성됨. 논리적인 느낌이 강하게 듦. 독자와의 공감대를 우선적으로 확보하고 난 다음에 결론을 제시해야 하는 경우에 효과적임. 따라서 상당한 글쓰기 능력이 필요함.
- 양괄식(兩括式): 중심 문장이 앞부분과 뒷부분 모두에 제시됨. 같은 내용이 반복되는 경우가 많아 강조의 느낌이 있고, 경우에 따라서 어느 한쪽은 생략될 수 있음. 표현 형식에 변화를 주는 것이 필요하고 앞에 제시된 중심 문장과 뒤에 제시된 중심 문장의 역할이 분명하도록 하는 것이 필요함.
- 중괄식(中括式): 중심 문장이 가운데에 제시되고 뒷받침 문장이 앞과 뒤에 제시됨. 문단 사이에서 장면을 전환하거나 앞뒤 문단을 부드럽게 연결하는 데에 사용하면 효과적임.

이런 짜임새를 지니고 있는 문단 중 글 속에서의 역할과 전달 효과를 고려하여 어떤 것을 고를 것인지를 결정하면 된다. 따라서 본인의 생각이나 감정을 가장 효과적으로 전달해 줄 수 있는 유형을 골라 문단 쓰기를 하면 된다. 대표적으로 서론의 역할을 하는 문단이라면 두괄식이 좀 효과적인 경우가 많으며, 결론의 역할을 하는 경우라면 미괄식 또는 양괄식이 효과적인 경우가 많다. 하지만 정답은 없다. 그러니 효과적인 내용 전달에 초점을 맞추어 신축적으로 고르도록 하자.

다만 같은 역할을 하는 문단이 여러 개 이어진 경우라면, 이때는 문단의 짜임새를 동일하게 가져가는 것이 필요하다. 예들 들어 [자료 2]의 ⑤, ⑥, ⑦, ⑧, ⑨의 경우가 이에 해당한다. 그래야 글의 통일성이 잘 유지될 수 있고 글이 잘 정돈되어, 독자가 한결 편안하게 글을 읽을 수 있다.

4.1.3. 문단의 구성 방법, 구분 방법, 이어 쓰기

문단을 구성할 때에는 핵심적인 내용을 담은 중심 문장(소주제문)과 이를 보완해 주는 뒷받침 문장의 연쇄로 하나의 문단이 이루어지도록 하는 것이 필요하다. 앞에서 서술한 바와 같이 문단을 어떤 구조로 쓸 것인지는 글의 목적, 문단의 기능, 글의 전개 단계 등을 고려하는 것이 필요하다. 즉 한 편의 글이라는 거시적인 관점에서 문단들을 구성하고, 이 속에서 개별 문단이 어디에 놓이고 그 역할이 무엇인지를 생각하면서 각 문단에 가장 잘 어울리는 문단의 구조를 고르는 것이 필요하다.

문단의 구조를 결정하면 이에 따라서 중심 문장과 뒷받침 문장을 적절히 배치하도록 한다. 중심 문장에는 각 문단의 핵심적인 생각을 담아야 하고, 뒷받침 문장에는 중심 문장이 전달하는 내용의 이유 또는 근거, 해당되는 예시 등 구체성을 띠고 있는 것들을 담도록 한다. 따라서 중심 문장은 다소 추상적인 언어로 진술되도록 하며 뒷받침 문장은 구체적인 언어로 진술되도록 하는 것이 좋다.

문단을 쓸 때에는 각 문단이 적당한 길이를 유지하도록 하는 것이 중요하다. 너무 길지도 않고 너무 짧지도 않게 적당하게 한다. 이때 적당함의 기준은 딱 잘라 말하기는 어려우나 하나의 내용을 중심 문장과 뒷받침 문장의 조합으로 충실히 나타내었는지를 기준으로 삼으면 된다. 그러므로 내용에 따라서는 문단의 길이가 좀 길어질 수도 있고 짧아질 수도 있다. 따라서 문단의 길이를 꼭 맞출 필요는 없다.

하지만 문단의 길이에 약간의 변화를 주되 각 문단의 길이를 어느 정도로 맞추어 주는 것은, 전달하는 생각의 양을 적절히 제어하고 독자의 독서 편의를 높인다는 점에서 필요한 일이다. [자료 1]의 「교통안전 캠퍼스를 만들자」라는 글을 보기 바란다. 약간의 편차는 있지만 각 문단의 길이가 대체로 비슷하다는 것을 볼 수 있을 것이다. 그리고 만약에 문단이 너무 길어질 경우에는 문단을 적절히 나누어 둘 이상의 형식 문단으로 하나의 내용 문단을 구성할 수 있도록 하는 것도 필요하다.

문단을 구분할 때에는 짜둔 개요에 따라 중심 생각을 기준으로 하여 글의 각 부분을 몇 개의 문단으로 구성할지를 결정하도록 한다. 이때 중심 생각은 크고 작음에 따라서 위계를 지니게 되는데, 문단은 작은, 말단을 이루는 중심 생각에 맞추어서 쓰면 된다. 즉 하나의 중심 생각에 하나의 문단이 대응하도록 하는 것이 좋다. 중심 생각의 내용이나 서술 범위에 따라서는 문단이 길이가 좀 짧을 수도 있는데, 설령 그렇더라도 담는 내용이 달라지면 문단을 구분하여 쓰는 것이 마땅하다.

문단은 3장의 '내용 조직하기'에서 같이 살펴본 대로 글을 쓰기 위해서 세워 둔 개요에 담겨 있는 내용에 따라서 배열하면 된다. 이때 내용 사이의 관계를 고려하여 논리적인 순서에 따르거나 순차적으로 문단을 배열하면 된다. 따라서 개요를 구성할 때 개요에 담겨 있는 생각들을 어떻게 구분할 것인지를 잘 결정해 두고, 이 생각들 사이의 관계를 잘 정리해 두는 것이 중요하다. 그래야 실제로 문단을 쓸 때에 문단들 사이의 관계를 잘 정립하여 이어 쓰기를 할 수 있다.

실제로 문단을 이어서 쓸 때에는 각 문단 사이의 관계를 고려하여 접속어와 지시어를 적절히 활용하여 문단을 연결하도록 한다. 이때 고려해야 할 것은 문단들 사이에도 중심 문단과 뒷받침 문단의 유기적인 관계가 형성되어 있다는 점이다. 따라서 문단에서 다루는 생각이나 감정을, 이를 지배하는 상위의 생각이나 감정과 잘 비교하여 그 위상에 걸맞게 적절하게 이어서 쓰는 것이 필요하다.

우리말에서 접속어의 역할은 접속 부사인 '그리고', '그러나', '하지만', '그런데', '한편', '그러므로', '그래서', '따라서', '왜냐하면', '또' 등이 한다. 이런 접속어를 적절히 사용함으로써 앞 문단과 뒤 문단 사이의 관계를 효과적으로 드러낼 수 있는데, 각 접속어는 다음과 같은 기능을 한다.

- 그리고: 앞 문단과 뒤 문단이 병렬적으로 연결이 되는 관계일 때 사용함.
- 그러나: 앞 문단의 내용과 뒤 문단의 내용이 상반될 때 사용함.
- 하지만: 뒤 문단의 내용이 앞 문단의 내용과 일치하지 않거나 상반되는 것일 때에 사용함. 구어적 느낌이 강한 접속어임.
- 그런데: 뒤 문단의 화제가 앞 문단의 화제와 달라지거나 뒤 문단의 내용이 앞 문단의 내용과는 상반될 때 사용함.
- 한편: 뒤 문단에서 앞 문단의 내용과는 다른 측면의 내용을 다룰 때에 사용함.
- 그러므로: 앞 문단의 내용이 뒤 문단의 내용의 이유, 원인, 근거가 될 때 사용함.
- 그래서: 앞 문단의 내용이 뒤 문단에서 제시할 내용의 원인, 근거, 조건 등이 될 때 사용함.
- 따라서: 앞 문단의 내용이 뒤 문단에서 제시할 내용의 원인, 이유, 근거가 될 때 사용함.
- 왜냐하면: 앞 문단의 내용에 관한 원인이나 이유를 뒤 문단에서 제시할 때 사용함.
- 또: 뒤 문단에서 앞 문단의 내용에 더해서 같거나 비슷한 성질의 내용이 더해질 때 사용함.

그리고 같은 성격을 지니는 문단이 계속해서 이어질 때에는 '첫째', '둘째', '셋째', '먼저', '다음으로', '마지막으로' 등과 같은 서수사나 차례를 나타내는 나열 표현 등을 적절히 써서 문단을 효과적으로 분절하고 이어서 쓸 수 있다. [자료 1]의 「교통안전 캠퍼스를 만들자」에서 첫째, 둘째, 셋째, 넷째, 다섯째와 같이 중요도에 따라서 해야 할 일들을 나열하는 것은 이 말들로 시작하는 문단들이 대등한 자격으로 이어지면서 구성원들의 교통안전을 지키기 위한 구체적인 방안으로서 묶이는 문단임을 효과적으로 드러낸다.

4.2. 문단 쓰기의 방법과 실제

아래의 [자료 3], [자료 4]는 학교 축제와 관련한 두 편의 글이다. 이들은 현재 문단 구분이 전혀 되어 있지 않다. 다음의 활동을 아래의 글을 읽고 하여 보도록 하자.

1. 전개되는 내용에 따라 문단을 구분하여 보고 앞에서부터 순서에 따라서 ①, ②, ③, ④, ⑤와 같이 원문자를 써 넣고 각 문단의 내용을 요약하여 제시하여 보도록 하자.
2. 각 문단의 중심 문장과 뒷받침 문장을 구분하고 중심 문장에는 밑줄을 그어 보자.
3. 문단을 구분한 바에 따라서 문단 구조를 4.1.1의 〈그림 1〉과 같이 그림으로 그려 보고 필요한 내용을 넣어 보도록 하자.
4. 각 문단과 글 전체의 문단 구조에 어떤 문제가 있는지를 파악하고, 이에 따라 문단 구조를 어떻게 조정하고 각 문단을 어떻게 이어 쓰면 좋겠는지 생각한 다음에 개요를 재구성해 보도록 하자.
5. [자료 3], [자료 4]를 4에서 한 활동 결과에 따라 적절히 문단을 나누고, 문단 이어 쓰기를 해 보자. 이때 문단을 바꿀 때에는 반드시 줄 바꾸기와 들여쓰기를 하도록 하고, 각 문단은 중심 문장(소주제문)과 뒷받침 문장으로 구성하도록 하며, 문단을 이어 쓸 때에는 적절한 접속어와 나열 표현을 쓰도록 해 보자.

[자료 3]
'봉림대동제', 오는 22일 개막, 많은 관심과 기대

올해도 어김없이 우리 대학 축제 봉림대동제가 이번 달 22일(화)부터 24일(목)까지 총 3일간 열린다. 22일(화) 오후 6시에 연등 날리기 퍼레이드를 서막으로, 우리 대학 학생들의 공연 및 시상식과 초청 가수 공연, 동아리 및 과 공연, 마술쇼, 토크쇼 등이 진행될 예정이다. 일정에 관한 더욱 자세한 사항은 와글 홈페이지 공지 사항을 참고하면 된다. 학생과 ○○○ 씨는 "대학은 공부만 하는 곳이 아니다. 학생들은 젊은이로서의 끼를 많이 갖고 있고, 대학 축제는 이를 발산할 좋은 기회가 될 것이다"라며 봉림대동제의 의의에 대해 설명했다. 또한 "지역민들의 경우 대학생들의 문화에 매우 관심이 많다. 우리가 지역 문화를 잘 선도해 나가야 될 것"이라며 책임감을 드러냈다. 한편 작년과 재작년의 경우 고등학생들의 집단 폭행 사고가 이어졌다. 또한 주점 위주, 초청 가수 위주의 알맹이 없는 축제는 봉림대동제에서 매년 지적되고 있는 사항이다. 이에 학생과 ○○○ 씨는 "이를 해소하기 위해 주점용 천막을 20%로 감소시키고, 작년부터 축제 일정도 4일에서 3일로 줄였다. 무엇보다도 가장 올바른 방향은 축제 기간에도 정상적인 수업을 하고 있다는 것이다. 또한 제일 중요한 안전사고 역시 더 철저하게 주위를 기울이고 있다"며 해결책을 제시했다. 또한 "봉림대동제를 주관하는 온앤온 총학생회 역시 올해는 새로운 컨셉의 축제가 되기 위해 다양한 방향을 탐색하고 있다"며 덧붙였다. 재학생 □□□ 씨(조선해양공 13)는 "개인적인 생각으로 축제가 늦은 저녁 시간에 시작돼서 아쉽다. 시간 제약 탓에 각 학과별 특색을 살릴 수 있는 콘텐츠를 보여주기 힘들기 때문이다. 낮 시간을 잘 활용한다면 주점 위주의 축제 문화를 줄이는 것도 가능하지 싶다. 총학에서 학과별 홍보를 통해 낮에 부스 운영을 좀 활성화해주면 더 다채로운 축제가 될 것 같다"며 의견을 밝혔다.

-『창원대신문』, 2015. 9. 17.-

[자료 4]

아쉬움 남았던 '봉림대동제'

지난 22일(화)부터 24일(목)까지 우리 대학 축제 봉림대동제가 열렸다. 3일간의 길고도 짧았던 시간을 마무리 지으며, 이번 축제를 기존의 운영 방식과 비교해 평가해 보면 다음과 같다. 우선 총학생회에서는 기존에 있던 무대를 스탠드 쪽으로 붙이고, 우측으로 방향을 틀어 더 많은 학생들이 무대를 보고 즐길 수 있도록 개선했다. 또한 안전사고 예방 차원에서 펜스를 설치하거나 공연 중에는 해병대 전우회의 도움을 받는 등 안전에 힘썼다. 이 결과로 비가 오는 궂은 날씨에도 불구하고 사고 없이 많은 학생들이 즐기는 축제가 만들어졌다. 또한 학생들이 만들어 나가는 대학 축제인 만큼 자발적인 참여로 이루어지는 '프리마켓'도 활성화시켰다. 특히 다양한 분야로 많은 학생들이 참여해 지원 인원 초과로 인해 선착순 배정이 되는 등 우리 대학 학생들의 적극성이 돋보였다. 이에 따라 축제 기간 동안 우리 대학을 방문하는 방문객들로부터 긍정적인 호평을 얻기도 했다. 하지만 아쉬운 점도 물론 존재했다. 꾸준히 지켜지지 않았던 학과 주점 내 무분별한 쓰레기 배출도 문제가 되었을 뿐만 아니라 주점 마감 후 새벽 사이 술 박스 도난 사건이 벌어지기도 했다. 특히 첫째 날에 편성되었던 온라인 게임 '리그 오브 레전드(이하 롤)'대회를 꼭 축제의 큰 프로그램으로 삼았어야 했냐는 의문이 제기되기도 했다. 이에 대해 △△△ 총학생회장은 "처음부터 롤 대회를 기획했던 것은 아니다. 토크 콘서트를 마련해 우리 대학 학우들에게 좋은 강연을 들려주고 싶었으나 강사 섭외가 되지 않았다. 따라서 비교적 학우들이 많이 참여할 수 있도록 해설자를 불러 롤 대회를 개최하는 방법으로 대체할 수밖에 없었다"고 밝혔다. 이어 화, 수, 목이라는 날짜 선정에 대해서는 "천막 설치와 더불어 전기 설치, 추석 연휴, 시험 기간과 같은 여건상 문제를 고려하다 보니 가장 적절한 시기라 판단돼 선정하게 되었다"며 안타까움을 전했다. 이토록 다사다난했던 우리 대학 축제 봉림대동제가 막을 내리고 어느덧 기말고사 기간이다. 많은 학우들의 기대를 안고 축제를 기획하고 진행한 △△△ 총학생회장은 "축제가 끝나고 나니 더 잘할 수 있었다는 생각에 아쉬움이 컸다. 학교 발전을 위해 열심히 발로 뛰는 온앤온 총학생회가 되도록 노력할 테니 끝까지 지켜봐 달라"며 당부의 말을 전했다.

-『창원대신문』, 2015. 10. 13.-

[자료 3]

1 번호는 윗글에 직접 표시하도록 하자.

    ①

    ②

    ③

    ④

    ⑤

    ⑥

2 중심 문장에 긋는 밑줄은 윗글에 직접 표시하도록 하자.

3 문단의 구조를 그려 보도록 하자.

4 문단 구조의 조정 방안과 문단 이어 쓰기의 방안을 제시하여 보고, 재구성한 개요를 작성하여 보도록 하자.

5 문단을 나누고 효과적으로 문단을 이어 쓰도록 하여 보자.

[자료 4]

1 번호는 윗글에 직접 표시하도록 하자.

①

②

③

④

⑤

⑥

2 중심 문장에 긋는 밑줄은 윗글에 직접 표시하도록 하자.

3 문단의 구조를 그려 보도록 하자.

4 문단 구조의 조정 방안과 문단 이어 쓰기의 방안을 제시하여 보고, 재구성한 개요를 작성하여 보도록 하자.

5 문단을 나누고 효과적으로 문단을 이어 쓰도록 하여 보자.

제 5 장

고쳐쓰기

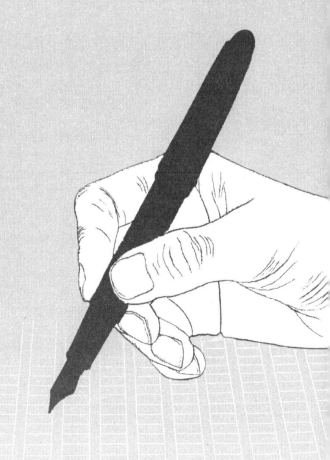

주요 내용

구분		내용
학습 목표		• 글 전체, 문단, 문장 단위의 고쳐쓰기 방법을 이해하고 실제에 적용할 수 있다. • 주어진 글의 문제점을 지적하고 수정 방안을 제시할 수 있다. • 피드백 결과를 바탕으로 글을 완성도 있게 고쳐 쓸 수 있다.
학습 내용	1차시	• 고쳐쓰기의 방법 이해
	2차시	• 피드백과 고쳐쓰기 실습
교수-학습 방법	강의	• 단계별 고쳐쓰기 방법
	토론	• 글의 문제점과 고쳐쓰기 방향
	실습	• 피드백과 고쳐쓰기
평가		• 고쳐쓰기의 절차와 방법에 대한 이해도 • 절차와 방법에 따른 피드백의 수준 • 피드백을 바탕으로 수정한 글의 완성도

5.1. 고쳐쓰기의 이해

5.1.1. 고쳐쓰기의 의미

　고쳐쓰기는 내용 생성, 내용 조직, 집필의 과정을 거쳐 완성한 글을 비판적으로 검토하여 문제점을 발견하고 수정 방향을 모색한 다음 이를 토대로 글을 더 낫도록 다듬는 것을 말한다. 고쳐쓰기와 같은 의미의 말로 오래 전부터 퇴고(推敲)라는 말이 쓰였다. 이 말은 한시에 넣을 시구를 '밀다'[推]로 할 것인지, '두드리다'[敲]로 할 것인지를 두고 오래 고민했다는 고사에서 유래했다. 이 고사를 통해 고쳐쓰기는 글의 완성도를 높이는 작업임을 알 수 있다.

　따라서 고쳐쓰기는 글쓰기의 과정에서 반드시 거쳐야 한다. 아무리 글쓰기 능력이 탁월한 사람이라도 한 번 만에 완벽한 글을 쓰기는 어렵다. 검토와 수정을 거치지 않은 글일수록 짜임새가 부족하다든가 전개가 매끄럽지 못하다든가 부족하거나 불필요한 부분이 있다든가 표현이 어색하다든가 하는 문제점을 지니고 있을 가능성이 높다. 그래서 집필을 완료한 후에는 글을 꼼꼼히 검토하여 어떤 문제점이 있고 어떻게 하면 그것을 개선할 수 있는지를 고민하는 과정을 거쳐야 한다. 그리고 글 전체 단위, 문단 단위, 문장 단위 등의 순서로 글을 고쳐 쓰는 과정을 거쳐야 한다. 고쳐쓰기를 얼마나 성실하게 했는가에 따라 글의 완성도는 높아진다.

– 지금까지 글을 쓰면서 고쳐쓰기를 해 본 경험이 있는지 떠올려 보자. 그리고 있다면 어떤 식으로 했는지, 없다면 왜 안했는지에 대해 간략히 정리한 후 이야기해 보자.

5.1.2. 고쳐쓰기의 유의점

고쳐쓰기는 어느 특정 시점에서만 행해지는 것이 아니다. 물론 통념적으로 고쳐쓰기는 집필이 완료된 이후에 집중적으로 이루어진다. 집필 이후의 고쳐쓰기를 통해 글을 총체적이고 심층적으로 분석할 수 있고, 여러 가지 문제점을 동시적으로 고칠 수 있기 때문이다. 하지만 실제로 글을 써 보면, 글감을 모으거나 글감을 배열하거나 심지어 집필을 하는 단계에서도 끊임없이 검토와 수정이 이루어진다는 것을 경험하게 된다. 따라서 준비나 집필 단계에서도 고쳐쓰기를 충실히 할 필요가 있다. 그럼으로써 집필 후의 고쳐쓰기를 한결 수월하게 할 수 있다.

고쳐쓰기는 시간적 여유를 갖고 최대한 많이 해야 한다. 구조에서부터 표현에 이르기까지 여러 측면에서 고쳐쓰기를 되풀이하면 글의 완성도가 높아지기 때문이다. 그러므로 고쳐쓰기 단계를 생략하거나 대충해서는 안 된다. 그리고 대개 자신의 글은 자기가 검토하고 수정하지만, 그럴 경우 글의 문제점을 발견하지 못하거나 수정 방안을 찾지 못하는 수도 있다. 그런 점에서 다른 사람들에게 자신의 글에 대한 피드백을 받을 필요도 있다.

고쳐쓰기는 크게 검토와 수정의 두 가지 단계로 이루어진다. 전자가 글을 읽으면서 문제점을 찾아내고 그것을 수정할 방안을 찾는 단계이고, 후자가 문제점과 수정 방안을 토대로 첨가와 삭제, 재구성의 방식으로 글을 고치는 단계이다.

검토 단계		수정 단계
문제점 발견 수정 방안 모색	⇨	첨가 삭제 재구성

고쳐쓰기는 일반적으로 거시적 단위에서 미시적 단위로 이행하면서 실시한다. 반드시 이러한 절차를 따라야 하는 것은 아니지만, 전체에서 부분으로 좁혀가는 방식이 글을 체계적으로 고치는 데 도움이 된다. 우선 글의 전체 단위에서 주제나 구성, 전개를 검토하여 수정한다. 그런 다음 문단 단위에서 문단의 짜임새, 문단 간 연결성을 검토하여 수정한다. 마지막으로 문장 단위에서 어휘나 표현, 문장 등의 적절성을 검토하여 수정한다.

5.2. 고쳐쓰기의 절차

5.2.1. 전체 단위의 평가와 고쳐쓰기

고쳐쓰기를 체계적이고 효과적으로 수행하기 위해서는 우선 글을 전체 단위에서 내용적 측면과 구성적 측면을 평가하여 문제점과 수정 방안을 도출해 내야 한다. 구체적으로 이 단계에서는 글에 주제가 분명한가, 글이 서-본-결의 완결된 구성을 이루고 있는가, 글의 논지가 일관성 있게 전개되었는가, 주장이 합리적 논거를 토대로 제시되었는가, 글이 새로운 생각이나 주장을 담고 있는가 등의 사항을 점검하도록 한다. 그런 다음 이를 토대로 고쳐쓰기를 진행한다.

평가 단위	평가 항목
전체 단위	주제의 명확성
	구조의 완결성
	논지 전개의 일관성
	주장의 타당성
	내용의 참신성

이제 글 한 편을 읽고 전체 단위, 문단 단위, 문장 단위의 순서로 글을 검토하고 수정 방안을 찾아서 글을 고쳐 쓴 예를 검토해 봄으로써 고쳐쓰기가 구체적으로 어떻게 진행되는지를 파악해 보도록 한다.

우선 다음의 글을 전체 단위에서 평가해 보자. 전체 단위에서 글의 구성과 전개를 살피는 데 유용한 방법은 글의 핵심을 요약해 보는 것이다. 각 문단별로 중심 내용을 간추려 보면 글의 구조를 쉽게 파악할 수 있고, 글의 허점도 용이하게 발견할 수 있다. 따라서 문단별로 요지를 정리해 가면서 글을 읽어 보도록 하자. 문단 앞의 번호는 분석의 편의를 위해 임의로 붙인 것이다.

시를 읽어야 하는 이유

1. 우리 주변 사람들을 살펴보면 책보다는 휴대폰을 손에 쥐고 있는 모습이 익숙하다. 잡코리아에서 최근 실시한 대학생의 독서현황 조사에 따르면, 대학생들은 하루 중 독서에는 30분 정도만 사용하며 5명 중 1명은 책을 평소에 전혀 읽지 않는다. 이렇듯 사람들이 책을 읽지 않으면서 문학에 대한 관심도 점차 줄어들고 있다. 특히 시는 더욱 외면당하고 있다. 그러나 현대사회야말로 시를 읽어야 하는 이유가 있다.

2. 시는 각박하고 메마른 사회를 살아가는 인간에게 감성과 낭만을 가져다준다. 시는 사람이 가지고 있는 정서 중 하나인 감수성을 자극해 준다고 생각한다. 시를 읽을 때는 여유 있는 태도를 가지고 천천히 곱씹게 되는데, 이는 모든 일이 빠르게 진행되는 현대사회와 반대되는 태도이다. 때문에 그 속에서, 우리 자신을 되돌아 보게 하고 한없는 감상과 추억에 젖어들게 한다. 이것이 바로, 시가 주는 느림의 미학의 힘이다. 이로 인해 시를 읽으면, 사람의 수많은 감성들이 꼬리에 꼬리를 물고 다양한 존재로 모습을 드러내게 되는 것이다.

3. 그리고 시는 우리에게 자유로움을 선사해 준다. 이때의 자유란, 시를 읽을 때 어떤 감정도 어떤 상황도 무엇이든지 될 수 있다는 의미이다. 중고등학교를 다닐 때에는 시 하나를 두고 분석하며 규정된 의미들만을 외우기 바빴지만, 이제는 그럴 필요가 없는 것이다. 시를 교과서적으로만 보려 하지 말고 오로지 내 감성으로만 본다면 시라는 존재가 마냥 어렵고 낯설기만 한 것은 아니란 의미이다. 물론 시는 작가의 의도가 담긴 고백과도 같은 것이지만, 그렇다고 해서 정해진 답과 정해진 해석이 있는 것은 아니라 생각한다. 그렇기 때문에 시를 읽는 사람에 따라 얼마든지 다양한 감상이 나올 수 있고, 어떤 상황에서 어떤 방법으로 읽어도 되는 자유로운 존재가 바로 시인 것이다.

4. 또한 시에는 다양한 감정과 삶의 태도가 담겨져 있으며, 이를 통해 내가 겪어본 삶 뿐만 아니라 내가 겪어보지 못한 다른 사람들의 삶들도 간접적으로 경험해 볼 수 있고, 그것을 통해 세상을 좀더 깊이 알수 있는 것이다. 시는 저마다 다른 개성을 가지고 있기 때문에 각각의 시가 가진 개성을 통해 우리는 아름다움을 느낄 수 있다. 시는 우리가 흔히 사용하는 상투적인 표현을 사용하지 않고, 함축적이며 시적인 표현을 사용한다. 시적인 표현에는 아무런 제한이 없으며 어떠한 규정도 없기 때문에, 잘 알려지지 않은 언어들로 인한 무한한 창의성이 나타나게 된다. 이러한 표현들로 시 작품에 표현된 개성적인 언어가 주는 아름다움은, 시를 통해 느낄수 있는 것이다.

5. 삶을 살아가면서 시련이 찾아올 때마다 공감되는 시구나 짧은 시 한 편이 주는 위로의 힘은 아주 크게 다가온다. 내가 처해있는 상황에 따라 저마다 다르게 감정이입하게 되고 공감하게 되고, 그것이 주는 마음 울림은 힘든 상황을 극복하게 할 의지를 갖게 해준다. 지금은 빠르고 정신없이 그리고 각박하게 돌아가는 세상이지만 시를 통해 위로받고, 시를 통해 더 넓은 세상을 보고 더 다양한 경험을 간접적으로 체험하고, 시를 통해 추억과 낭만에 젖어도 보면서, 사람이 사람으로서 가져야할 깊이를 찾을 수 있다.

−학생 글−

앞의 글은 현대 사회를 살아가는 우리가 왜 시를 읽어야 하는지에 대해 서술한 글이다. 다섯 개의 문단으로 구성되어 있으며, 시를 읽어야 하는 이유로 네 가지를 제시하고 있다. 문단별 핵심을 간추리면 다음과 같다.

　①　현대 사회에서 시가 외면당하지만 이런 때일수록 시를 읽어야 한다.
　②　시는 우리의 감성을 자극하여 우리 자신을 되돌아보게 한다.
　③　시는 자유로움을 준다.
　④　시는 타인과 세상에 대해 이해하게 하고, 아름다움을 느끼게 한다.
　⑤　시는 우리를 위로하고, 세상을 알게 하며, 성숙하게 해 준다.

이 글은 서론인 ①에서 현대인들이 시를 읽지 않는다는 사실을 언급하고, 시를 읽어야 한다고 주장한다. 사실과 주장이 나란히 제시되어 있는데, 양자가 서로 관련성이 떨어진다. 주장이 서론에 곧바로, 그것도 타당한 근거의 도움 없이 제시되어 있다. 이 주장의 근거는 본론과 결론에 산재해 있다.

이 글의 본론은 ②~④에 해당된다. ②는 시의 성찰적 기능을, ③은 시가 부여하는 자유를, ④는 시의 인식적 기능과 심미적 기능을 말하고 있다. ③은 시 읽기의 방법과 관련된 것이므로 시 읽기의 이유와 무관하다. 나머지 기능들은 시 읽기의 이유로 적절히 활용될 수 있다.

결론인 ⑤에서는 시의 위안적 기능을 언급하고, 인식적 기능과 성찰적 기능을 재차 언급하고 있다. 결론에 새로운 내용인 위안적 기능이 등장한다. 나머지 부분은 본론의 내용 일부만을 요약한 것이다.

이처럼 글을 전체적으로 살펴보면, 짜임새가 부족해 고쳐쓰기를 전혀 하지 않은 글이라는 점을 금방 알아차릴 수 있다. 위에서 검토한 내용을 좀 더 상세히 정리하면 다음과 같다.

평가 내용	수정 방안
• 제목과 글 전체를 통해 '시 읽기의 이유'라는 주제가 드러난다.	
• 서론에 주장이 제시되었다.	→ 주장을 결론으로 옮긴다.
• 본론의 전개가 질서가 없다.	→ 본론을 '나 → 세계'의 순서로 재구성한다.
• 결론에 새로운 내용이 제시되고, 본론을 제대로 요약하지 못했다.	→ 위안적 기능에 관련된 내용은 본론으로 옮기고 한 문단으로 독립시킨다. 본론을 충실히 요약한다.
• ③은 주제와 상관없는 내용이다.	→ ③을 삭제한다.
• 시의 기능과 관련한 주장들에 대한 논거들이 대체로 추상적이고 막연하다.	→ 구체적인 사례를 통해 시의 기능을 설명한다.
• 시 읽기의 이유로 제시하는 사항이 이미 잘 알려져 있기 때문에 새롭지 않다.	→ 자신의 경험을 곁들임으로써 독자의 흥미를 유도하고, 새로운 느낌을 주도록 한다.

글에 대한 평가와 수정 방안에 대한 정리를 어느 정도 진행했다면, 다음으로 글을 전체 단위에서 수정하도록 한다. 다음은 위의 검토를 바탕으로 개요를 수정하고, 글을 재구성해 본 것이다.

[초고의 개요]

① 현대 사회에서 시가 외면당하지만 이런 때일수록 시를 읽어야 한다.

② 시는 우리의 감성을 자극하여 우리 자신을 되돌아보게 한다.

③ 시는 자유로움을 준다.

④ 시는 타인과 세상에 대해 이해하게 하고, 아름다움을 느끼게 한다.

⑤ 시는 우리를 위로하고, 세상을 알게 하며, 성숙하게 해 준다.

⇩

[전체 단위에서 수정한 개요]

① 현대 사회에서 시는 외면당하고 있다.

② 시는 우리의 감성을 자극하여 우리 자신을 되돌아보게 한다.

③ 시는 우리를 위로하고 살아갈 힘을 준다.

④ 시는 아름다움을 느끼게 하고, 타인과 세상에 대해 이해하게 한다.

⑤ 시는 성찰적, 위안적, 심미적, 인식적 기능을 하므로 반드시 읽어야 한다.

[전체 단위에서 수정한 글]

시를 읽어야 하는 이유

1 우리 주변 사람들을 살펴보면 책보다는 휴대폰을 손에 쥐고 있는 모습이 익숙하다. 잡코리아에서 최근 실시한 대학생의 독서현황 조사에 따르면, 대학생들은 하루 중 독서에는 30분 정도만 사용하며 5명 중 1명은 책을 평소에 전혀 읽지 않는다. 이렇듯 사람들이 책을 읽지 않으면서 문학에 대한 관심도 점차 줄어들고 있다. 특히 시는 더욱 외면당하고 있다.

2 시는 각박하고 메마른 사회를 살아가는 인간에게 감성과 낭만을 가져다준다. 시는 사람이 가지고 있는 정서 중 하나인 감수성을 자극해 준다고 생각한다. 시를 읽을 때는 여유 있는 태도를 가지고 천천히 곱씹게 되는데, 이는 모든 일이 빠르게 진행되는 현대사회와 반대되는 태도이다. 때문에 그 속에서, 우리 자신을 되돌아 보게 하고 한없는 감상과 추억에 젖어들게 한다. 이것이 바로, 시가 주는 느림의 미학의 힘이다. 이로 인해 시를 읽으면, 사람의 수많은 감성들이 꼬리에 꼬리를 물고 다양한 존재로 모습을 드러내게 되는 것이다.

3 삶을 살아가면서 시련이 찾아올 때마다 공감되는 시구나 짧은 시 한 편이 주는 위로의 힘은 아주 크게 다가온다. 내가 처해있는 상황에 따라 저마다 다르게 감정이입하게 되고 공감하게 되고, 그것이 주는 마음 울림은 힘든 상황을 극복하게 할 의지를 갖게 해준다.

4 시는 우리가 흔히 사용하는 상투적인 표현을 사용하지 않고, 함축적이며 시적인 표현을 사용한다. 시적인 표현에는 아무런 제한이 없으며 어떠한 규정도 없기 때문에, 잘 알려지지 않은 언어들로 인한 무한한 창의성이 나타나게 된다. 이러한 표현들로 시 작품에 표현된 개성적인 언어가 주는 아름다움은, 시를 통해 미적 쾌감을 느낄수 있는 것이다. 또한 시에는 다양한 감정과 삶의 태도가 담겨져 있으며, 이를 통해 내가 겪어본 삶 뿐만 아니라 내가 겪어보지 못한 다른 사람들의 삶들도 간접적으로 경험해 볼수 있고, 그것을 통해 세상을 좀더 깊이 알수 있는 것이다. 시는 저마다 다른 개성을 가지고 있기 때문에 각각의 시가 가진 개성을 통해 우리는 아름다움을 느낄 수 있다.

5 지금은 빠르고 정신없이 그리고 각박하게 돌아가는 세상이지만 시를 통해 자신을 되돌아보고, 위로받고, 아름다움을 느끼고, 더 넓은 세상을 보고 더 다양한 경험을 간접적으로 체험할 수 있다. 그러므로 우리는 시를 읽어야 한다.

－학생 글－

5.2.2. 문단 단위의 평가와 고쳐쓰기

평가 단위	평가 항목
문단 단위	문단의 통일성
	문단의 완결성
	문단의 긴밀성

글 전체에 대한 평가와 고쳐쓰기를 어느 정도 진행했다면, 그 다음으로는 문단 단위에서 글을 평가하여 문제점과 수정 방안을 찾아보도록 한다. 이 단계에서는 각 문단들이 제대로 구성되었는가를 중심으로 평가해야 한다. 즉 문단을 구성하는 문장들이 하나의 생각(소주제문)으로 통일되어 있는가를 검토한다. 다음으로 소주제문과 뒷받침문이 잘 어울리는가, 뒷받침문이 소주제문을 충분히 보조하는가를 살핀다. 그리고 문장과 문장의 연결이 자연스러운가 하는 점을 점검한다.

평가 내용	수정 방안
• 각 단락별로 소주제문이 제대로 정리되어 있지 않다.	→ 문단 단위에서 수정한 개요를 단락별 소주제문으로 활용한다.
• 1 : 시를 읽지 않는 원인에 대한 분석이 없다.	→ 자료 검토와 관찰을 통해 원인을 파악하여 첨가한다.
• 2 : 성찰적 기능과 상관없는 문장들이 많다.	→ 시의 성찰적 기능에 대한 설명으로 대체한다.
• 3 : 내용이 추상적이다.	→ 예시를 추가하여 구체성을 높인다.
• 4 : 심미적 기능과 인식적 기능에 관한 설명이 합쳐져 있다.	→ 두 문단으로 구분하여 다듬거나 한 가지를 중심으로 재구성한다.

앞서 「시를 읽어야 하는 이유」라는 제목의 글을 전체 단위에서 검토하고 수정해 보았다. 이제 그 글을 가지고 다시 문단 단위에서 고쳐쓰기를 진행해 보도록 하자. 위의 표는 문단 단위에서 글을 평가한 결과이다. 그리고 다음은 문단 구성의 기본 원리에 맞게 개요와 글을 수정한 것이다.

[전체 단위에서 수정한 개요]

1 현대 사회에서 시는 외면당하고 있다.
2 시는 우리의 감성을 자극하여 우리 자신을 되돌아보게 한다.
3 시는 우리를 위로하고 살아갈 힘을 준다.
4 시는 아름다움을 느끼게 하고, 타인과 세상에 대해 이해하게 한다.
5 시는 성찰적, 위안적, 심미적, 인식적 기능을 하므로 반드시 읽어야 한다.

⇩

[문단 단위에서 수정한 개요]

1 대학생들에게 점점 더 시가 외면당하고 있다.
2 시는 우리를 반성하게 하고 성장시킨다.
3 시는 우리의 상처 입은 마음을 위로해 준다.
4 시는 타인과 세상을 이해하게 해 준다.
5 시는 우리에게 유익한 것이므로 반드시 읽어야 한다.

시를 읽어야 하는 이유

① 잡코리아에서 최근 실시한 대학생의 독서현황 조사에 따르면, 대학생들은 인터넷 사용에 하루 평균 133분의 시간을 보내는데 반해 독서에는 30분 정도만 사용한다. 또한 5명 중 1명은 책을 평소에 전혀 읽지 않는다. 책을 읽을 수 있는 시간을 스마트폰에 빠져 허비하기 때문이다. 이처럼 대학생들이 책을 읽지 않으면서 문학작품을 읽는 학생들은 거의 없다. 특히 시는 어렵다는 이유로 더욱 더 멀리한다. 시는 대학생들에게 점점 더 외면당하고 있다.

② 시는 우리 자신을 반성하게 함으로써 성장시킨다. 윤동주 시인의 「서시」는 나의 현재 모습을 되돌아보고 과연 지금 이대로의 내 모습이 바람직한가를 생각해 보게 한다. 삶에 대한 깨달음을 담고 있는 시는 우리에게 어떻게 살아야 할 것인가 하는 물음을 던진다. 그 때문에 시를 여유를 가지고 천천히 음미하는 시간을 많이 가질수록 나는 나 자신을 더욱 자세히 깊이 들여다보게 되고, 그러면서 성숙해진 느낌을 받는 것이다.

③ 시는 우리의 상처 입은 마음을 위로해 준다. 나는 소심한 성격이어서 쉽게 상처를 잘 입는다. 다른 사람이 별 생각 없이 던진 말 한마디에도 괴로워할 때가 많다. 또 노력하던 일이 실패했을 때 자존감이 한없이 떨어지는 경험을 한 적도 있다. 그 때 나태주 시인의 「풀꽃」을 읽고 참 많이 울었다. 실컷 울고 나서는 내 안에서 다시 힘을 내자 하는 용기가 샘솟는 것을 느꼈다. 시는 힘든 상황을 극복할 의지를 갖게 해준다.

④ 시에는 시인이 살아가면서 느낀 다양한 감정과 생각이 솔직하게 담겨 있다. 시를 읽는 것은 시인과 교감을 나누는 것이다. 이를 통해 나는 내가 겪어본 삶 뿐만 아니라 내가 겪어보지 못한 다른 사람들의 삶들도 간접적으로 경험해 볼수 있고, 그것을 통해 세상을 좀더 깊이 알 수 있는 것이다. 시는 타인과 세상을 이해하게 해 주는 좋은 수단이다.

⑤ 지금은 빠르고 정신없이 그리고 각박하게 돌아가는 세상이지만 시를 통해 자신을 되돌아보고, 위로받고, 더 넓은 세상을 보고 더 다양한 경험을 간접적으로 체험할 수 있다. 시는 마음의 양식이다. 그러므로 우리는 시를 읽어야 한다.

−학생 글−

5.2.3. 문장 단위의 평가와 고쳐쓰기

전체 단위, 문단 단위의 평가와 고쳐쓰기를 거쳤다면, 마지막으로 문장 단위에서 글을 검토하고 어떻게 수정하는 것이 바람직한지를 생각해 보도록 한다. 이 단계에서는 문장이 문법에 맞게 바르게 작성되었는가, 어문 규정을 준수했는가, 적절한 어휘를 선택했는가, 그리고 제목이 내용과 어울리거나 참신한가 등의 사항을 중심으로 글을 검토한다. 그리고 그 결과를 고려하여 글을 수정한다.

평가 단위	평가 항목
문장 단위	문장의 문법성
	어문 규정의 준수
	어휘의 적절성
	제목의 적합성

문단 단위에서 수정한 「시를 읽어야 하는 이유」라는 글을 이제 문장 단위에서 검토하여 수정함으로써 더욱 완성도 있는 글이 되도록 해 보자. 이 글에는 문장이 길고 군더더기가 많다는 점을 우선적으로 지적할 수 있다. 어문 규정이나 어휘의 측면에서도 손질해야 할 부분이 여러 군데 있다. 그리고 제목은 주제를 그대로 사용하였다. 이렇게 해도 별 문제는 없지만, 평범하여 독자의 이목을 끌기는 어렵다. 그런 점에서 참신한 제목으로 수정해 보도록 한다.

평가 내용	수정 방안
• 문장이 길고 군더더기가 많다.	→ 간결하고 의미가 정확하도록 다듬는다.
• 띄어쓰기, 어휘 선택 등에서 문제점이 나타난다.	→ 문장을 세밀히 살펴 어법에 맞도록 고치고, 부적절한 어휘도 수정한다.
• 제목이 평범하다.	→ 참신한 제목으로 대체한다.

[문장 단위에서 수정한 글]

시 읽어 봐, 참 좋아

① 최근 잡코리아에서 실시한 대학생 독서 현황 조사에 따르면, 대학생들은 인터넷 사용에 하루 평균 133분의 시간을 보내는 데 반해 독서에는 30분 정도만 할애한다고 한다. 또한 5명 중 1명은 책을 평소에 전혀 읽지 않는다고 한다. 내 주변의 대학생들이 그렇듯 하루의 많은 시간을 스마트폰에 빠져 허비하기 때문일 것이다. 이런 상황에서 대학생들은 문학 서적을 읽지 않고 더군다나 시는 무가치하다고 여기고 점점 더 멀리하는 것 같다.

② 하지만 시는 결코 무가치하지 않다. 윤동주 시인의 「서시」는 우리의 현재 모습이 과연 바람직한가를 진지하게 반성하게 한다. 삶의 깨달음을 담은 시는 우리에게 어떻게 살아야 할 것인가를 생각하게 한다. 그러한 시를 음미하는 시간을 많이 가지면 가질수록 그만큼 우리의 마음은 성장한다. 시는 우리를 성숙한 인간으로 만들어 준다.

③ 또한 시는 상처 입은 마음을 위로해 주기도 한다. 나는 소심한 성격 때문에 쉽게 상처받는다. 다른 사람이 무심코 던진 말 한마디에도 괴로워할 때가 많다. 또 노력하던 일이 실패했을 때 자존감이 한없이 떨어지는 경험을 한 적도 있다. 그때 나태주 시인의 「풀꽃3」을 읽고 참 많이 울었다. "기죽지 말고 살아 봐/ 꽃 피워 봐/ 참 좋아"라는 짤막한 시구가 나를 울게 했다. 실컷 울다 보니 내 안에서 용기가 샘솟는 것을 느꼈고, 다시 힘을 낼 수 있었다.

④ 시에는 시인이 살아가면서 느낀 다양한 감정과 생각이 진솔하게 담겨 있다. 시를 읽는 것은 그런 시인의 마음과 교감하는 것이다. 시 읽기를 통해 우리는 다른 사람을 이해할 수 있고, 다른 사람의 삶도 간접적으로 체험해 볼 수 있다. 게다가 세상을 좀 더 넓고 깊게 알 수 있다. 시는 타인과 세상을 이해하게 해 주는 좋은 수단이다.

⑤ 우리는 빠르고 정신없이 돌아가는 세상, 각박하고 힘겨운 세상을 살아가고 있다. 하지만 이런 때일수록 우리에겐 고요히 시를 읽으며 자신과 세상에 대해 사색할 시간이 필요하다. 거름이 나무를 잘 자라게 하듯 시는 우리의 삶을 풍요롭게 해 준다. 우리가 시를 읽어야 하는 이유가 여기에 있다.

−학생 글−

<参考>

고쳐쓰기를 위한 평가표

단위	평가 항목	평가 내용	수정 방안
전체	• 주제의 명확성 • 구조의 완결성 • 논지 전개의 일관성 • 주장의 타당성 • 내용의 참신성		
문단	• 문단의 통일성 • 문단의 완결성 • 문단의 긴밀성		
문장	• 문장의 문법성 • 어문규정의 준수 • 어휘 선택의 적절성 • 제목의 적절성		
총평			

실/습/하/기

- **다음 글을 읽고 제시된 과제를 수행해 보자.**

문학과 영화

영화가 생겨난 이래 명작소설, 베스트셀러소설은 언제나 영화의 중요한 소재가 되곤 했다. 최근에도 이 법칙은 변하지 않았는데, 가장 대표적인 예시가 〈반지의 제왕〉 시리즈나 〈해리포터〉 시리즈일 것이다. 그러나 소설을 영화로 옮기는 것이 쉬운 일인 것만은 아니다. 독자들의 상상 속에 있던 소설의 세계를 제대로, 아니 그 이상으로 멋지게 만들어 내지 못한다면, 그 영화는 비난을 면치 못하기 때문이다. 한정된 시간 내에 모든 얘기를 풀어내야 하는 영화의 특성상, 광막한 소설의 스토리를 제대로 표현해 내는 것도 무척 힘든 일일 것이다. 소설은 영화의 가장 찾기 쉬운 소재일 수 있지만, 또한 가장 다루기 어려운 소재일 수도 있다. 하지만 많은 어려움에도 불구하고 위의 두 영화 시리즈는 엄청난 상업적 성공과 함께 평단에서 좋은 호평을 받은 것으로 보인다. 영화가 소설을 완벽하게, 충실히 재현하기를 바란다면, 오로지 소설을 읽은 후 잠자리에서 꿈을 꾸는 것이 나을지도 모를 것이다. 분명 소설의 관점에서 보면 두 영화는 부족한 점이 많은 것은 사실이다. 하지만 영화는 영화의 관점에서 봐야한다. 비록 소설을 소재로 했지만 그 소재에 얽매이기만 해서는 안될 것이다.

−학생 글−

1) 글의 일반적 구조를 고려하여 몇 개의 문단으로 나누어 보자.

2) 각 문단의 내용을 간략히 요약해 보자.

---

3) 전체 단위의 평가 항목과 관련하여 글의 문제점을 지적하고, 수정 방안을 제시해 보자.

문제점	수정 방안

4) 각 문단이 어떤 문제점을 지니고 있으며, 문단으로서 완성도를 갖추기 위해서는 어떻게 수정해야 좋을지 정리해 보자.

문제점	수정 방안

5) 문장 단위에서 위의 글에 나타난 문제점을 찾고, 그것이 문제점인 이유를 말해 보자.

문제점	수정 방안

5.3. 고쳐쓰기의 방법

5.3.1. 교수자의 피드백과 고쳐쓰기

초고를 더 나은 글로 수정하는 데 가장 효과적인 방법은 교수자의 피드백을 바탕으로 고쳐쓰기를 하는 것이다. 교수자는 글쓰기 교육 전문가로서 글에 대한 안목과 글쓰기에 대한 지식을 갖추고 있으므로 학습자가 쓴 초고의 문제점을 잘 찾아낼 수 있고, 바람직한 수정 방향을 학습자에게 제시해 줄 수 있기 때문이다.

교수자는 학습자의 초고를 첨삭, 면담 등의 방식을 활용하여 피드백하고, 학습자는 교수자의 피드백을 참고하여 글을 고쳐 쓰도록 한다. 이 과정에서 교수자와 학습자 간에 의사소통이 원활하게 이루어져야 한다. 또한 교수자는 조력자의 역할을 하고, 학습자는 교수자의 조언을 겸허하게 수용해야 한다. 그래야만 고쳐쓰기의 효과가 극대화될 수 있다.

실/습/하/기 exercises

– 교수자에게 피드백을 받은 글 가운데 한 편을 선택한 후, 아래 표에 주요 지적 사항을 요약하고 어떻게 수정할 것인지 간략히 정리해 보자. 그리고 이를 바탕으로 글을 고쳐 써 보자.

단위	지적 사항	수정 방안
전체		
문단		
문장		

5.3.2. 학습자의 자기 피드백과 고쳐쓰기

학습자의 자기 피드백은 학습자가 자신의 글을 스스로의 힘으로 평가하는 것을 말한다. 객관적인 입장에서 고쳐쓰기를 위한 평가표를 활용하여 자기 글을 냉정하게 평가하여 문제점을 발견하고 수정 방향을 모색하도록 한다. 그런 다음 피드백 결과를 반영하여 글을 고쳐 쓰도록 한다. 학습자는 자기 피드백을 통해 자기 힘으로 글을 고쳐 쓸 수 있는 능력을 길러야 한다. 언제나 누군가의 도움을 받을 수 없기 때문이다.

실/습/하/기 exercises

– 자신이 쓴 글 하나를 골라 아래 표에 따라 평가하고 수정 방향을 제시해 보자. 그리고 이를 바탕으로 글을 고쳐 써 보자.

단위	평가 내용	수정 방안
전체		
문단		
문장		

5.3.3. 학습자 간 피드백과 고쳐쓰기

학습자 간 피드백도 효과적인 고쳐쓰기를 위한 방법의 하나이다. 여기에는 학습자들이 서로 글을 교환한 후 평가하는 상호 피드백, 하나의 모둠을 구성한 후 모둠 구성원 전체가 참여하여 한 편의 글을 평가하는 집단 피드백이 있다. 이를 통해 학습자는 남의 글을 비판적으로 읽는 경험을 쌓을 수 있고, 자기 글을 남의 글과의 비교하며 평가해 볼 수 있다. 또한 글의 문제점과 수정 방안을 놓고 토론과 토의를 함으로써 합리적 의사소통의 방식을 경험할 수 있다.

실/습/하/기 exercises

– 다음 글은 한 학생이 쓴 글이다. 2인 이상의 학습자가 함께 글을 읽고 문제점과 수정 방안에 대해 이야기한 후 그 내용을 간략히 정리해 보자. 문장 앞의 번호는 임의로 붙인 것이다.

대학 신입생의 혼란

① 대학 신입생들은 초 · 중 · 고등학교의 과정을 거쳐오면서 많이 통제되고 제한된 생활을 했을 것이다. ② 하지만 처음으로 대학이라는 새로운 생활을 시작하면서 초 · 중 · 고등학교에서 겪었던 경험과는 너무나 다른 새롭고 낯선 환경에 맞딱드리게 된다. ③ 그동안 하나의 학급으로 통제되면서 밀접하게 맺어진 구체적 인간관계와는 다른 더 큰 범위의 소속에서 맺어지는 피상적 인간관계에서 당황하게 된다. ④ 또 그동안의 학교 생활에서는 주어진 시간표대로의 생활 만 해왔기 때문에 스스로 시간을 계획하고 생활해야하는 방식의 생활에 대한 막막함도 느꼈다. ⑤ 많은 것이 통제되고 강제되었던 생활에 익숙해져 버린 탓에 자율에 의해 많은 것이 이뤄지는데 적응하지 못하고 방탕한 생활을 하게되는 사람도 생기기도 한다. ⑥ 불과 얼마전만해도 청소년이라는 신분으로 보호 받을 수 있었지만 이젠 성인이라는 지위에서 자신의 역할에 대한 혼란을 겪기도 한다. ⑦ 그러나 이러한 혼란을 겪음으로써 진정한 대학인으로서 거듭날수 있을 것이다. ⑧ 대학 신입생들이 혼란을 겪으면서 진정한 성인으로 성장할수 있어야 할것이다.

–학생 글–

실/습/하/기

– 앞의 글에 대한 피드백 결과를 토대로 글을 고쳐 써 보자.

제6장

문장 쓰기

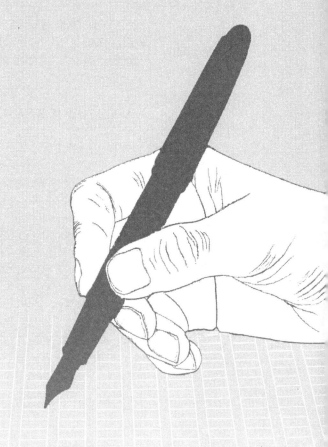

▓ 주요 내용 ▓

구분		내용
학습 목표		• 문장 쓰기의 대원칙을 이해할 수 있다. • 문장 구조와 문장을 만드는 과정을 이해할 수 있다. • 올바른 문장 쓰기의 방법과 효과적으로 문장 쓰는 방법을 습득하고 이에 따라서 실제로 문장을 쓸 수 있다.
학습 내용	1차시	• 문장 쓰기의 대원칙, 문장 구조와 문장을 만드는 과정에 대한 이해
	2차시	• 올바른 문장 쓰기와 효과적으로 문장 쓰는 방법의 습득과 실습
교수-학습 방법	강의	• 문장 쓰기의 대원칙, 문장 구조와 문장을 만드는 과정, 올바른 문장 쓰기와 효과적으로 문장 쓰는 방법
	토론	• 학생 각자가 쓴 문장이 지니고 있는 문제점에 관하여 토론
	실습	• 올바른 문장 쓰기와 효과적으로 문장 쓰기의 실습
평가		• 문장 쓰기의 대원칙, 문장 구조와 문장 만들기 과정에 대한 이해력 • 각자의 문장이 지니고 있는 문제점의 파악 정도 • 실습 과제 내용의 달성도

6.1. 문장 쓰기의 대원칙, 문장 구조와 문장을 만드는 과정

6.1.1. 문장 쓰기의 대원칙

문장이란 필자가 독자에게 전달하고자 하는 의미를 나타내는 기초가 되는 것이다. 즉 하나의 완결된 생각이나 감정을 표현하는 최소 단위가 바로 문장이다. 이런 문장이 올바르게 구사되지 못한다면 독자에게 필자의 생각이나 감정을 잘 전달하기는 어렵다. 따라서 올바른 문장을 쓰는 것이 필요하다.

올바른 문장을 쓰기 위해서는 가장 먼저 우리말 문장 구조와 문법적 특성에 부합하도록 문장을 쓰도록 해야 한다. 이를 위해서는 우리말의 문장 구조와 문법적 특성을 알아 두어야 한다. 그런 다음에 정확한 어휘를 고르고 조사나 어미 등의 문법 형태를 정확히 사용하여 실제로 문장을 쓰도록 해야 한다.

올바른 문장을 쓰기 위해서 우리가 명심해야 할 것들은 다음과 같다.

첫째, 쉽게 써야 한다. 좋은 문장이란 읽고서 쉽게 이해할 수 있는 것이어야 한다. 이를 위해서는 추상적인 단어나 난해한 용어의 과도한 사용을 지양한다. 경우에 따라서는 추상적이거나 어려운 단어를 쓸 수 있으나 필요하거나 적합한 경우가 아니라면 가능한 한 평이하고도 구체적인 어휘를 골라서 쓰는 것이 좋다. 그리고 괜히 멋을 부리고 현학적인 글이 좋은 글이라는 생각을 버리는 것이 필요하다.

둘째, 간결하게 써야 한다. 반드시 그렇다고 할 수는 없지만 문장의 길이는 되도록이면 짧게 하는 것이 좋다. 가능한 한 50자 이내로 하여 독자들이 한 번의 호흡으로 읽을 수 있도록 배려하는 것이 좋다. 그리고 문장 구조를 복잡하지 않게 하며, 문장의 앞뒤가 잘 어울려서 호응이 잘 이루어지도록 쓰는 것이 필요하다. 또한 지나치게 많은 수식어를 쓰지 않도록 주의하며, 중언부언하지 않도록 한다.

셋째, 명료하게 써야 한다. 이를 위해서 가장 먼저 할 일은 단어를 잘못 쓰지 않도록 하는 것이다. 문장을 명료하게 쓰는 것은 정확한 단어의 사용에서부터 시작한다. 또한 비유적인 표현을 지나치게 많이 쓰지 않도록 하는 것도 필요하다. 비유가 많아지면 글의 지시 내용이 분명해지지 않는다. 그리고 여러 뜻으로 읽힐 수 있는 중의적인 구조의 문장을 쓰지 않도록 하는 것이 중요하다.

넷째, 단문(單文)을 주로 쓰도록 한다. 복문(複文)은 두 개 이상의 절(節)로 이루어져서 문장이 길어지기 쉽고 문장 구조가 복잡해져서 의미 전달이 명확하지 않게 이루어질 소지를 안고 있다. 중문(重文, 병렬문)은 대등하게 연결되는 앞뒤 문장의 구조를 맞추지 못할 경우에는 초점이 명확해지지 않고 내용 파악이 어렵게 될 수 있다. 따라서 복문과 중문은 독자의 피로감이 큰 문장 구조이다. 이에 반해서 단문은 주어와 서술어가 각각 하나씩만 있으므로 문장 구조가 간단하고 문장 구성이 쉬워서 의미의 완성도와 명확성을 높여 주는 장점이 있다. 그리고 여러 개의 문장을 이어서 쓸 때에도 문장 사이의 유기적인 연결을 통하여 글의 긴장감을 높이는 데에도 도움을 주는 장점이 있다.

다섯째, 가능하면 능동문(能動文)을 쓰도록 한다. 능동문과 피동문(被動文)은 문맥에 따라 자연스럽게 골라서 쓸 수 있다. 그래서 피동문밖에 없거나 문장이 제시되는 맥락을 고려하여 능동문보다 피동문이 좋을 때에는 굳이 피동문을 능동문으로 바꿀 것까지는 없다. 그러나 우리말의 특성상 주어가 행위의 객체가 되는 피동문을 많이 쓰면 글의 느낌이 약해지고 소극적인 느낌을 갖게 되는 면이 있다. 따라서 주어가 행위의 주체가 되는 능동문을 써서 글에 생동감과 적극성을 주는 것이 좋다.

여섯째, 논리에 맞는 문장을 쓰도록 한다. 시와 같이 감정을 표현하는 것에 목적을 둔 것이 아닌, 정보 전달이나 주장을 펼치는 글이라면 문장은 기본적으로 논리성을 띠고 있어야 한다. 따라서 문장에서 담고 있는 내용이 논리적으로 명쾌해야 하며 모순이 되면 좋은 문장이 될 수 없다. 이를 위해서는 문장의 길이는 되도록이면 짧게 하고 주술 관계를 명확히 하며 어휘 선택을 정확히 잘하는 것이 좋다.

일곱째, 문장의 길이를 다양화한다. 짧은 문장이 여러모로 좋기는 하나 계속해서 짧은 문장을 지나치게 쓰게 되면 획일적이고 단조로운 느낌이 든다. 따라서 기본적으로는 짧게 쓰되, 독자를 배려하여 문장의 길이를 다양하게 조절하여 변화를 주며 효과적으로 글을 쓰는 것이 필요하다.

마지막으로 어문 규정에 맞게 쓴다. 글을 쓸 때에는 표준어를 가지고 맞춤법에 맞게 올바르게 표기하고 의미에 걸맞게 사용하도록 해야 한다. 이렇게 하는 것은 지역적 차이, 계층적 차이로 인한 의사소통의 불편함 또는 오해를 해소하여 원활한 의사소통을 하는 데에 도움을 준다.

6.1.2. 문장 구조와 문장을 만드는 과정

우리말의 문장은 구조에 따라서 단문(單文), 중문(重文), 복문(複文)으로 나눌 수 있다. 단문은 주어와 서술어가 하나인 문장을 말하며, 중문은 둘 이상의 단문이 대등하게 연결된 구조의 문장을 말하며, 복문은 문장의 구조를 갖추고는 있으나 독립해서 쓰이지는 않는 절(節)이 두 개 이상 복합된 구조의 문장을 말한다. 이 중 복문은 절의 결합 방식에 따라서 그 구조를 다양하게 나누어 볼 수 있다.

정희모 · 이재성(2005: 293-304)에 따르면 우리말의 문장은 다음과 같이 7개의 구조로 나누어 이해해 볼 수 있고, 각 구조에 따라 필요한 문장 성분을 갖추어 문장을 완성해 나갈 수 있다.

먼저 단문의 구조를 살펴보자. 단문은 주어와 서술어가 하나인데, 이때 서술어는 자동사나 형용사인 경우, 타동사인 경우 두 가지로 나누어 볼 수 있다. 자동사나 형용사는 다른 필수 문장 성분이 필요 없으나 타동사는 목적어를 필수 문장 성분으로 취한다.

(1) ① 영수가 일어난다. ⇒ 서술어가 자동사. 필수 문장 성분은 주어, 서술어.
　　② 영수가 씩씩하다. ⇒ 서술어가 형용사. 필수 문장 성분은 주어, 서술어.
　　③ 영수가 지영이를 믿는다. ⇒ 서술어가 타동사. 필수 문장 성분은 주어, 서술어, 목적어

이어서 중문의 구조를 살펴보자. 중문은 단문 둘 이상이 대등하게 연결된 구조의 문장인데, 이때 앞 문장과 뒤 문장의 구조는 동일한 것이 일반적이다. 따라서 중문을 쓸 때에는 앞뒤 문장의 구조를 동일하게 가져가는 것이 중요하다.

(2) 지영이가 영수를 믿고 민수가 정희를 믿는다. ⇒ 필수 문장 성분이 주어, 서술어, 목적어인 별개의 문장 둘이 나란히 연결됨.

다음으로 복문의 구조를 살펴보자. 복문은 하나의 절이 다른 문장 성분으로 들어가거나, 둘 이상의 절이 종속적으로 연결되거나 하는 방식으로 이루어진 문장이다. 따라서 문장의 길이가 길어지기 쉬우며, 문장 속에 담긴 문장 성분도 많아서 그 구조가 복잡하다. 이런 복문에는 다음과 같은 유형이 있다.

(3) 영수가 지영이의 말이 사실임을 믿는다. ⇒ (1) ③의 구조를 지닌 문장에서는 목적어가 '지영이를'이었으나 이곳에서는 '지영이의 말이 사실이다'라는 문장을 목적어로 취하는 복합 구조의 문장

(4) 영수가 성실히 생활하는 지영이를 믿는다. ⇒ (1) ③의 구조를 지닌 문장의 목적어를 '성실히 생활하다'라는 말이 꾸미는 구조로 된 복합 구조의 문장

(5) 상황이 바뀌어도 영수가 지영이를 믿는다. ⇒ (1) ③의 구조를 지닌 문장에 '상황이 바뀌다'라는 말이 가정 또는 양보의 역할을 하는 형태로 연결이 되어 '영수가 지영이를 믿는다'에 종속적으로 연결된 복합 구조의 문장

(6) 영수는 마음이 넓다. ⇒ (1) ②의 구조를 지닌 문장과는 달리 주어가 두 개인 문장으로, '마음'은 '영수'에 포함되어 '영수'와 '마음'은 주종 관계에 있다고 할 수 있는 문장

(7) 영수가 "나는 지영이를 좋아한다"라고 말했다. ⇒ (1) ③과 같은 구조의 문장인 "영수가 무엇을 말했다"의 목적어 자리에 영수가 한 말(문장)이 그대로 들어와 쓰인 복합 구조의 문장

대체로 이런 구조로 우리말의 문장은 이루어져 있다. 국어 화자들은 이런 구조의 문장을 기본으로 하여 적절히 변형을 하여 여러 문장을 만들어 내는 것이다.

이런 문장 구조에 관한 지식을 바탕으로 다음과 같은 절차를 거쳐서 문장을 만들면 문법적으로 하자가 없는 문장을 쓸 수 있다. 문장을 만들 때에 염두에 두어야 할 바는, 효과적으로 문장을 쓰기 위해서는 육하원칙(六何原則: 누가, 언제, 어디서, 무엇을, 어떻게, 왜)에 따라서 문장이 갖추어야 할 정보를 적절히 갖추고 있는지를 판단하고 이에 따라서 필요한 정보를 갖추어 가는 것이 필요하다는 것이다.

◆ 1단계: 적절한 서술어 찾기, 동사나 형용사는 육하원칙에서 '어떻게'에 해당하는 것을 나타내는 말임.

- 주다   - 묻다   - 말하다   - 쓰다

◆ 2단계: 주어와 서술어 관계 맺기, 육하원칙에서 '누가'에 해당하는 말을 '어떻게'에 해당하는 말과 연결하는 과정임.

- 지영이가 준다.   - 지영이가 묻는다.
- 지영이가 말한다.   - 지영이가 쓴다.

◆ 3단계: 필수 문장 성분을 갖춘 문장 만들기. 어떤 문장 성분을 필수 성분으로 필요로 하는지는 국어사전을 찾아보고, 사전에 실린 문형 정보를 참고하여 해결하는 것이 필요함.

- 지영이가 선물을 준다.
- 지영이가 길을 묻는다.
- 지영이가 자신의 생각을 말한다.
- 지영이가 글을 쓴다.

※ 국어사전 정보(『표준국어대사전』: http://stdweb2.korean.go.kr/main.jsp)

주다01
활용 정보: 〔주어(줘[줘:]), 주니〕
「동사」
[1]【…에/에게 …을】
「1」물건 따위를 남에게 건네어 가지거나 누리게 하다.
　¶ 개에게 먹이를 주다/아이에게 용돈을 주다
「2」시간 따위를 남에게 허락하여 가지거나 누리게 하다.
　¶ 너에게 3일의 시간을 주겠다./나에게 며칠 말미를 주면 그것에 대해 생각해 보겠다.
「3」남에게 어떤 자격이나 권리. 점수 따위를 가지게 하다.
　¶ 혜택을 주다/일등 항해사에게 가산점을 주다/외국인에게 투표권을 주다.
「4」남에게 어떤 역할 따위를 가지게 하다.
　¶ 너에게 중요한 임무를 주겠다.
　……

묻다03 [묻:따]
활용 정보: 〔물어, 물으니, 묻는[문-]〕
「동사」
【…에/에게 …을】(('을' 대신에 '…에 대하여'가 쓰이기도 한다))
「1」【…에/에게 -ㄴ지를】【…에/에게 -고】무엇을 밝히거나 알아내기 위하여 상대편의 대답이나 설명을 요구하는 내용으로 말하다.
　¶ 지나가는 사람에게 길을 묻다/선생님께 정답을 묻다
「2」(('책임' 따위를 목적어 성분으로 하여))어떠한 일에 대한 책임을 따지다.
　¶ 관계자에게 책임을 묻다/이번 조사 과정에서는 모든 부서에 그 책임 소재를 묻겠습니다.

말-하다 [말:——]
「동사」
[1]【…에/에게 …을】【…에/에게 -고】(('…을' 대신에 '…에 대하여'가 쓰이기도 한다))
「1」생각이나 느낌 따위를 말로 나타내다.

¶ 청중들에게 자신의 느낌을 말하는 일은 매우 어렵다./아내에게 그동안 쌓인 불만을 말했더니 친정으로 가 버렸다.

……

「2」어떠한 사실을 말로 알려 주다.

¶ 친구들에게 약속 장소를 말하지 않은 것이 뒤늦게 생각난다./반장은 다른 학급에도 시험 날짜를 말해 주러 갔다.

……

「3」무엇을 부탁하다.

¶ 친구에게 미리 혼처를 말해 두었으니, 오늘 찾아가 보면 무슨 말이 있을 것이다.

「4」말리는 뜻으로 타이르거나 꾸짖다.

¶ 친구에게 자신이 저지른 잘못을 따끔하게 말해 주어도 그는 전혀 반성의 기미를 보이지 않았다.

[2]【…을 -고】【…을 -게】(('…을' 대신에 '…에 대하여'가 쓰이기도 한다))

평하거나 논하다.

¶ 사람들은 흔히 내 글을 관념적이라고 말한다.

[3]【…을】【-ㄴ지를】

어떤 사정이나 사실, 현상 따위를 나타내 보이다.

¶ 결혼이란 두 사람의 육체적 결합만을 말하는 것이 아니다.

……

쓰다01

활용 정보: 〔써, 쓰니〕

「동사」

[1]【…에 …을】

「1」붓, 펜, 연필과 같이 선을 그을 수 있는 도구로 종이 따위에 획을 그어서 일정한 글자의 모양이 이루어지게 하다.

¶ 연습장에 붓글씨를 쓰다/방명록에 이름을 쓰다

「2」【…에 -고】머릿속의 생각을 종이 혹은 이와 유사한 대상 따위에 글로 나타내다.

¶ 그는 조그마한 수첩에 일기를 써 왔다./그는 요즘 신문에 연재소설을 쓰고 있다.

[2]【…을】

「1」원서, 계약서 등과 같은 서류 따위를 작성하거나 일정한 양식을 갖춘 글을 쓰는 작업을 하다.

¶ 그는 지금 계약서를 쓰고 있다./입학 원서를 쓰는 아이들의 심정은 매우 착잡했다.

「2」머릿속에 떠오른 곡을 일정한 기호로 악보 위에 나타내다.

¶ 그는 노래도 부르고 곡도 쓰는 가수 겸 작곡자이다.

◆ 4단계: 문장 완성하기, 자신의 생각을 구체적이고 상세하게 반영하기 위해서 다른 정보들을 넣어 가면서 문장을 살찌우며 완성. 육하원칙에서 '언제, 어디서, 왜'에

관한 것과 또 다른 '어떻게'에 해당하는 것 등을 넣도록 함.

- 지영이가 지금 교실에서 영희에게 선물을 준다. ⇒ 언제, 어디서
- 지영이가 거리에서 목적지를 못 찾아 길을 묻는다. ⇒ 어디서, 왜
- 지영이가 대안 제시를 하려고 자신의 생각을 말한다. ⇒ 왜
- 지영이가 선생님의 지적을 염두에 두며 글을 쓴다. ⇒ 어떻게

실/습/하/기

다음의 1단계에서 제시한 서술어를 활용하여 각 단계에 해당하는 문장을 만들어 보도록 하자. 반드시 국어사전에 실린 정보를 참고하여 각각의 서술어가 취할 수 있는 여러 가지 문장 성분들을 충실히 갖춘 문장을 작성하여 보도록 하자.

◆ 1단계: 적절한 서술어 찾기

       • 두다   • 보내다   • 더하다   • 내걸다

◆ 2단계: 주어와 서술어 관계 맺기

• 두다

• 보내다

• 더하다

• 내걸다

◆ 3단계: 필수 문장 성분을 갖춘 문장 만들기

• 두다 _____

_____

• 보내다 _____

_____

• 더하다 _____

_____

• 내걸다 _____

_____

◆ 4단계: 문장 완성하기

• 두다 _____

_____

• 보내다 _____

_____

• 더하다 _____

_____

• 내걸다 _____

_____

6.2. 올바른 문장 쓰는 방법의 습득과 실습

6.2.1. 올바른 문장을 효과적으로 쓰는 방법의 습득

1) 문장 성분 간의 호응을 맞추도록 함

올바른 문장을 쓰기 위해 필요한 것은 주어와 서술어, 서술어와 목적어, 서술어와 부사어 등 문장 성분 간의 호응을 맞추도록 하는 것이다. 그래야 문법적으로도 문제가 없는 문장을 쓰게 될 뿐만 아니라 전달하고자 하는 의미도 명확히 전달할 수 있게 된다. 일차적으로는 주어와 서술어의 호응이 잘 이루어졌는지를 살핀 다음에, 서술어의 성질에 따라서 목적어 또는 부사어 등의 다른 문장 성분과 잘 호응이 이루어졌는지를 살피는 것이 필요하다. 몇 가지 예를 통하여 문장 성분 간의 호응에 관하여 살펴보도록 하자.

(1) 작년부터 올해 8월 말까지 <u>조사 결과에 따르면</u>, 앞으로의 경제 상황도 좋지 않을 것이라 한다.
→ ① 작년부터 올해 8월 말까지 <u>누가(어디에서) 조사한 결과에 따르면</u>, 앞으로의 경제 상황도
　　좋지 않을 것이라 한다.
→ ② 작년부터 올해 8월 말까지 행한 <u>누구(어디)의 조사 결과에 따르면</u>, 앞으로의 경제 상황도
　　좋지 않을 것이라 한다.
(2) <u>철수는</u> 그 일이 다 끝나자 만족스러워하는 <u>얼굴이었다.</u>
→ <u>철수는</u> 그 일이 다 끝나자 만족스러워하는 <u>얼굴을 보였다.</u>
(3) <u>입사 시험을</u> 잘 풀었다.
→ ① <u>입사 시험 문제를</u> 잘 풀었다.
→ ② <u>입사 시험을</u> 잘 <u>보았다.</u>

(1)의 문장은 문장의 주어가 생략되어 있는데, 생략된 주어와 호응하는 서술어가 보이지 않는다. 따라서 ①과 같이 주어와 호응하는 '조사한'과 같은 서술어를 갖추어 주는 것이 필요하다. 만일 '따르면'을 서술어로 볼 경우에는 ②와 같이 조사를 실시한 주체를 보충하여 호응을 맞추는 것이 필요하다.

(2)의 문장은 주어와 서술어는 갖추어져 있는데, 주어인 '철수는'과 서술어인 '얼굴이었다'가 호응하지 않는다. 따라서 주어인 '철수는'이 보이는 동작 또는 상태를 드러내는 말을 서술어로 제시하는 것이 필요하다. 이에 따라서 '철수는……얼굴을 보였다.'와 같이 표현하는 것이 적절한 표현 방법이라고 하겠다.

(3)의 문장은 주어가 생략된 것으로, 서술어 '풀었다'는 타동사로서 목적어를 필요로 한다. 이 목적어로 제시된 것이 '입사 시험을'인데 이것은 서술어인 '풀었다'와 잘 호응하지 않는다. 따라서 '입사 시험 문제를'과 같이 호응을 맞추는 것이 좋다. '입사 시험을'을 그대로 유지하고자 할 경우에는 서술어를 '보았다'와 같이 바꾸어, 서술어와 목적어의 호응이 잘 이루어지도록 하는 것이 좋다.

2) 조사나 어미를 바르게 사용하도록 함

국어는 문장 성분들 사이의 문법적 관계를 조사나 어미의 결합을 통하여 나타낸다. 따라서 조사와 어미를 바르게 사용하는 것은 문장 성분들 사이의 관계를 잘 드러내 보이고, 문장의 의미를 분명하게 전달하는 데에 꼭 필요한 일이다.

(4) 건강한 신체를 주신 <u>부모님에</u> 감사한다.
→ 건강한 신체를 주신 <u>부모님에게/께</u> 감사한다.
(5) 컴퓨터도 프로그램에서 정해진 순서에 따라 명령을 해석하고, 그 결과를 각 장치에 <u>신호를</u> 보내어 주어진 일을 처리하도록 한다.
→ 컴퓨터도 프로그램에서 정해진 순서에 따라 명령을 해석하고, 그 결과를 각 장치에 <u>신호로</u> 보내어 주어진 일을 처리하도록 한다.

(4)의 문장은 '감사한다'란 서술어가 필수적으로 요구하는 부사어를 '부모님에'로 표현한 것이다. 이때 조사로 '에'가 쓰였는데, 이 '에'는 앞에 오는 말이 '돌, 자연, 학교' 등과 같은 무정물(無情物)일 때에 쓰이는 것이고, '사람, 동물'과 같은 유정물(有情物)일 때에는 '에게'가 쓰인다. 그러므로 (4)의 경우에는 '부모님'이 왔으므로 마땅히 '에게' 또는 이것의 높임말인 '께'가 쓰여야 한다.

(5)의 문장은 얼핏 보면 '보내어'의 목적어로 '신호를'이 오는 것으로 파악되어 문제가 없는 것으로 보인다. 그러나 내용을 살펴보면 '보내어'의 목적어는 '결과를'이 되는 것이 타당하며, 이 결과를 어떤 형태로 보내는지에 해당하는 것이 '신호'이므로 '신호를'은 '신호로'로 쓰는 것이 자연스럽다.

(6) 그런데 각 원자력 발전소 내 임시 창고에 <u>보관되고 있는</u> 방사성 폐기물량은 1996년 현재 약 48,000드럼에 이르고 있고,

→ 그런데 각 원자력 발전소 내 임시 창고에 <u>보관되어 있는</u> 방사성 폐기물량은 1996년 현재 약 48,000드럼에 이르고 있고,

(7) 이 문제에 대하여 그 해결책을 조리 있게 <u>제시한다면</u> 효과적으로 말할 수 있다.

→ 이 문제에 대하여 그 해결책을 조리 있게 <u>제시하고</u> 효과적으로 말할 수 있다.

(8) 이러한 정치권력과 경제적 특권의 확대는, 이를 <u>둘러싸고</u> 지배층 내부의 분열을 가져왔다.

→ 이러한 정치권력과 경제적 특권의 확대는, 이를 <u>둘러싼</u> 지배층 내부의 분열을 가져왔다.

(6)의 문장에서 '보관되고 있는'은 본동사 '보관되다'와 보조 동사 '있다'가 연결 어미 '-고'로 연결되어 있다. 그런데 이처럼 '-고 있다'로 연결이 되는 경우는 동사가 뜻하는 동작이나 상황이 계속되거나 결과가 지속되는 것을 나타내는 것으로, '듣고 있다', '먹고 있다', '사고 있다', '쥐고 있다', '보내고 있다' 등과 같이 본동사가 타동사인 경우가 많다. 이에 반해서 '-어 있다'로 연결이 되는 경우는 본동사가 자동사인 경우는 동사가 뜻하는 행동이나 변화가 끝난 상태가 지속되는 것을 나타내는 것으로, '깨어 있다', '앉아 있다', '피어 있다', '젖어 있다'와 같이 본동사가 자동사인 경우가 일반적이다. 이런 점을 고려하면 (6)에서 '보관되다'가 보조 동사 '있다'와 연결이 될 때에는 '-어'로 연결이 되는 것이 자연스럽다.

(7)의 문장에서 '-ㄴ다면'을 이용하여 앞 문장과 뒤 문장을 연결하고 있는데, 이 어미는 어떠한 사실을 가정하여 조건으로 삼는 뜻을 나타내는 연결 어미이므로 뒤에는 '말할 수 있겠다'와 또는 '말할 수 있을 것이다'와 같이 아직 일어나지 않은 일이 실현 가능함을 나타내는 표현을 제시해 주는 것이 좋다. 따라서 뒤 문장과의 관계를 고려하여 가정의 의미가 없는 연결 어미를 사용하는 것이 좋은데, 문맥을 고려할 때 '-고' 정도의 어미를 써서 앞뒤를 연결하여 주는 것이 좋다.

(8)의 문장을 보면 지배층은 정치권력과 경제적 특권과 이미 관련을 맺고 있으며 '둘러싸다'는 이런 지배층을 꾸미는 것을 알 수 있다. 따라서 지금과 같이 '둘러싸고'로 표현하는 것은 적절치 않고 관형사형 어미를 쓴 '둘러싼'으로 표현하는 것이 적절하다.

3) 피동이나 사동 표현을 남용하지 않도록 함

우리가 접하는 문장 가운데에는 타동사만을 가지고서도 충분히 표현할 수 있는 것을 '-시키다'를 써서 사동 표현으로 나타내는 경우도 있고, 피동 표현이 적합하지 않은데도 '-되다'를 쓰거나 피동 표현을 중복해서 쓰는 경우가 적지 않다. 이런 문장들은 어색하고 국어답지 못하고 독자에게 위화감을 줄 수 있으므로 바로 잡도록 하는 것이 필요하다.

(9) 1백만 원을 <u>입금시키고</u> 어머니께 연락을 하였다.
→ ① 1백만 원을 <u>입금하고</u> 어머니께 연락을 하였다.
→ ② 1백만 원을 <u>은행원에게 입금시키고</u> 어머니께 연락을 하였다.
(10) 문자를 입력하면 문자가 화면에 표시되고, 커서는 오른쪽으로 <u>이동된다</u>.
 → 문자를 입력하면 문자가 화면에 표시되고, 커서는 오른쪽으로 <u>이동한다</u>.
(11) 자금이 어디 <u>쓰여졌는지</u> 조사하고 있다.
 → 자금이 어디 <u>쓰였는지</u> 조사하고 있다.

(9)의 문장은 생략된 주어가 입금하는 것의 주체인 경우라면 ①과 같이 '입금하다'로 표현하는 것으로 충분하다. 반면에 남에게 입금을 하도록 한 것이라면 ②와 같이 '입금시키다'를 쓰되 '은행원에게'와 같은 부사어를 써서 의미를 분명히 나타내도록 하는 것이 좋다. '-시키다'가 붙은 말이 '-하다'가 붙은 타동사와 비교하여 의미 차이가 없는 경우라면 과도하게 '-시키다'가 붙은 말을 쓰지 않도록 한다.

(10)의 문장에서 '커서'는 자동적으로 움직이는 것이므로 '이동된다'와 같이 표현할 필요가 없다. 앞 문장의 주어인 '문자가'와 뒤 문장의 주어인 '커서는'은 엄연히 다르므로 앞 문장의 '-되다'에 맞추어 뒤 문장을 쓸 필요가 없다.

(11)의 문장에서 '쓰여지다'는 '쓰이-+-어지다'의 결합으로 만들어진 동사로 피동사에 피동의 기능을 하는 보조 동사가 결합한 것으로 이중 피동에 해당하는 말이다. 그러므로 이처럼 피동의 의미를 중복해서 나타낼 필요는 없다. 따라서 '쓰이다'만으로도 피동의 의미를 나타내기에는 충분하다. '-어지다'는 피동사가 아닌 '보태다', '늦다', '만들다', '찢다', '느끼다' 등과 결합하여 '보태어지다', '늦어지다', '만들어지다', '찢어지다', '느껴지다'와 같이 쓰이는 경우에 적합하게 쓰였다고 할 수 있다.

4) 간결한 문장 쓰기

　간결한 문장을 쓰는 것은 의미의 효과적인 전달을 위해서 필요한 일이다. 간결한 문장을 쓰기 위해서는 의미가 같거나 유사한 말을 중복하지 않도록 하며, 불필요한 말을 쓰지 않도록 하며, 불필요하게 긴 표현은 간단하게 바꾸도록 하는 것이 필요하다.

　(12) 다음은 고객님들이 자주 <u>문의하시는</u> 질문입니다.
　→ ① 다음은 고객님들이 자주 <u>하시는</u> 질문입니다.
　→ ② 다음은 고객님들이 자주 <u>문의하시</u>는 내용입니다.
　(13) 이 고시의 시행과 동시에 다음 각 호의 1에 해당하는 <u>규정은 이를</u> 폐지한다.
　→ 이 고시의 시행과 동시에 다음 각 호의 1에 해당하는 <u>규정은</u> 폐지한다.
　(14) 감독자로서 충분한 감독을 하지 <u>아니함으로 인하여</u> 사고를 유발하면
　→ 감독자로서 충분한 감독을 하지 <u>않아서</u> 사고를 유발하면

　(12)의 문장은 '문의하다'의 의미를 지니고 있는 '질문'을 '문의하시는'과 같이 꾸미고 있어서 의미 중복이 일어난 예이다. 따라서 이런 의미의 중복을 ① 또는 ②와 같이 해소해 주는 것이 좋다.

　(13)의 문장은 '폐지하다'의 목적어가 되는 것은 '각 호의 1에 해당하는 규정'으로 분명히 제시되었는데 '이를'이라는 불필요한 목적어가 더 제시되어 있는 예이다. 이 '이를'은 문법적으로나 의미적으로 불필요한 것이므로 삭제하여 문장을 간결하게 하는 것이 좋다.

　(14)의 문장은 법조문 등에서 흔히 볼 수 있는 예인데, 이곳의 '하지 아니함으로 인하여'란 구성보다는 '하지 않아서'와 같이 일상적으로 흔히 쓰고 짧고 의미 파악이 명확한 표현으로 바꾸어 주는 것이 좋다.

5) 명확한 문장 쓰기

의미가 분명히 드러나는 명확한 문장을 쓰기 위해서는 문장의 구조, 단어의 사용, 단어의 연결, 필요한 요소의 적절한 구비 등에 신경을 써야 한다. 대표적으로 중의적으로 해석되는 문장을 쓴다든지, 문맥에 맞지 않는 단어를 쓴다든지, 단어와 단어의 연결에 문제가 있다든지, 지나치게 생략이 되어 있다든지 하는 것들을 주의하는 것이 필요하다.

(15) 이 방은 <u>홍길동 선생님의 책</u>을 모아둔 곳이다.
  → ① 이 방은 <u>홍길동 선생님이 쓴 책</u>을 모아둔 곳이다.
  → ② 이 방은 <u>홍길동 선생님이 소장한 책</u>을 모아둔 곳이다.
(16) 고발장을 시청에 <u>접수하기로</u> 하였다.
  → 고발장을 시청에 <u>제출하기로</u> 하였다.
(17) 업소가 <u>폐업 또는 허가 취소된</u> 경우
  → 업소가 <u>폐업되거나 허가가 취소된</u> 경우
(18) 제36조의 규정에 <u>의거</u> 고시합니다.
  → 제36조의 규정에 <u>의거하여/따라서</u> 고시합니다.

(15)의 문장은 '홍길동 선생님의 책'이 홍길동 선생님 소유로도 홍길동 선생님이 지은 것으로도 이해될 수 있는 것이다. 이것은 '홍길동 선생님의 책'이라는 구성이 구조적으로 중의성을 띠고 있어서 생긴 문제이다. 따라서 ①이나 ②와 같이 어느 한쪽으로만 이해될 수 있도록 표현을 해 주는 것이 좋다.

(16)의 문장은 어떤 신청이나 신고를 받다의 의미를 지닌 '접수하다'란 말을 의미와는 맞지 않게 사용하여 문제점을 지니고 있는 예이다. 따라서 문맥에 걸맞게 '제출하다' 또는 '내다'란 말을 써 주는 것이 좋다.

(17)의 문장은 '폐업 또는 허가 취소된'의 의미를 이해하는 데에는 큰 문제가 없다. 그러나 문장의 구조를 볼 때에는 '또는'의 앞에는 '폐업'과 같이 명사로 되어 있는 반면에 '또는'의 뒤에는 '허가 취소된'과 같이 주어와 서술어를 갖춘 문장이 연결되어 있어서 대등적으로 연결이 되어 있지 않은 문제점이 있다. 따라서 이런 구조의 문제점을 앞의 명사를 동사로 바꾸어 서술어 역할을 하게 하여 해소하여 주는 것이 좋다.

(18)의 문장은 부사어의 역할을 하는 명사인 '의거'가 서술어인 '고시합니다'가 바로 연결이 되어 있어서 어색한 예이다. 그러므로 '의거'가 부사어의 역할을 충실히 할 수 있도록 동사로 만들어 주는 것이 필요하다. 이에 따라서 '의거하여' 또는 '따라서' 등으로 바꾸어 줌으로써 문장의 구조를 개선하여 주는 것이 좋다.

6) 쉬운 문장 쓰기

독자와의 원활한 소통을 위해서 문장은 어렵지 않게 쓰는 것이 좋다. 이를 위해서는 불필요하게 어려운 말을 쓰지 않는 것이 좋다. 그러려면 어려운 한자어나 개념어, 필요 이상의 외래어를 쓰지 않는 것이 필요하다.

    (19) 신분증을 항상 <u>패용하겠습니다</u>.
    → 신분증을 항상 <u>달고 다니겠습니다</u>.
    (20) 참여자들의 반응을 <u>체크하는</u> 한편
    → 참여자들의 반응을 <u>확인하는</u> 한편

(19)의 문장은 '패용(佩用)'과 같이 어려운 한자어를 사용하여 독자를 난처하게 할 우려가 있다. 물론 독자가 상당한 식자층이라고 한다면 어려운 한자어를 쓰는 것이 문제가 되지 않겠으나 다양한 독자를 염두에 두고 글을 쓰는 경우라면 어려운 한자어를 쓰는 것은 가능한 한 지양하는 것이 좋다.

(20)의 문장도 '체크'와 같은 외래어를 사용하여 독자를 난처하게 할 우려가 있다. 일상적으로 '체크'와 같은 외래어를 쓰는 것이 상당히 확산되었다고 할 수는 있지만 글을 쓰는 것은 훨씬 많은 독자를 대상으로 하는 것이므로 꼭 필요하거나 우리에게 익숙한 고유어나 한자어로 바꿀 수 있는 경우가 아니라면 사용하지 않는 것이 좋다.

7) 지나치게 긴 문장을 적당한 길이의 문장의 연쇄로 고치기

여러 가지 내용을 길이가 긴 문장을 통하여 한 번에 전달하려고 할 경우 독자의 이해가 어려워지게 된다. 그러므로 내용을 기준으로 하여 적당한 길이의 문장의 연쇄로 나누어 표현하도록 하는 것이 필요하다.

    (21)   토요일은 휴일을 하루 앞둔 여유를 가져다주고, 무엇보다도 한가한 토요일 오후에 추억이
            담긴 음악을 듣노라면 그 음악을 애청하던 시절의, 꿈속에 빠져들 듯 아름다운 선율과 함
            께 되살아나는 분위기에 취하는 것은 더할 수 없는 즐거움이다.
       → 토요일은 휴일을 하루 앞둔 여유를 가져다주는 요일이다. 한가한 토요일 오후에 추억이
           담긴 음악을 듣노라면 그 음악을 애청하던 시절로 다시 돌아가는 듯한 여유를 찾을 수 있
           다. 이와 같이 꿈속에 빠져들 듯한 아름다운 선율과 추억이 되살아나는 토요일의 분위기
           에 취하는 것은 더할 수 없는 즐거움이다.

6.2.2. 올바른 문장 쓰기 실습

1) 문장 성분 간의 호응을 맞추도록 함

아래의 문장들의 호응이 잘 이루어지도록 밑줄 친 부분에 주의하며 고쳐 보시오.

(1) 남북한 간에는 현재 매년 3억 달러가 넘는 <u>교역량과</u> 일부 위탁 가공 교역과 같은 경제 협력이 이루어지고 있다.

→ --

----

(2) 우리 한민족은 오래 전부터 한반도를 중심으로 하는 터전에서 <u>동일한 조상, 고유한 문화와 역사를</u> 지니며 공동체를 이루고 살아 왔다.

→ --

----

(3) <u>글씨로는</u> 유신, 탄연이 특히 <u>능하여</u> 고려 후기의 최우, 신라의 김생과 함께 신품 4 현으로 손꼽히고 있다.

→ --

----

2) 조사나 어미를 바르게 사용하도록 함

아래의 문장들의 조사와 어미가 올바르게 사용될 수 있도록 밑줄 친 부분에 주의하며 고쳐 보시오.

(4) 그래서 2000년대 초에는 자원이 거의 소비될 것이고, 이에 따라 <u>환경도</u> 급격히 오염되며, <u>식량은</u> 크게 부족하여 결국 인류는 멸망하게 될 것이라고 결론내렸다.

→ --

----

(5) 생활 주위에서 <u>정보 전달하는</u> 글을 쉽게 접할 수 있듯이, 우리는 정보를 알리기 위한 글을 쓸 기회도 많다.

→ --

----

(6) "말을 할 때에 쉬기도 하지요. 또, 멈칫거리기도 하지요. 이런 걸 줄이려면 어떻게 합니까? 채움말이라는 걸 사용하거든요."와 같은 문장을 짧게 토막내서 말한다.

→ --

----

(7) 최근 북한은, 관광 자원을 효율적으로 이용하고 관광 산업에 대한 투자를 늘려, 외국인 관광객을 적극적으로 <u>끌어들이는</u> 계획을 세워 놓고 있다.

→ --

----

3) 피동이나 사동 표현을 남용하지 않도록 함

아래의 문장들 중 밑줄 친 부분의 사동 또는 피동 표현이 과도하게 사용된 부분을 올바르게 고쳐 보시오.

(8) 가야 연맹에서는 발달된 철제 농기구를 <u>사용하여 농업 생산력이 크게 증대되었고</u>, 또 풍부한 철을 중국과 일본 등지에까지 <u>수출하였다</u>.

→ --

----

(9) 우리의 이와 같은 우주 탐사는, 인구 증가, 자원 고갈(枯渴), 식량 부족 등 때문에 앞으로 <u>우리에게 닥쳐올</u> 위기를 지구 밖의 천체 개발을 통해 해결해야 한다는 생각에서 꾸준히 <u>계속되어</u> 왔다.

→ --

----

(10) 도에는 <u>안찰사가 파견되고</u>, 도 밑에는 <u>주, 군, 현을 두었다</u>.

→ --

(11) 국가 간에는 <u>문제를 야기시키지</u> 않고, 협의에 의해 <u>이해 관계를 조정하거나</u>, 힘에 따라 <u>관계가 형성되도록</u> 하는 것이 중요하다.

→ --

----

4) 간결한 문장 쓰기

아래의 문장을 밑줄 친 부분에 주의하며 간결하게 고쳐 보시오.

(12) 이 제품은 <u>환경친화성이 매우 높은</u> 가스(이소부탄, R600a)를 냉매로 사용하고 있
<u>으며,</u> 소량이지만 가연성 가스이므로 제품 운반, 설치, 사용 중 심한 손상으로 가
스가 샐 경우 불꽃이 튀면 화재, 폭발, 상해의 원인이 됩니다.

→ ---

----

(13) 자유 게시판에서는 <u>자유로운 의견 교환을 나누실</u> 수 있습니다.

→ ---

(14) 주식을 <u>함에 있어서</u> 투자 정보를 얻는 곳.

→ ---

5) 명확한 문장 쓰기

아래의 문장을 밑줄 친 부분에 주의하며 명확하게 고쳐 보시오.

(15) 제품 문의 <u>힌지가 파손되었거나 작동이 원활하지 않을 시에는</u> 사용을 중단한 후

→ ---

(16) <u>안전한 제품</u> 사용을 위해

→ ---

(17) 불꽃이 튀어 <u>폭발, 화재, 상해의 원인이</u> 됩니다.

  → --

(18) 집집마다 재활용품을 <u>분리수거</u>한다.

  → --

(19) 광복 이후 <u>남북 분단과 6·25 전쟁으로</u> 대부분의 시설이 파괴되었다.

  → --

6) 쉬운 문장 쓰기

아래의 문장을 쉽게 고쳐 보시오.

(20) 전력(全力)을 경주(傾注)하다.

  → --

(21) 이런 행위가 법에 저촉되는지의 여부를 확인해 보아야 한다.

  → --

(22) 전시물에 함부로 터치하지 마십시오.

  → --

(23) 식사비는 서비스차지를 포함하여 10만 원이었다.

  → --

7) 지나치게 긴 문장을 적당한 길이의 문장의 연쇄로 고치기

아래의 문장을 적당한 길이의 문장의 연쇄로 고쳐 보시오.

(24) 유구한 역사와 전통에 빛나는 우리 대한국민은 3·1운동으로 건립된 대한민국임시정부의 법통과 불의에 항거한 4·19민주이념을 계승하고, 조국의 민주개혁과 평화적 통일의 사명에 입각하여 정의·인도와 동포애로써 민족의 단결을 공고히 하고, 모든 사회적 폐습과 불의를 타파하며, 자율과 조화를 바탕으로 자유민주적 기본질서를 더욱 확고히 하여 정치·경제·사회·문화의 모든 영역에 있어서 각인의 기회를 균등히 하고, 능력을 최고도로 발휘하게 하며, 자유와 권리에 따르는 책임과 의무를 완수하게 하여, 안으로는 국민생활의 균등한 향상을 기하고 밖으로는 항구적인 세계평화와 인류공영에 이바지함으로써 우리들과 우리들의 자손의 안전과 자유와 행복을 영원히 확보할 것을 다짐하면서 1948년 7월 12일에 제정되고 8차에 걸쳐 개정된 헌법을 이제 국회의 의결을 거쳐 국민투표에 의하여 개정한다.

→ _____

_____

_____

_____

_____

_____

_____

_____

_____

_____

_____

제 **2** 부
글쓰기의 실제

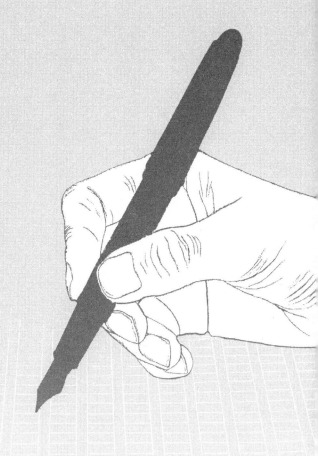

제 7 장
자기소개서 쓰기

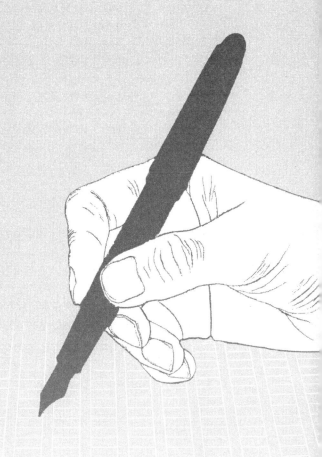

▨ 주요 내용 ▨

구분	내용	
학습 목표	• 다양한 자기소개서의 유형과 형식을 알 수 있다. • 유형별 자기소개서 작성 방법에 대해 알 수 있다. • 효과적인 자기소개서를 작성할 수 있다.	
학습 내용	1차시	• 자기소개서에 대한 이해
	2차시	• 자기소개서 작성 시 유의점
	3차시	• 자기소개서 작성 방법 이해와 쓰기
	4차시	• 자기소개서 피드백과 고쳐쓰기
교수–학습 방법	강의	• 자기소개서 작성 방법
	토론	• 자기소개서 평가와 수정 방향
	실습	• 자기소개서 쓰기와 피드백, 고쳐쓰기
평가	• 자기소개서 작성법에 대한 이해도 • 지원 분야와 자기소개서의 연관성 • 자기표현의 체계성, 정확성, 참신성	

7.1. 자기소개서의 이해

7.1.1. 자기소개서의 의미

자기소개서란 기업이나 기관, 단체가 인재를 채용할 때, 지원자가 어떤 사람인가를 알기 위해서 요구하는 글이다. 지원자의 입장에서는 지원하는 기업이나 기관, 단체에 자신이 필요한 사람이라는 점을 납득시키고 자신을 선발하도록 설득하는 글이다. 자기소개서의 유형과 형식은 다양하지만, 담기는 내용은 비슷하다. 즉 자기소개서는 지원 동기, 포부, 직무 능력, 성장 과정, 학창 시절, 성격, 대인 관계 등을 중심으로 구성된다.

최근 들어서는 취업은 물론이고 대학생의 학업이나 체험 활동과 관련해서도 자기소개서가 많이 쓰이고 있다. 대학이나 기업, 재단에서 해외봉사, 교환 학생, 장학 제도 등 대학생을 후원하기 위해 만든 프로그램에 지원하는 학생들에게 자기소개서를 요구하는 경우가 많기 때문이다. 이런 자기소개서는 취업을 위한 자기소개서와 내용적으로 다소 다르다. 하지만 지원 동기, 향후 계획, 인성, 대인 관계, 대학 생활 등을 중심으로 구성된다는 점에서 비슷하다.

이처럼 대학생들은 재학 중이나 취업을 준비하면서 자기소개서를 써야 할 경우에 직면하게 된다. 그럴 경우에 효과적으로 대처하기 위해서는 평소에 자기소개서 작성 방법을 숙지하고, 자기소개서를 실제 써 보며, 다른 이의 자기소개서를 비판적으로 읽는 체험을 많이 쌓아야 한다.

－ 모든 기업, 기관, 단체에서 자기소개서를 요구한다는 가정하에 자기소개서를 작성하여
　지원하고 싶은 곳에 대해 생각해 보고, 그 이유에 대해서도 생각해 보자.

－ 자신이 지닌 장점들 가운데 가장 자신 있게 내세울 수 있는 것을 체험과 관련하여 간단
　히 정리한 후 이야기해 보자.

7.1.2. 자기소개서의 중요성

취업을 하거나 대학생 지원 프로그램에 신청할 때에 자기소개서를 요구하는 곳이 많다는 것을 안다면, 자기소개서의 중요성은 특별히 강조하지 않더라도 누구나 쉽게 알 수 있을 것이다. 이처럼 대학생에게 매우 중요한 자기소개서를 잘 쓰기 위해서는 의미 있는 체험과 그에 대한 깊은 성찰을 통해 쓸거리를 풍부하게 축적해야 하고, 부단한 글쓰기 연습을 통해 자기표현 능력을 길러야 한다.

그와 함께 인재를 채용하거나 후원하는 곳에서 자기소개서를 요구하는 이유를 아는 것도 자기소개서를 잘 쓰기 위해 중요하다. 모든 글은 읽힐 것을 전제로 하여 쓰인다. 따라서 글을 쓸 때에는 독자를 고려하지 않을 수 없다. 독자의 관심이나 요구를 충분히 숙지하고 쓴 글은 독자에게 공감을 불러일으키고, 독자로 하여금 오래 기억하도록 한다. 그런 글이 좋은 글이다. 자기소개서도 읽히기 위해 쓰인 글이다. 자기소개서의 독자는 지원자를 선발하는 위치에 있는 사람들이다. 따라서 그들이 왜 자기소개서를 원하고 자기소개서에서 무엇을 읽고자 하는지를 알면, 효과적인 자기소개서를 쓸 수 있다.

인력을 채용하는 사람의 입장에서는 지원서나 이력서 같은 객관적인 자료만으로 지원자를 파악하는 데 불충분함을 느낀다. 객관적 자료만으로는 성장 과정과 대학 생활을 자세히 알 수 없고, 인성이나 가치관, 대인 관계 등 인간적 면모를 전혀 살필 수 없기 때문이다. 따라서 자기소개서의 독자는 지원자를 심층적이고 총체적으로 파악함으로써 지원자가 원하는 인재인지를 정확히 판단하기 위해, 나아가 효율적인 면접을 위한 참고 자료로 활용하기 위해 자기소개서를 읽는다.

그러므로 지원자는 지원하는 기업, 기관, 단체, 프로그램 등은 어떤 특성을 가졌는지, 어떤 사람을 원하는지를 독자인 인재 선발 담당자의 입장에서 생각해 볼 필요가 있다. 그리고 그들이 원하는 내용을 자신의 체험과 사유 속에서 발견할 수 있어야 한다.

7.2. 자기소개서의 유형과 형식

7.2.1. 기본형 자기소개서

　기본형 자기소개서는 오래 전부터 많이 쓰이던 유형의 자기소개서이다. 기업, 기관, 단체에서 특별한 유형을 요구하지 않을 경우에 활용된다. 정해진 형식은 없으나 대개 성장 과정, 성격, 학창 시절, 지원 동기, 입사 후 계획 등의 항목으로 구성된다. 기업에 따라 기본형 자기소개서와 유사한 형식에 맞춰 작성하도록 요구하는 곳도 있다. 다음은 기본형 자기소개서의 몇 가지 예이다.

　　【기본형】
　　　1. 성장 과정
　　　2. 성격의 장단점
　　　3. 학창 시절
　　　4. 지원 동기 및 입사 후 계획

　　【○○그룹】
　　　1. 지원 동기(300자)
　　　2. 성장 과정(300자)
　　　3. 사회 활동(300자)
　　　4. 직무 경험(300자)
　　　5. 입사 후 포부(300자)

　　【○○자동차】
　　　1. 자기소개(성격, 생활신조, 취미, 특기, 학교생활)(500자)
　　　2. 지원 동기 및 입사 포부(500자)
　　　3. 자동차 관심도 및 관심 전공과목 소개(700자)
　　　4. 동아리 활동, 연수 경험 교육 사항, 아르바이트, 수상 경력(700자)

〈예시〉

○○기업 지원 자기소개서

1. 성장 과정

"함께하는 기쁨"

　저는 어려서부터 함께하는 활동을 좋아했습니다. 친구들과 방과 후에 환경미화를 하거나 체육시간에 발야구를 하는 것을 무척 좋아했습니다. 친구들과 공동의 목표를 세우고 함께 노력하는 것이 제게 큰 기쁨을 주었습니다. 고등학교 때에는 연극 동아리에서 활동하며 연극 공연을 하였습니다. 연극은 역할의 경중에 관계없이 모든 구성원이 최선을 다할 때 하나의 완성된 작품을 만들 수 있습니다. 연습 과정에서 함께 땀 흘리고, 격려하며 힘을 합쳤고, 연극이 성공적으로 끝났을 때 친구들과 함께 느꼈던 성취감은 말로 표현할 수 없었습니다. 저는 이 같은 "함께하는 기쁨"을 귀사에서 동료들과 만들어가고 싶습니다.

2. 생활신조 및 성격의 장단점

"도전적이고, 낙천적이며, 눈치 빠른 사람"

　"할 수 없는 것이 아니라 하지 않는 것이다." 저의 생활신조입니다. 어떤 일이든 하지 않기 때문에 할 수 없는 것이며, 하고자만 한다면 못할 일이 없다고 생각합니다. 따라서 저는 아무리 어려운 일에 부딪쳐도 포기하지 않고 도전합니다.

　또한 저는 "낙천적이며, 눈치 빠르다."라는 말을 많이 듣습니다. 낙천적인 성격 덕분에 누구와도 친하게 지낼 수 있고, 눈치가 빨라 상대의 마음을 잘 파악합니다. 타인의 기분을 읽고자 지나치게 신경 쓰는 점은 때로 저를 소심한 사람으로 보이게 하기도 합니다. 하지만 눈치 빠르고 세심한 성격 덕분에 어떤 일을 남들과 함께할 때 그들에게 신뢰와 호감을 줄 수 있습니다. 따라서 저의 낙천성과 소심함은 조직 내 구성원들을 관리하고 지원하는 인사 업무에 플러스가 될 수 있습니다.

3. 지원 동기(본인에게 적격인 분야)

"만족을 주는 기업"

　제가 진로를 선택할 때 가장 중요하게 고려한 점은 '만족을 주는가' 하는 것입니다. 만족은 직장이 즐거울 때 얻을 수 있으며, 즐거운 직장은 개인은 물론 기업의 노력에 의해 가능할 것입니다. 귀사는 국내 최고의 고도화 시설을 보유하여 최근 9천억 원이 넘는 영업이익을 남겨 직원들에게 일하는 즐거움을 줄 뿐 아니라 사회봉사도 활발히 실천하여 사회와 함께하는 기업입니다. 저는 귀사에 입사해 인재관리 분야에서 일하고 싶습니다. 인사의 기본은 사람에 대한 이해입니다. 사람은 1아니면 0으로 명쾌하게 설명되지 않는 존재인 만큼 담당자는 사람에게 친화력 있게 다가가고 미묘한 변화도 알아차리는 세심함이 필요합니다. 남들과 어울리는 것을 좋아하고, 낙천적이며 눈치 빠른 성격을 지닌 저는 인사 업무에 적격이라 생각합니다.

4. 입사 후 목표 및 포부

"우수 인재를 통한 우위 확보"

아르바이트를 할 때 함께 일했던 직원 중 혼자서 5가지 일을 해내는 사람이 있는 반면, 1/2밖에 하지 못하는 사람이 있었습니다. 그 때 '인적 자본'의 중요성을 느꼈습니다. 어느 기업이 뛰어난 마케팅 전략과 우수한 제품 개발로 앞서나간다 하더라도 시간이 지나면 결국 경쟁사가 따라오기 마련입니다. 하지만 인적 자본은 모방이 불가능하므로 우수 인재를 보유한 회사는 경쟁사보다 항상 우월한 위치에 있습니다. 저는 귀사의 경영지원부에서 인재관리 전문가가 되고 싶습니다. 우수한 인재를 보유하는 데 그치지 않고 선진적인 인재관리체계로 그들을 한층 성장하도록 함으로써 귀사가 세계시장에서 우위를 점하는 데 힘을 바치고 싶습니다.

5. 직장관 및 자기 계발 계획

"성실한 자기 발전, 진솔한 인간관계"

인재관리 분야로 배치를 받은 초기에는 회사에 적응하면서 업무 기초를 다지겠습니다. 2~3년간의 인사실무 경험을 쌓은 뒤에는 영업을 포함한 현업부서에서 경험을 쌓고 싶습니다. 인사 업무는 기업 전반에 대한 이해를 바탕으로 이루어져야 하기 때문입니다. 중장기적으로는 대학원에 진학하거나 회사의 MBA연수 기회를 이용해 HRD과정을 이수하고자 합니다. 또한 사내 동아리활동, 봉사활동을 통해 구성원들과 함께하는 시간을 많이 가지고자 합니다. 직장은 전쟁터가 아니라 동료들과 함께 탄 배와 같은 곳입니다. 일은 냉철한 머리로 철저히 하되 동료들과는 따뜻한 마음으로 진솔한 관계를 맺고 싶습니다.

−학생 글−

7.2.2. 맞춤형 자기소개서

최근에는 기업, 기관, 단체의 특성에 맞춘 자기소개서 형식을 개발하여 쓰는 곳이 많이 생겨났다. 맞춤형 자기소개서는 주관식 설문지 형식을 취한다. 각 항목의 질문이 매우 구체적이어서 답할 내용이 없을 때는 쓰기가 어렵다. 따라서 지원자는 지원할 분야의 자기소개서 유형과 형식을 미리 알고 대비해야 한다. 다음에 소개하는 예를 살펴보자.

【○○그룹】
1. 지원하신 직무를 본인이 잘 수행할 수 있다고 생각하는 이유를 구체적으로 기술해 주세요.(800자)
2. 학교생활에서 일반적으로 경험하기 어려운 특별한 체험이나 남다른 성취가 있다면 기재하여 주세요.(700자)
3. 지원하신 회사, 직무, 근무지와 관련하여 특별히 희망하는 점이나 면접자에게 꼭 알리고 싶은 사항을 기재하여 주세요.(500자)
4. 위의 기술 내용 외에 첨부하고자 하는 내용이 있으시면 아래 이력서에 첨부하거나 추가하실 내용을 기술해 주세요.(200자)

【○○중공업】(항목별 50-500자)
1. 학업 이외에 자신이 가장 자랑스럽게 생각하는 성취 경험에 대해 기술하시오. 그 이유는 무엇입니까?
2. 살아오면서 부딪혔던 가장 큰 장애물은 무엇이었으며, 그 난관을 극복하기 위해 어떠한 노력을 하였고 그 결과는 어떠했는지 기술하십시오.
3. 생각의 차이로 다른 사람과 갈등을 겪은 경험에 대하여 기술하십시오. 어떠한 상황이었으며 당신은 어떻게 행동했습니까?
4. 당신의 10년 후 모습을 그려 보십시오. 그 목표를 달성하는 데 있어 ○○에 입사하는 것이 어떤 의미가 있는지 기술하십시오.
5. 자신만의 창의적인 아이디어를 발휘하였던 경험을 기술하십시오.
6. 친구들이 당신에게 붙인 별명이 있다면 어떠한 것이며, 왜 그런 별명을 붙였다고 생각하는지 기술하십시오.

맞춤형 자기소개서 형식은 지원 분야별로 천차만별이지만, 그것을 통해 알고자 하는 사항은 비슷하다. 앞에서 예로 든 맞춤형 자기소개서는 다음과 같은 사항을 파악하려는 의도가 내포되어 있다.

☞ 직무 능력, 문제 해결 능력이 있는가?

☞ 책임감, 추진력이 있는가?

☞ 창의성, 개성이 있는가?

☞ 장래성, 포부가 있는가?

☞ 대인 관계가 원만한가?

〈예시〉

○○항공 지원 자기소개서

1. 많은 직장 중에서 항공사를 선택하게 된 이유와 특히 ○○항공에 지원하게 된 동기 및 입사 후 포부에 대해 구체적으로 기술하시오.(800자 이내)

"고객들의 소중한 추억과 함께"

대학교 1학년 때, 해외봉사활동에 참여하며 ○○항공을 이용했습니다. ○○항공은 저의 첫 해외여행을 소중한 추억으로 만들어 주었습니다. 봉사활동으로 간다며 체크인 수화물이 규정 무게가 넘어도 이해해 주시던 직원부터 비행기에서 갑작스러운 두통으로 고생한 저에게 약을 챙겨주시며 끝까지 신경 써 주시던 승무원까지. ○○항공은 세심한 배려와 훌륭한 서비스로 제게 감동을 주었습니다. 저는 장래 직장으로 항공사에 관심이 많았는데. ○○항공이라면 제 열정을 바쳐도 좋다고 생각했습니다. 그 뒤 ○○항공에 맞는 인재가 되기 위해 아르바이트를 통해 서비스마인드를 함양하고, 해외 경험을 통해 다양한 국적의 사람들을 만나며 소통하는 법을 배웠습니다. 귀사에서 저의 역량을 펼치고 싶습니다.

귀사에 입사 후. 저는 여객 부문 부서에서 근무하며 증가하는 국제선 항공 수요가 외부의 영향에도 안정적이고 지속적으로 성장할 수 있는 전략을 수립하고, 이를 실행하겠습니다. 또한 귀사의 해외 수요를 높이기 위해 한국을 방문하는 외국인들을 대상으로 다양한 테마관광 여행상품을 기획하여 한국을 알리고, 귀사를 글로벌 항공사로 거듭날 수 있도록 하겠습니다. 항공업의 트렌드를 재빠르게 읽고 세계인을 감동시키는 마케팅을 통해 세계 항공업계를 선도하겠다는 귀사의 비전을 실현하는 주역이 되고 싶습니다.

2. 자신에게 주어진 일이나 과제를 수행하는 데 있어, 고정관념을 깨고 창의적으로 문제를 해결했던 사례에 대해 구체적으로 기술하시오.(800자 이내)

"다른 대학 학생들과 通하다"

지난 해 동아리의 기획부 리더로 활동하며, 동아리를 대외적으로 알리기 위해 프레젠테이션 파티를 열자는 제안을 했습니다. 그 당시 교내외에 많은 프레젠테이션 대회가 있었지만. 경쟁적인 성격의 대회보다는 학생들의 부족한 발표능력 향상을 도모하는 동시에 정보도 공유할 수 있는 장을 만들고 싶었습니다. 그래서 파티의 형식으로 행사를 진행하기로 하고 준비에 들어갔습니다. 처음 개최하는 행사라 어려움도 많았지만, 알찬 프로그램을 만들기 위해 시험기간에도 시간을 쪼개서 준비에 매진했습니다. 예산을 최대한 절약해야 했기 때문에 학교 근처의 카페를 섭외하고, 교내에서 장비를 저렴하게 대여했습니다. 부족한 비용을 마련하고자 기업체에 지속적으로 연락을 하고, 행사기획안을 보내어 소정의 지원금과 다과를 제공받았습니다. 홍보를 위해 다른 대학교에도 포스터를 붙이고, 인터넷 커뮤니티에 홍보 동영상도 올렸습니다. 이러한 노력 끝에 150여명이 참석했습니다. 제비뽑기를 통해 참관자의 자리를 배정하여 학생들이 게임을 통해서 가까워지고 발표 내용에 대한 의견을 교환할 수 있도록 했습니다. 그 결과 참가자들의 반응이 매우 좋았습니다. 귀사에서도 고정관념의 틀에 갇히지 않고, 신선한 아이디어와 강한 실천력을 보여드리겠습니다.

3. 본인이 경험한 최고의 서비스, 최악의 서비스에 대해 기술하고, 그렇게 판단한 근거 및 사유에 대해 설명하시오.(800자 이내)

"고객을 존중하는 한결같은 서비스"

워싱턴에서 인턴생활을 할 때, 사무실의 크고 작은 물품들을 관리했습니다. 그 중 가장 신경을 기울여야 했던 부분은 복사기였고, 저희 사무실을 담당했던 복사기 업체의 한 직원과 교류가 많았습니다. 복사기에 문제점이 생겼을 때, 그는 제가 언어표현의 한계로 문제를 제대로 설명하지 못해도 인내심 있게 제 이야기를 들어주었고, 복사기를 수리하고 나면 피드백을 요청하는 메일을 보내 서비스에 대한 작은 의견까지 수렴하려는 노력을 보여주었습니다. 또한 요청하지 않아도 정기적으로 사무실을 방문하여 복사기를 점검해 주고, 복사기에 필요한 도구들을 전해주기도 했습니다. 그는 제가 인턴생활을 하는 6개월 동안 변하지 않는 태도로 훌륭한 서비스를 제공해 주었습니다.

"납득하기 힘든 3번의 실수"

얼마 전 한 인터넷 서점에서 책을 주문했을 때, 3권 중 2권의 책이 잘못 배송되어 교환을 요청했습니다. 하지만 며칠 뒤 또 잘못된 책을 받아 전화로 불평을 하자, 상담원은 주문한 책을 금방 보내 줄 것을 약속했습니다. 그러나 이틀 안에 오기로 했던 책은 일주일이 지나도 오지 않았고, 전화를 하거나 메일을 보내도 배송부서에 확인해보겠다는 대답만 들었습니다. 더 이상은 기다릴 수 없어서 주문을 취소하고, 결국 오프라인 서점에서 책을 구입했습니다. 부서 간에 업무적인 소통이 원활하게 되지 않아 비슷한 실수를 반복하는 것이 아닌가 하고 생각했습니다. 무엇보다 저는 고객과의 약속을 중요하게 생각하지 않는 상담원의 태도에 크게 실망했습니다.

4. 항공사 직원이 함양해야 할 국제적 감각이란 무엇이며, 이 역량을 배양하기 위해 본인은 어떠한 노력을 기울였는지 기술하시오.(800자 이내)

"세계인에게 통하는 진심과 나눔"

항공사 직원은 여러 나라의 외국인들과 원활하게 소통해야 합니다. 문화차이로 발생할 수 있는 실수를 줄이기 위해 경험과 책으로부터 지식을 쌓는 것도 중요합니다. 하지만 이에 앞서 일을 하면서 만나는 다양한 국적의 사람들을 단순히 '외국인'이라고 생각하기보다는 '소중한 고객'이라고 생각하며, 진심으로 그들을 대하는 것이 중요하다고 생각합니다. 또한 서비스를 제공한다는 입장에 서기보다는 고객의 행복을 함께한다는 마음으로 업무에 임해야 한다고 생각합니다.

"행복을 전하는 스마일걸"

캐나다에서 워킹비자로 한 카페에서 아르바이트를 했습니다. 처음에는 의사소통이 잘 되지 않아 실수도 많이 했지만, 고객 응대에 있어서는 최고가 되자는 목표를 세웠습니다. 손님들의 이름과 자주 마시는 음료를 모두 외워서, 항상 웃으며 손님의 이름을 부르고 먼저 인사를 건넸고 음료를 주문하기도 전에 미리 준비해 드렸습니다. 한 시간에 100명이 넘는 손님이 몰려와도 미소를 잃지 않으며 손님을 진심으로 대하였고, 그 결과 손님들에게 "네 미소가 내 하루를 행복하게 만든다."라는 칭찬을 들었습니다. 아르바이트를 통해 미소에서 나온 저의 긍정적 에너지로 많은 사람들에게 행복을 전해주는 것이 즐거운 일이고, 제가 잘 할 수 있는 일이라는 것을 깨달았습니다.

5. 과거 타인과의 인간관계에서 가장 힘들었던 갈등 상황과 이를 슬기롭게 극복할 수 있었던 본인의 전략 및 노하우에 대해 기술하시오.(800자 이내)

"나의 욕심과 팀워크 사이"

3학년 때 학교의 국제교류 행사를 보조하는 도우미 팀에서 팀장을 맡으며, 국제교류프로그램을 진행했습니다. 1학기 행사가 갑자기 당겨졌고, 담당 선생님은 서둘러 준비할 것을 지시하셨습니다. 책임감이 강해 서둘러 행사를 준비하려는 저와 무리한 요구에 응할 필요가 없다는 팀원들 사이에 충돌이 일어났습니다. 설득 끝에 2명의 팀원과 협력하여 행사를 무사히 끝낼 수 있었습니다. 그 뒤 나빠진 팀워크를 회복하고자 팀원들과 개인적으로 만나서 각자의 생각을 들었습니다. 선생님의 지시에 따라 수동적으로 행사를 준비해야 해서 참여 의지를 가지지 못했다는 제 생각을 이야기하고, 2학기에는 행사를 새롭게 기획하자고 제안했습니다. 2학기에는 날짜와 장소도 직접 정하고, 교류프로그램에 참여해 본 학생들을 섭외하여 경험담을 들을 수 있는 자리도 만들었습니다. 그래서 저와 회원들, 담당선생님 사이의 갈등이 해소되었고, 참여 학생들의 만족도도 훨씬 높았습니다. 팀장으로서의 욕심도 팀워크가 깨지면 빛을 발하지 못한다는 것을 배운 소중한 경험이었습니다.

-학생 글-

○○자동차 해외봉사단 지원 자기소개서

1. 자기소개

어느 날 친구가 제게 물었습니다. "너는 살아가면서 고민 같은 거 없어? 어떻게 매일 그렇게 고민 없는 얼굴로 지낼 수 있니?" 저는 대답했습니다. "고민? 고민은 스스로 만들어 내는 게 아닐까? 난 매사에 내게 주어진 상황을 즐기고 감사하면서 시간에 내 몸을 맡기고 살아. 모든 일은 다 그럴만한 이유가 있다고 생각하거든." 저는 항상 마음의 여유를 가지고 그러나 안일하지 않기 위해 노력합니다. 그 바탕이 되는 것은 마음을 비우고 긍정적으로 살아가려는 마인드입니다. 이러한 제 소신은 제가 어떤 상황에 처해도 책임을 다하여 의지를 다지게 하고, 제가 발전하도록 해주었습니다. 또 친구들, 선후배님들과도 친밀한 관계를 유지할 수 있는 사교성을 주었고, 어떤 일에든 도전할 수 있는 용기를 선물했습니다.

2. 지원 동기

저는 세상을 알기 위해 많은 사람들을 만나려 노력합니다. 세상을 바라보는 시야를 넓히고 세계시민의 한 사람으로서 세상과 함께 나아가고 싶어 이번 봉사단에 도전하게 되었습니다. 얼마 전 사진 한 장을 보았습니다. 인도 아이들의 사진이었는데 저는 순간 가슴이 뜨겁게 타오르며 온몸이 굳었습니다. 그 아이들의 눈이 어찌나 맑던지, 그 순간 아이들과 웃으며 놀고 싶다는 생각이 들었습니다. 어렸을 때는 왜 우리나라에도 어려운 사람들이 많은데 굳이 다른 나라에 가서 봉사를 할까 하고 의문이 가졌는데, 이제는 그 이유를 알 것 같습니다. 내 자식은 누구나 사랑할 수 있으나 남의 자식을 사랑으로 보살필 수 있는 사람은 그리 많지 않습니다. 저는 이번 기회를 통해 이러한 실천을 꼭 해 보고 싶습니다.

3. 봉사 경험

저는 제가 존재함으로써 세상 사람들이 조금 더 행복해지길 바랍니다. 그래서 제가 가진 능력으로 봉사할 수 있는 삶을 살고 싶습니다. 그 작은 실천은 1학년 기아체험 봉사로 시작했습니다. 저는 기아체험 동전밭을 맡아 시민들에게 종이접기를 가르쳐 드리고, 거기에 동전을 담아 전 세계 어린이들에게 꿈과 희망을 전달하는 것을 도와드렸습니다. 또 직접 24시간 기아체험을 해보며 굶주리는 아이들의 아픔을 느껴 보았습니다. 그리고 근래에 가장 즐거운 일은 6개월 동안 하고 있는 ○○병원 ○○○활동입니다. ○○○활동은 정신질환 환자들이 퇴원 후 사회에 쉽게 적응하도록 도와주는 프로그램으로, 저는 매주 금요일 음악이야기를 함께 하고 있습니다. 직접 진행자가 되어 뮤지컬도 소개하고 가사와 음악을 함께 감상합니다. 회원님들이 처음엔 대화도 꺼리시고 저를 못 알아봤었는데, 어느 날부터 저를 먼저 알아보시고 말도 먼저 걸어주셨습니다. 제가 그분들의 친구가 될 수 있어 행복했습니다. 이 활동을 통해 사람들의 상처를 보듬어 주는 게 어려운 일이 아님을 깨달았습니다.

4. 기타 경험

자신에게 닥친 그 순간의 상황에 얽매이지 않고 좀더 넓은 안목과 시야로 이 세상을 살아가는 사람이 더 발전하고 멋진 결실을 맺을 수 있습니다. 저도 도전정신을 갖고 여러 체험을 해보려고 합니다. 그 중 기억에 남는 활동으로 리더십 캠프 참여가 있습니다. 적극적으로 이 사회를 이끌어 가는 리더가 되고 싶어 참여했던 이 캠프는 제게 기대 이상의 선물을 주었습니다. 처음 보는 사람들 앞에서 제 슬픔을 이야기하며 눈물 짓고, 재미있었던 추억도 공유하며 서로의 아픔을 어루만지는 경험을 했습니다. 이 경험을 통해 저는 자신감과 당당함이 생겼고, 모두를 생각하며 이끌 수 있는 리더십을 배웠으며, 많은 사람들과 마음을 나누는 법도 알게 되었습니다. 또 기억에 남는 활동은 튜터 활동입니다. 제가 튜터가 되어 후배들의 학과 공부를 도와주었는데, 다른 사람에게 도움을 줄 수 있어서 즐거웠습니다. 누군가에게 내가 가진 능력을 긍정적으로 발휘할 수 있다는 사실에 행복했습니다.

-학생 글-

7.3. 자기소개서 작성 시 유의점

7.3.1. 체험을 많이 하라

좋은 자기소개서를 쓰기 위해서는 유의미한 체험을 많이 해야 한다. 체험은 자기소개서의 기본 재료이다. 체험이 부족하면 쓸거리가 별로 없고, 쓸거리가 빈약하면 자기소개서를 제대로 쓰기 어렵다. 자기소개서는 크게 두 가지 요소, 즉 필자의 의미 있는 체험과 체험을 통해 얻은 것(깨달은 점, 발전한 점)이 어우러져 구성된다. 지원 분야의 직무를 수행하기 위해서는 어떤 능력이나 자질이 요구되는지를 파악해야 한다. 아울러 그와 연관된 체험을 많이 하고, 그것을 통해 의미 있는 것을 얻기 위해 노력해야 한다. 그리고 그러한 과정을 간단하게라도 기록으로 남겨 두면 자기소개서를 쓸 때 유용하게 활용할 수 있다.

7.3.2. 지원 분야, 관련 직무와 연관하여 쓰라

인재 선발 담당자는 자기소개서를 통해 지원자의 선발 여부를 판단한다. 따라서 지원자는 지원 분야와 직무, 프로그램 등에 자신이 적합한 인물이라는 점을 설득력 있게 피력해야 한다. 그러기 위해서는 우선 지원 분야와 직무, 프로그램 등에 대해 소상히 파악해야 한다. 그런 다음 자신의 어떤 점이 지원 분야, 직무, 프로그램과 관련 있는지를 고민해야 한다. 그러한 과정을 거쳐 작성한 자기소개서는 지원 분야, 관련 직무와의 연관성이 높아 독자의 우호적인 반응을 얻을 수 있다.

7.3.3. 마음을 사로잡을 수 있도록 개성적으로 쓰라

자기소개서의 독자는 단기간에 많은 자기소개서를 읽는다. 그러므로 진부한 자기소개서는 휴지통으로 직행한다. 다른 사람의 자기소개서를 많이 봐야 하고, 개성적인 자기소개서를 직접 써 봐야 한다. 재학 중에 초고를 써 놓고, 계속해서 수정 보완해 나가면서 개성적인 자기소개의 방법을 고민할 필요가 있다.

7.3.4. 구체적으로, 간결하게 쓰라

자기소개서는 구체적으로, 간결하게 써야 한다. 초심자들의 자기소개서는 대부분 추상적이다. 특히 지원 동기, 장래 계획 등이 막연하다. 어떤 자기소개서에도 담을 수 있는 두루뭉술한 문장, 미사여구로 치장된 공허한 문장들로 이루어져 있다. 지원 동기나 포부가 불분명하기 때문이다. 따라서 충분한 사유의 과정을 거쳐 최대한 구체적으로 쓰도록 노력해야 한다. 그리고 많은 자기소개서 양식이 글자 수가 제한되어 있다. 자기소개서를 홈페이지에서 입력하게 하는 경우, 지정된 글자 수 이상은 입력이 안 된다. 그러므로 제한된 분량 안에 해야 할 말을 간결하고도 효과적으로 써야 한다. 초고를 쓴 후 꾸준히 고쳐 쓰면서 간결하게 다듬을 필요가 있다.

7.3.5. 내용 전개와 문장, 표현에도 유의하라

글쓰기의 일반적 원칙을 준수해야 한다. 자기소개서를 통해 지원자의 의사소통 능력도 함께 본다는 것을 잊지 말라. 내용을 조리 있게 전개하고, 문장을 바로 쓰며, 표현을 정확하게 해야 한다. 혼자 힘으로 어려울 때에는 다른 이들의 피드백을 받는 것도 좋은 방법이다. 자신은 발견하지 못한 자기 글의 문제점을 남들은 쉽게 찾아낼 수 있기 때문이다.

7.3.6. 표절하거나 재활용하지 말라

남의 글을 베끼거나 한 번 쓴 것을 다른 곳에 제출해서는 안 된다. 특정 시기에 갑자기 자기소개서를 쓰려면 힘이 들기 때문에 베끼기의 유혹에 빠질 수 있다. 그런데 인터넷에서 떠돌아다니는 자기소개서는 많은 사람들이 쉽게 알 수 있다. 그러니 베끼기의 유혹을 이겨내야 한다. 자기만의 포트폴리오를 꾸준히 만들고, 그것을 바탕으로 자기만의 자기소개서를 써야 한다. 또한 한 편의 자기소개서를 약간만 수정하여 재활용하는 사람들이 의외로 많다. 그러나 지원하는 곳이나 분야마다 서로 특성이 다르므로 거기에 맞는 자기소개서를 써야 한다. 지원하는 곳마다 자기소개서를 새롭게 쓰겠다는 자세를 가져야 한다.

7.4. 자기소개서 작성 방법

7.4.1. 자기소개서의 작성

이제 자기소개서 작성의 방법을 익히고 실제로 써 보는 단계에 이르렀다. 그런데 앞서 살펴보았듯이 지원 분야마다 다양한 형식의 자기소개서가 쓰이고 있다. 그렇기 때문에 모든 형식의 자기소개서 작성법을 설명하는 것은 현실적으로 어렵다. 따라서 여기서는 기본형 자기소개서 형식에 따른 자기소개서 쓰기에 대해 설명하도록 한다. 기본형 자기소개서를 잘 쓸 수 있다면, 맞춤형 자기소개서도 수월하게 쓸 수 있다.

다음은 자기소개서의 독자가 기본형 자기소개서의 각 항목에서 무엇을 발견하고자 하는지를 정리한 것이다. 이러한 사항을 염두에 두면서 각 항목별로 작성 방법을 익히고 실제로 써 보도록 하자.

기본형 자기소개서 항목별 파악 요소

1) 성장 과정: 가정 환경, 가치관, 적성, 소질
2) 성격: 인성, 조직 적응력, 대인 관계
3) 학창 시절: 성실성, 창의성, 책임감, 도전 정신, 문제 해결 능력
4) 지원 동기 및 입사 후 계획: 직무 능력, 장래성, 포부, 열정
5) 글 전체: 의사소통 능력

7.4.2. 항목별 작성 방법

1) 지원 동기 및 입사 후 계획

지원동기 및 입사 후 계획은 일반적으로 맨 끝에 배치되지만, 여러 항목 가운데 가장 중요하므로 이것을 제일 먼저 써야 한다. 그런 후 나머지 항목들은 이에 맞추어 써야 한다. 그리고 지원 동기와 입사 후 계획은 구체적이어야 하며, 지원 분야와 관련하여 써야 한다. 그래야 자기소개서 독자의 공감을 이끌어낼 수 있다.

- 작성 절차
  ① 지원 분야에 대해 최대한 많이 조사하라.
     (예컨대 사훈, 경영철학, 경영방침, 최근 주력사업 등)
  ② 다른 많은 곳을 제쳐 놓고 왜 그곳에 지원하는지 간략히 써 보라.
  ③ 입사 후 어느 부서에 가고 싶은지 간략히 써 보라.
  ④ 그 부서에서 어떤 일을, 어떻게 하고 싶은지 간략히 써 보라.
  ⑤ 이상의 구상 메모를 엮어서 한두 문단으로 쓰라.

실/습/하/기
exercises

2) 성장 과정

이력서나 지원서 등의 서류에 기재되어 있는 것은 가급적 쓰지 않는다. 분량이 제한되어 있기 때문에 성장 과정을 장황하게 나열해서는 안 된다. 그리고 반드시 지원 분야나 직무와 연관하여 써야 한다.

* **작성 절차**
  ① 어린 시절 경험 중 지원 분야나 직무와 연관되는 것을 간략히 써 보라.
    (입학 전, 초등학교, 중학교, 고등학교로 구분)
  ② 그중 지원 분야나 직무와 연관성이 높은 것을 두세 가지 정도 고르라.
  ③ 그런 체험을 통해 무엇을 느꼈고 어떻게 발전했는지 간략히 써 보라.
  ④ 이상의 내용을 바탕으로 성장 과정을 한두 문단으로 써 보라.
    (체험이 소감이나 발전상과 조화되어야 한다.)

실/습/하/기
exercises

3) 성격의 장단점

성격도 지원 분야나 직무와 연관하여 써야 한다. 장점과 단점을 고루 기술한다. 단점의 경우 그것을 개선하기 위한 노력도 함께 쓰는 것이 좋다. 발전적인 면모를 보여줄 수 있기 때문이다. 혹은 단점이 직무 수행에 유리할 수도 있다는 점을 서술하는 것도 좋다. 성격은 특징만 추상적으로 기술하는 것보다는 체험을 곁들여 구체적으로 쓰면 내용을 생생하게 전달할 수 있다.

- **작성 절차**
  ① 자기 성격에 대해 생각나는 대로 간략히 써 보라.
  ② 그중에서 지원하는 곳이나 분야와 가장 연관성이 높은 것을 고르라.
  ③ 자기 성격의 단점을 고칠 방법, 혹은 고치는 과정을 간략히 써 보라.
  ④ 혹은 성격의 단점이 직무 수행에 긍정적으로 기여할 수 있는 이유에 대해 간략히 써 보라.
  ⑤ 이상을 고려하여 자기 성격을 체험과 함께 한두 문단으로 써 보라.

실/습/하/기
exercises

4) 학창 시절

학창 시절은 주로 대학 시절에 대해 쓴다. 학업 관련 체험, 학업 외적 체험을 함께 쓰는 것이 좋다. 그러나 단순히 나열하는 것은 피해야 하며, 아무리 의미 있는 체험이라도 지원 분야나 직무와 관련성이 없는 것은 제외해야 한다. 학창 시절 항목도 지원 분야나 직무와 연관된 것이어야 독자의 관심을 끌 수 있다.

- **작성 절차**
  ① 대학 시절에 수강 과목(전공, 교양) 중에서 기억에 남는 것은 무엇이며, 그 이유는 무엇인지 간략히 써 보라.
  ② 대학 시절에 학내에서 한 활동 중에서 기억에 남는 것은 무엇이며, 그 이유는 무엇인지 간략히 써 보라.
  ③ 그 밖에 학외에서 한 체험(봉사활동, 어학연수, 인턴십 등) 중에서 기억에 남는 것은 무엇이며, 그 이유는 무엇인지 간략히 써 보라.
  ④ 이 중에서 지원 분야나 직무와 연관되는 것을 골라 보라.
  ⑤ 이러한 내용을 연결하여 한두 문단으로 쓰라.
  (체험에 대한 서술과 소감이나 발전상에 대한 서술이 어울려야 한다.)

실/습/하/기

exercises

실/습/하/기

– 자기소개서 쓰기 능력을 기르기 위해서는 자기소개서를 부지런히 써 보아야 하며, 남의 자기소개서를 읽는 안목도 길러야 한다. 다음은 한 대학생이 어떤 IT기업에 지원할 것을 전제로 하여 쓴 자기소개서이다. 자기소개서 작성방법에 비추어 볼 때 이 글은 여러 가지 문제점을 지니고 있다. 어떤 점에서 문제가 있는지를 이야기해 보자.

1. 성장 과정

저는 아주 어렸을 때부터 전자기기에 대한 관심이 많았습니다. 집안 전자제품 중 시계, 전화기 부터 시작해서 텔레비전, 전축같이 큰 기계까지도 분해해 보고야 직성이 풀렸습니다. 그 덕에 어머니께 많이 맞기도 했고 감전 사고를 당한 적도 있었지만 그런 전자제품에 대한 왕성한 호기 심이 저의 진로를 결정지었다고 생각합니다.

2. 성격의 장단점

저는 주위 사람들에게 개성이 없다는 말을 자주 듣습니다. 그 만큼 성격에서도 특별한 점이 없 습니다. 그냥 둥글게 둥글게 묻혀가는 성격이라 개성이 강조되는 현대의 관점에서 보면 시대의 흐름에 편승하지 못하는 것 같이 보입니다. 하지만 저는 이런 저의 성격이 오히려 장점이라고 생 각합니다. 또 제가 관심 있는 분야에서는 저도 놀랄 정도의 집중력을 발휘하기 때문에 일상생활 에서의 조화와 일을 할 때의 효율성이 잘 맞아 떨어진다고 생각합니다.

3. 학창 시절

운동을 좋아하는 편이라 고등학교 때까지는 축구를 열심히 했고, 대학에서도 축구 동아리에 서 활동했습니다. 그렇게 팀의 일원이 되어 같은 목표를 향해 같이 피땀을 흘리며 노력하는 동안 동료들 간의 협동정신, 희생정신, 책임의식을 많이 배우게 되었습니다.

4. 지원 동기와 입사 후 계획

저는 모바일 앱 개발에 관심이 많습니다. 많은 사람이 즐기고 유익한 앱을 개발하고 싶습니다. 대학에서 전공으로 익힌 IT분야의 전문지식을 발휘해서 저와 같은 목표를 가지고 일하는 동료들 과 함께 성취감을 맛보고 싶습니다. 이런 저의 계획은 회사가 저에게 바라는 점과 일치하리라 생 각합니다. 회사와 개인이 같은 목표를 가지고 일하는 것이야말로 이 시대에 적합한 노사관계라 고 확신합니다.

실/습/하/기

– 취업, 대학원 진학, 봉사 활동 지원, 교환 학생 공모, 장학금 신청 등 대학생들이 재학 중에 쓸 수 있는 다양한 종류의 자기소개서가 있다. 어떤 것들이 있는지 조사해 보고, 현재 자신의 상황에 맞는 종류를 선택하여 자기소개서를 써 보자. 아래 표에 자신이 쓸 자기소개서 종류와 그것을 구성하는 항목을 정리해 보자.

구분	내용
종류	
형식	

– 앞서 '항목별 작성 방법'에서 설명한 작성 절차를 고려하여 자기소개서를 써 보자.

제**8**장

계열별 에세이 쓰기(1)
–인간 본성에 대한 탐구

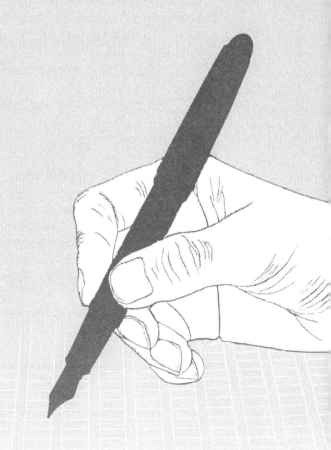

▨ 주요 내용 ▨

구분		내용
학습 목표		• 인문학/사회 과학/과학 기술 관련 주제에 대한 자료를 비판적으로 수용할 수 있다. • 읽은 글의 내용과 자신의 생각을 체계적으로 정리할 수 있다. • 개요를 작성하여 한 편의 완성된 글을 작성할 수 있다.
학습 내용	1차시	• 에세이 쓰기의 이해, 자료 읽기, 생각 정리
	2차시	• 토론하기, 내용 생성 및 정리
	3차시	• 집필하기
	4차시	• 피드백 및 고쳐쓰기
교수–학습 방법	강의	• 에세이 쓰기 소개, 읽기 자료 소개
	토론	• 주제에 대한 모둠별 토론
	실습	• 개별 집필, 고쳐쓰기
평가		• 읽기 자료에 대한 정확한 이해와 해석 능력 • 토론 수업 참여도 • 집필 원고의 완성도

◈ 에세이를 쓰기 전에: 에세이의 이해와 에세이 쓰는 방법

1) 에세이의 정의

에세이(essay)란 자기가 마음속에 품고 있는 생각이나 의견을 자유롭게 표현하거나 어떤 주제에 대해 논하는 산문이다. 이때 소재가 되는 자신의 생각이나 의견은 상상한 것이거나 허구의 세계가 아니라 우리가 살아가는 현실에 기반을 둔 것이고 자기가 체험한 것을 바탕으로 하는 경우가 많다. 이런 성격을 지닌 것이라면 어떤 것이든 에세이의 소재가 될 수 있다. 이런 내용을 표현하는 데에 형식은 자유롭다. 그만큼 에세이는 자유롭게 자신의 생각이나 의견을 진솔하게 표현하는 장르로 글쓴이 자신의 개성이 잘 드러나게 된다.

이처럼 에세이는 자유롭게 자신의 생각이나 의견을 표현하는 것이니만큼 자신의 감정이나 신변잡기를 소재로 삼을 수도 있고, 우리 삶에 영향을 미치는 정치, 경제, 사회, 문화, 예술, 역사 등을 소재로 삼을 수도 있다. 즉 소재에 따로 제한을 두지는 않는다. 그렇기는 하지만 표현을 하는 데에 있어서는, 객관성을 갖춘 관찰을 바탕으로 하여 소재에 관해 갖게 된 생각이나 의견을 체계적인 논리 구조를 갖추어 표현하는 데에 초점을 둔다. 즉 에세이는 소재는 자유롭지만 지적, 객관적, 논리적 성격을 갖추어야 하는 글쓰기인 것이다.

에세이가 이와 같이 지적, 객관적, 논리적 성격을 갖추어 써야 하는 글쓰기이지만 어떤 형식으로 써야 하는지는 따로 정해져 있지 않다. 따라서 자신의 생각이나 의견을 가장 잘 드러낼 수 있는 형식을 취하여 쓰는 것이 필요하다. 하지만 글 속에 담기는 내용을 논리적인 구조와 순서에 따라서 차근차근 풀어내는 것은 반드시 필요하다. 따라서 에세이의 소재가 되는 것을 본인이 잘 성찰한 다음에 이를 효과적인 글쓰기 방법을 택하여 객관성을 유지해 가며 지적이고 논리적으로 잘 표현하는 것이 에세이를 쓰는 데에 중요하다.

2) 에세이 쓰기의 필요성

우리는 남들과 더불어 하루하루를 살면서 정치, 경제, 사회, 문화, 예술, 역사 등의 여러 부분과 마주치게 된다. 이 속에서 우리는 살아 있는 존재로서 여러 가지를 느끼고 생각하게 된다. 그리고 이런 생각을 같이 사는 남들에게 말하고, 남들의 생각을 듣고, 때로는 남들과 더불어 토론을 하기도 한다. 사회적이고 지적인 존재로서의 인간은, 삶을 살아가는 과정에서 이처럼 우리 삶에 영향을 미치는 여러 사안에 대해 생각하고 표현하는 능력을 갖추는 것이 필요하다. 이러한 표현을 하는 데에 가장 적합한 장르가 바로 에세이이다.

현대 사회는 문자 언어 사용의 비중이 높고 매체가 활성화되어 있다. 그리고 실제로, 우리는 어떤 사안에 대한 생각과 의견을 표현하기를 일상적으로 요구받고 있다. 따라서 이런 시대적 흐름과 요구에 걸맞게 일상적으로 우리가 접하는 여러 사안에 대한 생각과 의견을 글로써 논리성을 갖추어 표현하는 것이 필요하다. 이에 따라 에세이 쓰기의 필요성과 비중이 높아지고 있다. 따라서 에세이 쓰기를 지속적으로 함으로써 우리의 생각을 자연스럽게 분출하면서도 논리 정연하게 구체적으로 표현하는 훈련을 할 필요가 있다.

이와 같이 자신이 삶 속에서 경험하고 느끼는 것들을 논리성을 갖추어 잘 표현하기 위해서는 에세이 쓰는 법을 익히고, 이에 따라서 에세이 쓰기를 일상생활에서 할 수 있도록 하는 것이 필요하다. 에세이 쓰기를 준비하고 실제로 에세이를 쓰면서 우리는 자신의 생각을 잘 형성해 가고 생각한 바를 잘 정리하게 되고 이를 자연스럽게 글로써 표현해 낼 수 있다. 이를 통해서 지적인 삶을 살아갈 수 있게 되고 우리가 경험하고 느끼는 사안에 대한 자신만의 생각과 안목을 개성적으로 드러낼 수 있게 된다. 이런 점에서 에세이 쓰기의 필요성이 높다고 하겠다.

3) 에세이 쓰기를 위한 독서법

에세이는 우리들 가까운 곳에서 일어나는 여러 일들이나 우리가 경험한 바를 소재로 하여 우리가 느끼고 생각한 바를 표현하는 것이지만 지나치게 주관적이어서는 곤란하고 객관성을 갖추도록 하는 것이 필요하다. 이처럼 객관성을 갖추기 위해서는 남들이 어떤 생각을 하고 있는지 알아 두는 것이 필요하다. 이를 통하여 균형 잡힌 시각과 폭넓은 혜안으로 사안에 대해서 생각하고, 자신의 생각과 의견을 구체화하여 표현하는 것이 필요하다.

남들이 어떤 생각을 하고 있는지를 알기 위해서는 남들이 써 놓은 글을 정확하고 효과적으로 읽는 것이 필요하다. 남들이 써 놓은 글을 읽으면 우리는 새로운 지식과 시각을 습득할 수도 있고, 자신의 생각과의 유사점이나 차이점을 발견할 수 있게 된다. 따라서 새롭게 얻은 지식, 시각, 나의 생각과 다른 점 등이 어떤 것인지에 주목해 가며 글 읽기를 할 필요가 있다. 이를 통해 지적인 성장을 기하고 균형 잡힌 시각을 갖고 남들과 공감할 수 있어야 한다.

그러려면 능동적이고 적극적인 글 읽기를 하는 것이 필요하다. 우선 자기가 읽는 글의 요지가 무엇인지를 파악하고 이를 가장 잘 드러내는 핵심어를 찾아서 적어 두고 이들에 관해 메모를 하는 것이 필요하다. 그런 다음 글의 내용을 핵심어와 요지를 중심으로 하여 요약해 보는 것이 필요하다. 이런 요지를 드러내는 데에 제시된 대표적 근거와 구체적인 사례로는 무엇이 있는지도 잘 파악해 두는 것이 필요하다. 이렇게 요약을 할 때에는 꼭 본인의 언어로 요약해 보는 것이 중요하다.

이런 식으로 요약을 하면서 내용들 사이의 관계를 파악하도록 하는데, 내용 중에서 핵심적인 내용과 뒷받침하는 내용이 어떤 것인지를 파악하는 것이 중요하다. 이런 과정을 거치면서 글의 구조가 어떤 것인지를 파악한다면 효과적이고 능동적으로 남의 글을 읽어 나갈 수 있고 자신이 가진 생각, 자신이 지니고 있는 근거와의 비교가 명확하게 이루어질 수 있을 것이다.

4) 에세이의 구성

에세이는 다른 글에 비해서 형식이 자유롭기는 하지만 그렇다고 하여 형식이 없는 것은 아니다. 다른 글이 그러하듯이 에세이도 처음과 가운데와 끝을 갖추는 것이 좋다. 이 형식에 각 부분에 들어가야 할 내용들이 적절히 들어가도록 하는 것이 중요하다. 각 부분에 들어가야 할 내용은 어떤 것이 좋으며, 내용 구성은 어떻게 하면 좋은지를 제시하여 보면 다음과 같다.

- **앞부분**
  ① 에세이를 쓰는 목적과 이유 제시
  ② 현황이나 일반적인 인식을 언급
  ③ 사람들에게 익히 알려진 내용이나 사실을 제시
  ④ 어떤 점에 주목하고자 하는지 간단히 언급

- **가운데 부분**
  ① 본인의 생각과 의견을 논리적인 순서에 따라 제시
  ② 생각과 의견을 뒷받침하는 사례나 경험이나 근거 제시
  ③ 새로운 사실 또는 새롭게 알게 된 바를 제시
  ④ 남들의 생각, 의견과 비교하여 본인의 생각, 의견의 참신함을 서술

- **끝부분**
  ① 본인의 생각이나 의견이나 주장을 담은 결론 제시
  ② 앞으로의 전망을 언급하는 것도 필요

8.1. 인문학 에세이 쓰기(1)

8.1.1. 자료 읽고 내용 정리하기

8.1.1.1. 자료 읽기

다음 두 편의 글은 '행복'과 관련된 글이다. [자료 1]은 세계에서 가장 행복한 나라로 꼽히는 부탄을 방문하고 쓴 르포이고, [자료 2]는 행복에 대한 철학적 탐색을 담은 저서의 일부이다. 꼼꼼히 읽은 후 글의 중심 내용을 파악하고 전개 방식도 살펴보도록 하자.

[자료 1]

'가장 행복한 나라' 부탄을 가다

드라마 〈응답하라 1988〉의 인기가 치솟고 있다. 1988년 당시 청춘이던 40~50대는 물론이고 20~30대, 심지어 그 시대를 구경조차 못 해 본 초등학생들까지 드라마의 배경인 쌍문동에서 살고 싶다며 열광하고 있다. 그 인기의 비결은 무엇일까.

이 드라마가 성공할 수 있는 많은 요소 중 하나가 '향수' 아닐까. 사람을 사랑하기보다 경계하는 것이 일상화된 이 시대를 사는 우리에게 가난하고 어려웠지만 서로를 귀하게 여기고 정이 넘치며 인간미가 있던 그 시절을 다시 기억하게 해 준 것이다. 함께 뛰어놀고 서로 챙겨 주며 걱정하는 쌍문동에서 살고 싶은 욕구, 그것은 남녀노소를 가리지 않고 인간이라면 당연히 끌리는 그런 세상살이의 따뜻함일 것이다.

어떤 사람들은 그런 공동체는 '판타지'라고 말한다. 지금의 한국 사회와는 너무 다르기 때문이다. 이 말에는 이제 더 이상 그렇게 살 수 없을 것이라는 체념이 담겨 있다. 하지만 정말 그럴까? 많은 사람들이 그러한 체념과 답답함 속에서 안식을 얻길 원하고 있다. 힐링이라는 말로 표현되는 마음의 안정과 행복, 희망이다. 그 힐링을 향해 전국·세계를 찾아 나선다. 그리고 히말라야의 작은 나라에서 그 희망의 빛을 찾아냈다.

내가 간 '세상에서 가장 행복한 나라'로 꼽는 부탄에는 과거가 아닌 현재에도 그러한 행복 공동체가 존재하고 있었다. '국민의 97%가 행복하다'고 답하는 부탄 사람들의 행복 비결은 우리가 드라마 속 쌍문동에서 발견한 그것과 크게 다르지 않다. 사람 간의 신의와 친목이 두터운 사회. 이웃끼리 문을 열어놓고 내 것 네 것을 구별하지 않는 사회다. 그것은 물신주의에 빠져 우리가 잃어버린, 어쩌면 우리가 포기한 사회다.

그런 사회가 히말라야 동쪽 끝자락에 자리한 작은 나라 부탄에 있다. 세계에서 '지상의 마지막 상그릴라'로 불리기도 하고 '미래 국가의 모델'로 불리기도 하는 부탄은 GNP(국민총생산)나 GDP(국내총생산) 대신 GNH(국민총행복지수)라는 개념을 세계 최초로 만들어내고 입법화시켜

국민의 행복을 나라에서 직접 챙겨 주는 나라다. 사람은 물론 동물, 심지어 벌레까지 행복해야 한다는 생각으로 세계 최초로 100% 유기농 국가를 선언했다.

많은 사람들이 부탄을 걸으며 부탄의 행복을 실감한다. 부탄의 왕은 스스로 왕권을 내려놓고 투표를 통한 의회 민주주의를 국민이 선택하도록 설득해서 안착시켰고, 지금도 화려한 궁궐을 국가에 헌납하고 작은 집에서 살고 있다. 세계에서 유일한 금연 국가이고, 교육비도 병원비도 모두 무료다. 첫눈이 오는 날은 휴일이 되는 동화 같은 나라가 바로 부탄이다.

'부탄 사람들은 정말 행복할까'라는 의문은 부탄의 특별한 신기록을 대하는 보통 사람들이 누구나 슬쩍 갖는 의문이다. 행복이라는 단어와 자꾸 멀어지는 자신을 보며 꼭 부탄에 가 봐야겠다고 마음먹는 사람들이 늘어나는 것도 그 때문일 것이다. 직접 그들의 행복을 확인하고 싶다는 욕망에 지금도 부탄으로 떠나는 사람들이 줄을 잇고 있다. 필자도 그런 부류의 한 사람이다.

부탄에서 만난 부탄 사람들은 많은 외국인이 자신들에게 "정말로 행복한가요?"라고 묻는다고 한다. 그러나 정작 부탄 사람들은 그러한 질문을 이해하지 못한다. 그들은 행복이 특별한 것으로 생각하는 우리와는 생각 구조가 다르기 때문이다. 욕심을 내려놓고, 강한 힘과 돈의 위력에 굴복하지 않는 그들에게 행복이란 특별히 찾아야 할 무엇이 아니다.

부탄의 수도인 팀푸에 있는 왕립 축구장에서 새롭 점소(12)라는 소년과 그 친구들을 만났다. 부탄 아이들은 부탄의 전통 의상인 고(Gho)를 차려입은 단정한 차림새로 신나게 축구를 하고 있었다. 그들은 한두 시간 거리의 집에서 매일 친구들과 함께 걸어서 학교에 가고 축구장에 가고 어디든 걸어 다녔다. 축구공을 들고 한 시간을 걸어왔다는 소년들은 지친 기색도 없이 두어 시간을 더 뛰어놀고는 왁자지껄 웃으며 함께 모여 집으로 돌아갔다.

학교에서 배운 영어가 유창한 그들의 얼굴에는 건강한 웃음기가 떠나지 않았다. 부탄 아이들은 만 6살이면 초등학교에 들어가 모국어인 '종카어'와 영어를 공부한다. 생활 회화 위주로 진행되는 영어 공부로 국민 80%는 영어 대화가 가능하다. 물론 학원이나 사교육은 없다.

부탄은 공동체가 살아 있다. 내 집 네 집 할 것 없이 어울려 지내기 때문에 아이들이 하교 후 집에 돌아오지 않아도 별 걱정을 하지 않는다. 어디서 뛰어놀거나 다른 집에 있겠거니 믿는 것이다. 발견한 그들의 행복 조건에는 이러한 '믿음'이 바탕에 깔려 있다. 지금 우리가 불행하다고 생각하는 것은 바로 그 믿음이 사라져 버렸기 때문이 아닐까. 내가 힘들 때 기댈 수 있는 사람들, 나를 걱정해 주는 나라가 있다고 믿는 그런 믿음이다.

부탄에는 고아도, 노숙자도 없다. 최근 1년에 한 번 나올까 말까한 자살자가 부탄에 생겼다. 부탄 정부에서는 이 자살자의 발생을 무척 심각하게 받아들이고 대책을 마련하는 데 부산하다. 자살률 1위의 나라에서 보면 호들갑으로 보이기도 했지만, 실제로는 그들이 부러운 건 어쩔 수 없었다.

대신 부탄에서는 머무르는 숙소나 음식, 그리고 여행하는 장소까지 정해진 대로 따라가야 한다. 부탄을 여행하려면 그 정도는 감수할 각오를 해야 한다. 어차피 휘황찬란한 건축물이나 박진감 넘치는 스포츠, 혹은 미각을 깨울 맛있는 먹거리를 기대하며 부탄을 선택한 것이 아니기 때문이다. 이런 불편을 감수한다면 세상의 꼭대기에 있는 듯한 아름답고 한적한 분위기에 금세 동화된다. 가난하지만 마음의 평화를 갈망하는 자신들만의 고유함을 지키고 산다는 것을 알게 된다.

부탄 사람들의 행복 조건에는 '당당한 자존감'이 있다. 도시든 산골이든 부탄에서 만난 부탄인들의 복장은 언제나 정갈하고 상대를 배려하는 예의가 몸에 배어 있다. 부탄 사람들 말로는 그러한 인간에 대한 예의를 어려서부터 가족에게 배우고, 학교에서 배우고, 마을 어른들에게 배우고, 걸어서 가는 등굣길. 수업이 끝나고 뛰어노는 대자연의 섭리 속에서 배운다고 한다.

그렇게 자란 부탄인들은 어느 곳. 누구 앞에서도 인간으로서 당당하다. 부탄인의 이러한 강한 자존감은 많은 부탄 전문가들과 행복학자들이 크게 주목하는 부분이기도 하다. 돈과 명예를 내세우며 강한 자존심을 내세우는 우리들과 가난하지만 가난하지 않음을 오히려 불편하게 여기는 부탄인들의 강한 자존감. 이것이 바로 행복의 차이를 만들어내는 요소다.

부탄의 아이들은 학교에서 기도를 한다. 그리고 부탄 남자들은 1년에 몇 달간 산에 올라가 기도를 하기도 한다. 그들이 하는 기도는 나와 내 가족을 위한 것이 아니다. 그들은 '하늘의 달과 별이 그 자리에 있고 우주의 질서와 맑은 공기가 영원하도록' 기도한다.

거리에서 우연히 만나도, 학교나 호텔이나 식당에서 짧게 만나도 부탄인들은 대부분 모두 헤어지는 순간. 맑고 순수한 정을 드러낸다. 짧은 만남이지만 손을 붙잡고 버터차를 권하고, 이름을 적어 달라고 요구하며, 눈물을 글썽이기까지 했다. 그들은 처음 만난 사람들도 이방인으로, 투숙객으로 대하지 않고 오로지 인간으로 대하는 심성을 가졌다. 그들의 붙잡은 두 손에서. 수줍지만 다정한 말 한마디에서 인간과 삶과 세상에 대한 애정이 되살아남을 느낄 수 있었다.

상대의 행복이 내 안의 행복임을 일깨우는 것. 물신주의가 뒤덮은 세상 어디에서도 볼 수 없는 희귀한 생각이다. 부탄 사람들을 대하면 비로소 '태어난 것 자체가 행복이다'라는 그들의 속담에 공감하게 된다. 황폐하고 외로운 사람이 늘어나고. 급기야 자살자까지 늘어나는 우리에게 부탄의 행복 비결을 깨닫는 것은 그렇게 어려운 것인가.

―김경희, 『주간경향』. 2016. 1. 12.―

행복해지려면 세계를 변화시켜야 하는가?

아득히 오래전부터 전승되는 중요한 '지혜'는 현실을 자신의 욕망에 맞추려 하기보다 자신의 욕망을 현실에 맞추어야 한다는 이야기로 귀착된다. 이런 시각에서 볼 때 하나의 '운명' 같은 현실이 있으며, 인류가 얻을 수 있는 가장 고귀한 행복은 피할 수 없는 것을 순순히 받아들임에 있다. 줄곧 지배적인 지위를 점했던 이러한 지혜는 스토아 철학에 의해 형식을 부여받았고, 오늘날에도 지배적인 지위를 차지하며 다음처럼 말해진다. 자본주의 그리고 자본주의와 연결된 '민주주의'가 서구의 특권을 지닌 시민들에게 제공하는 가정. 소비, 연결, 휴가 등에서 오는 평범한 행복은 물론 매우 강렬하다. 그러나 다른 무언가, 예를 들어 공산주의에 대한 욕망은 언제나 최악으로 이른다. 이 같은 프로파간다에서 본질적으로 경제적인 '현실'은 사유화된 재산과 자본의 집중을 우리의 모든 욕망이 복종해야 할 운명으로 받아들이라 강요한다.

프랑스 혁명이 한창일 때 생쥐스트는 "행복은 유럽에서 하나의 새로운 개념이다."라고 쓰면서, 완전히 다른 정세의 전망에서 인간 주체를 호명한다. 혁명은 오래된 세계를 근절하고 미덕(부패, 곧 가진 자들의 권력을 뒷받침하는 변치 않을 자원에 맞세워질 대립항)과 행복의 본질적인 연계를 정립해야 한다. 이는 세계의 전적인 변화가, 다시 말해 고대의 노예제에서 제국적 자본주의에 이르기까지 변함없이 인류를 지배하는 과두 정치로부터 인류의 완전한 해방이 바로 실재적 행복이 모두에게 주어지기 위한 예비 조건임을 말하는 것이다.

19세기 전반에 걸쳐, 그리고 20세기의 상당 기간 동안 행복해지려면 세계를 변화시켜야 한다는 생각은 세계적으로 매우 강력했다. 그러므로 이 저항할 수 없는 혁명적 본성의 조류에서 토론되는 질문은 바로 이런 것이다. '어떻게' 세계를 변화시킬 것인가?

(…중략…)

답은 이렇다. 국지적 사건의 귀결을 이루는 주체의 일부분이 됨으로써 세계를 변화시킬 것이다. 또한 이렇게도 말할 수 있다. 사건에 충실함으로써, 자유와 규율의 등가성을 만들어 냄으로써, 만족의 독재와 죽음 충동의 힘에 대한 승리가 될 새로운 형식의 행복을 발명함으로써 세계를 변화시킬 것이다. 우리는 행복이 변화의 과정에 예정된 대상성[객관성]이 아니라 이 과정 자체의 창조적 주체화라는 사실을 경험할 때 무언가가 세계 속에서 변화하는 중이라는 것을 안다. 세계는 우리가 생쥐스트처럼 행복이 하나의 새로운 개념이라고 선언할 수 있을 때 변화한다.

이러한 통찰은 마르크스의 혁명 관념에서 근본적인 것이다. 우리가 아는 그대로, 마르크스에게 집합적 정의에 붙여진 새로운 가능성의 이름은 '공산주의'였다. 혁명적 사건으로 드러난 자본주의의 부정적 제약은 명확히 자본주의에서 평등은 불가능하다는 것이다. 결과적으로 '공산주의'는 이 불가능성의 정치적 가능성, 곧 평등의 가능성에 붙여질 이름이다. 그러나 『경제학—철학 수고』나 유명한 『공산당 선언』에서 보는 것처럼, 마르크스는 공산주의가 새로운 사회나 추상적 정의 관념을 계획하는 것이라고 생각하지 않는다. 공산주의는 오래된 사회가 역사적으로 붕괴하는 과정을 가리키는 이름이다. 그러므로 변화시킨다는 것은 결과를 얻는다는 의미가 아니다. 결과는 변화 자체에 있다.

　이 통찰은 의심의 여지 없이 보다 일반적인 층위에서 해석될 수 있다. 즉 행복은 모든 사람이 각자 만족할 가능성이 아니다. 행복은 모든 사람이 저마다 만족을 얻는 좋은 사회를 가리키는 추상적 관념이 아니다. 행복은 어려운 과제를 수행할 주체성이다. 사건의 귀결과 화해하고, 세계 속 우리의 무미건조하고 침울한 실존 속에서, 단정적인 실재로부터 주어진, 빛나는 가능성들을 찾아내는 과제이자, 이 세계의 법칙이 은밀하게 부정하는 것이다. 행복, 그것은 세계의 관점에서 불가능했던 무언가의 강력하고 창조적인 실존을 향유하는 것이다.

　어떻게 세계를 변화시킬 것인가? 그에 대한 답은 진실로 유쾌한 것이다. 행복해짐으로써. 그러나 우리는 그에 대한 대가를 치러야 하며, 이는 때로 정말 불만족스러운 일이 될 것이다. 하나의 선택. 우리의 삶의 참된 선택. 그것은 진정한 삶에 관한 진정한 선택이다.

　랭보는 "진정한 삶이란 없다."라고 썼다. 내가 여기에서 단언하고자 하는 모든 것은 다음처럼 요약된다. 자, 이제 참된 삶이 있는지 당신이 결정할 차례이다. 새로운 행복을 선택하고, 그 대가를 치르라!

-알랭 바디우 지음/박성훈 옮김(2016), 『행복의 형이상학』, 민음사-

8.1.1.2. 이해하고 정리하기

앞서 읽은 두 편의 글을 이해하는 데에 꼭 알아야 할 용어들이나 여러 개념들의 의미를 파악하여 정리해 보자. 필요하다면 다양한 자료를 검색하여 용어나 개념을 정확히 숙지하고, 자기 나름대로 이해한 내용으로 설명해 보자.

(1) 부탄 --

(2) 샹그릴라 --

(3) 공동체 --

(4) 당당한 자존감 --

(5) 평범한 행복 --

(6) 미덕 --

(7) 변화의 과정 자체의 창조적 주체화 --

(8) 진정한 삶 --

앞의 글 가운데 철학적 차원에서 '행복'에 관해 탐구한 [자료 2]의 핵심 내용은 무엇인지 정리해 보자. 우선 주제문을 작성하고 이를 뒷받침해 주는 중요 내용들을 써 보도록 하자. 그리고 이 내용들이 어떻게 구성되어 있는지 그림으로 구조화해 보자.

(1) 주제문

(2) 중요 내용
　　①

　　②

　　③

　　④

(3) 글의 구조

8.1.2. 토론하기, 내용 생성하기 및 정리하기

8.1.2.1. 토론하기

위의 두 글을 바탕으로 행복에 관련한 자신의 생각을 정리하여 한 편의 글로 완성해 보도록 하자. 먼저 두 글의 내용과 관련하여 몇 가지 주요한 사항을 뽑아 다른 사람들과 의견을 나누어 보자.

1) 토론 주제 1: 부탄 사람들과 행복

(1) 부탄 사람들에게 행복이란 무엇인가?

(2) 부탄 사람들은 행복해지기 위해 어떠한 노력을 하는가?

(3) 부탄 사람들의 행복은 보편적으로 실현 가능한 것인가?

(4) 부탄 사람들처럼 산다면 행복해질 수 있는가?

2) 토론 주제 2: 진정한 행복의 의미

(1) 필자가 이야기하는 '평범한 행복'에는 어떤 것들이 있을까? 예를 들어 보자.

(2) '평범한 행복'에 대해 필자는 어떤 입장을 취하고 있는가?

(3) 필자가 제안하는 '새로운 행복'은 무엇인가?

(4) 필자가 진정한 삶과 연관하여 언급하는 행복에 대해 자신은 어떻게 생각하는가?

8.1.2.2. 내용 생성하기 및 정리하기

위 토론을 통하여 알게 된 바가 무엇인지 생각하여 정리해 보자. 이를 토대로 행복에 관한 자신의 생각을 피력하는 에세이를 쓸 준비를 하도록 한다.

(1) 위의 토론 내용 정리

(2) 토론을 통해 얻은 자신의 생각 정리

(3) 나의 생각과 남의 생각 사이의 공통점과 차이점 정리

(4) 독자의 공감을 끌어내기 위해 유용하게 활용할 것들을 찾아서 정리

(5) 자신의 생각을 중심 문장과 뒷받침 문장으로 제시

(6) 5~6개 정도의 문단으로 이루어진 에세이를 쓸 것을 염두에 두고 자신의 생각을 논리적으로 전개하여 정리

8.1.3. 집필하기

8.1.3.1. 개요 작성하기

지금까지 진행한 글의 이해와 토론을 바탕으로 자신이 집필할 에세이의 개요를 작성해 보자. 에세이의 목표는 행복에 관한 자신의 생각을 쓰는 것이다. 이 점을 염두에 두고 어떻게 하면 행복에 대한 자신의 생각을 효과적으로 잘 피력할 것인지를 고민하여 개요를 작성해 보자.

- 토론을 통하여 생성된 내용을 제목, 주제문, 처음, 중간, 끝으로 구성된 개요를 작성하도록 함.
- 개요는 문장 형태로 가능한 한 자세하게 제시하도록 함.
- 개요 속에서는 진술에 포함할 구체적인 사례도 포함하도록 함.
- 5~6개 정도의 문단으로 글을 구성할 수 있도록 작성하도록 함.

8.1.3.2. 개요에 따라 집필하기

개요 작성이 완료되면 그에 맞추어 집필에 들어간다. 집필을 할 때에는 다음의 사항들에 주의를 하며 진행하도록 한다.

- 1,000자 분량, 5~6개의 문단으로 작성하도록 함.
- 중심 생각에 따라서 문단 구분을 하도록 하고 들여쓰기를 통하여 문단 구분을 명확히 하도록 함.
- 에세이를 쓰는 목적을 분명히 생각하면서 글을 집필
- 개요에 맞게 글이 순탄하게 전개되고 있는지를 확인하면서 집필함.

8.1.4. 피드백 및 고쳐쓰기

8.1.4.1. 피드백

이제 자신이 집필한 에세이 원고를 피드백을 받아 수정 전략을 세워 보도록 하자. 피드백을 할 때 중점을 두는 부분은 다음과 같다. 피드백은 교수자에게서 받는 것이지만 동료 및 자기 스스로에게도 받을 수 있다. 그러니 교수자에게 피드백을 받기 전에 동료와 함께 다음의 내용에 중점을 두어 가며 자아 피드백을 하여 보자.

- 개요에 따라 글이 적절히 집필되었는지를 검토하고 부족한 부분을 지적함.
- 문단의 구성과 배열이 적절한지를 검토하여 부족한 부분을 지적함.
- 에세이의 앞부분, 가운데 부분, 끝부분에 들어갈 내용이 잘 갖추어져 있는지를 파악하여 부족한 부분을 지적함.
- 행복에 관한 자신의 생각이 진솔하게 드러나 있고 주장과 근거가 잘 제시되어 있는지를 보고 부족한 부분을 지적함.
- 중심 생각과 뒷받침 생각이 적절히 균형 잡히게 제시되어 있는지를 지적함.
- 추상적인 진술뿐만 아니라 구체적인 진술, 사례 등이 적절히 포함되어 있는지를 살펴보고 부족한 부분을 지적함.

8.1.4.2. 고쳐쓰기

피드백을 받은 결과에 따라서 이제는 적절히 고쳐쓰기를 해 보도록 하자. 고쳐쓰기의 대상에는 글의 내용과 형식뿐만 아니라 문장도 포함된다. 그러므로 이 세 가지가 조화롭게 잘 고쳐져야 완성도 높은 에세이를 쓸 수 있다.

- 피드백에서 제시된 바를 적절히 반영하여 고쳐 쓰도록 함.
- 반드시 피드백 결과를 적절히 반영하였는지를 확인하는 점검표를 만들어 수정 여부를 확인하도록 함.
- 피드백 결과에 따라 원고 분량이 부족할 경우에는 양을 늘릴 수도 있지만 분량이 필요 이상으로 늘어나지 않도록 주의를 기울이도록 함. 분량을 늘리다 보면 자칫 글의 초점이 불명확해져서 긴장감과 완성도가 떨어질 수 있음을 주의해야 함. 이보다는 필요한 내용이 들어가되 압축적으로 글을 쓸 수 있도록 노력하는 것이 더 필요함.
- 문장 표현이 정확하고 올바르게 되어 있는지를 신경을 써 가며 고쳐쓰기를 하도록 함.

8.2. 사회 과학 에세이 쓰기(1)

8.2.1. 자료 읽고 내용 정리하기

8.2.1.1. 자료 읽기

'멍때리기 대회'를 소개하는 신문 기사와 '심심함'의 의미에 대하여 기술한 두 편의 글을 읽어보고, 글의 핵심 내용과 전개 방법에 대해 생각해 보자.

[자료 1]

제1회 멍때리기 대회 성황리 개최…우승자는?

제1회 '멍때리기 대회'가 열렸다.

27일 오후 서울광장에서 열린 제1회 '멍 때리기'(아무 생각 없이 넋을 놓고 있기) 대회가 50여 명이 참가한 가운데 열렸다. '프로젝트 듀오 전기호(electronic ship)'라는 이름의 모임이 주최한 이번 대회에서 참가자들은 최대한 아무 것도 하지 않고 가장 정적으로 있기 위해 노력하는 모습을 보였다.

'멍 때리다'는 국어 대사전에 등재되지 않은 말인데, 아무 생각 없이 넋을 놓고 있는 행위를 뜻한다. 주최 측은 직장인들이 월요병에 시달리며 오전 업무를 마치고 밥을 먹는 점심시간에 서울광장에 모여 '멍'을 때리는 취지라고 설명했다. 참가자는 50명이었는데, 선발 경쟁률이 3대 1이었다.

심사 위원으로 나선 주최 측 요원들은 연구자나 의사들처럼 흰색 가운을 입은 채로 참가자들의 '멍 때림'을 철저히 심사했다. 심사 기준은 '아무것도 하지 않은, 가장 정적인 존재'였다. 심박측정기에서 심박수가 가장 안정적으로 나오는 사람을 우승자로 꼽는다고 했다. 크게 움직이거나 딴짓을 하면 실격패다.

주최 측은 "빠른 속도와 경쟁 사회로 인한 스트레스에서 멀리 떨어지는 체험을 하는 것"이 이번 대회의 취지라고 언론에 밝혔다.

이날 우승은 초등학생 김 모 양(9)에게 돌아갔다.

－『경향신문』 2014. 10. 27.－

깊은 심심함

긍정성의 과잉은 자극, 정보, 충동의 과잉으로 표출되기도 한다. 그리하여 주의(注意)구조와 경제에 근본적인 변화가 일어난다. 지각은 파편화되고 분산된다. 업무 부담의 증가도 시간과 주의를 관리하는 특별한 기법을 요구하는데, 그러한 기법은 다시 주의 구조에 영향을 미친다. 멀티태스킹이라는 시간 및 주의 관리 기법은 문명의 진보를 의미하지 않는다. 멀티태스킹은 후기 근대의 노동 및 정보 사회를 사는 인간만이 갖추고 있는 능력이 아니다. 그것은 오히려 퇴화라고 할 수 있다. 멀티태스킹은 수렵 자유 구역의 동물들 사이에서도 광범위하게 발견되는 습성이다. 야생에서의 생존을 위해 필수적인 기법이 멀티태스킹인 것이다.

먹이를 먹는 동물은 이와 동시에 다른 과업에도 신경을 써야 한다. 이를테면 경쟁자가 먹이에 접근하지 못하도록 막아야 하고, 먹는 중에 도리어 잡아먹히는 일이 없도록 경계를 늦추지 않아야 하며, 동시에 새끼들도 감시하고, 또 짝짓기 상대로 시야에서 놓치지 않아야 한다. 수렵 자유 구역에 사는 동물은 주의를 다양한 활동에 분배하지 않을 수 없고 그런 까닭에 깊은 사색에 잠긴다는 것은 불가능하다. 이는 먹이를 먹을 때도, 짝짓기를 할 때도 마찬가지다. 동물은 자신이 마주하고 있는 대상에 사색적으로 몰입할 수 없다. 언제나 그 배경의 사태도 계속 정신적으로 처리해야 하기 때문이다. 멀티태스킹뿐만 아니라 컴퓨터게임과 같은 활동 역시 야생동물의 경계 태세와도 크게 다르지 않은 주의 구조, 넓지만 평면적인 주의 구조를 생산한다. 최근의 사회적 발전과 주의 구조의 변화는 인간 사회를 점점 더 수렵 자유 구역과 유사한 곳으로 만들어간다. 그러는 사이 예컨대 직장 내 집단 따돌림은 큰 규모의 전염병처럼 확산되고 있다. 좋은 삶이란 성공적인 공동의 삶까지를 포괄하는 개념이거니와, 그런 의미에서 좋은 삶에 대한 관심은 날이 갈수록 생존 자체에 대한 관심에 밀려나고 있다.

…(중략)…

걸으면서 심심해하고 그런 심심함을 참지 못하는 사람은 마음의 평정을 잃고 안절부절못하며 돌아다니거나 이런저런 다른 활동을 해 볼 것이다. 하지만 심심한 것을 좀 더 잘 받아들이는 사람은 어느 정도 시간이 흐른 뒤에 어쩌면 걷는 것 자체가 심심함의 원인이라는 것을 깨닫게 될 것이다. 그리고 그러한 인식은 그로 하여금 완전히 새로운 움직임을 고안하도록 몰아갈 것이다. 달리기, 또는 뜀박질은 새로운 움직임의 방식이라기보다 그저 걷기의 속도를 높인 것일 뿐이다. 이를테면 춤은 완전히 다른 종류의 움직임이다. 오직 인간만이 춤을 출 수 있다. 어쩌면 인간은 걷다가 깊은 심심함에 사로 잡혔고 그래서 이런 심심함의 발작 때문에 걷기에서 춤추기로 넘어가게 되었는지도 모른다. 걷기가 그저 하나의 선을 따라가는 직선적 운동이라면 장식적 동작들로 이루어진 춤은 성과의 원리에 완전히 벗어나 있는 사치이다.

"사색적 삶(vita contemplavita)"이라는 표제어로 그러한 삶의 본래 고향이었던 과거의 세계를 다시 불러낼 수는 없을 것이다. 사색적 삶은 아름다운 것과 완전한 것이 변하지 않고 무상하지도 않으며 인간의 손이 미치지 않는 곳에 있다는 존재 경험과 결부되어 있었다. 그러한 삶의 기본 정조는 사물들이 그렇게 존재한다는 사실. 그리고 어떤 조작 가능성이나 과정성에서도 벗어나 있다는 사실에 대한 경이감이다. 근대의 데카르트주의는 이러한 경이감을 회의로 대체한다. 그러나 사색의 능력이 반드시 영원한 존재에만 묶여 있는 것은 아니다. 떠다니는 것. 잘 눈에 띄지 않는 것. 금세 사라져버리는 것이야말로 오직 깊은 사색적 주의 앞에서만 자신의 비밀을 드러내는 것이다. 또한 긴 것. 느린 것에 대한 접근 역시 오랫동안 머무를 줄 아는 사색을 통해서만 가능하다. 지속의 형식 또는 지속의 상태는 과잉 활동성 속에서는 결코 이해할 수 없는 것이다. 깊은 사색적 주의의 거장이었던 폴 세잔은 언젠가 사물의 향기도 볼 수 있노라고 말한 바 있다. 이처럼 향기를 시각화하는 데는 깊은 주의가 필요하다. 인간은 사색하는 상태에서만 자기 자신의 밖으로 나와서 사물들의 세계 속에 침잠할 수 있는 것이다. 메를로-퐁티는 풍경에 대한 세잔의 사색적 관찰을 외화 또는 탈내면화로 묘사한다. "우선 그는 다양한 지층을 명확하게 이해하려고 시도했고, 그다음에는 더 이상 꼼짝하지 않은 채 세잔 부인의 말처럼 눈이 머리에서 튀어나올 때까지 그저 바라만 보았다. (……) 그는 말했다. 풍경은 내 속에서 스스로 생각한다. 나는 풍경의 의식이다." 오직 깊은 주의만이 "눈의 부산한 움직임"을 중단시키고 "제멋대로 이리저리 움직이는 자연의 손을 묶어 둘" 수 있는 집중 상태를 만들어낸다. 이러한 사색적 집중 상태에 이르지 못한다면 시선은 그저 불안하게 헤매기만 할 뿐. 아무것도 표현해 내지 못할 것이다. 그러나 예술이란 "표현 행동"이다. 존재를 의지로 대체한 니체조차 인간에게서 모든 관조적 요소가 제거된다면 인간 삶은 치명적인 과잉 활동으로 끝나고 말 것임을 알고 있었다. "우리 문명은 평온의 결핍으로 인해 새로운 야만 상태로 치닫고 있다. 활동하는 자. 그러니까 부산한 자가 이렇게 높이 평가받은 시대는 일찍이 없었다." 따라서 관조적인 면을 대대적으로 강화라는 것은 시급히 이루어져야 할 인간 성격 교정 작업 가운데 하나이다.

-한병철 지음/김태환 옮김(2012), 『피로사회』, 문학과 지성사-

8.2.1.2. 이해하고 정리하기

위 두 글을 이해하는 데에 꼭 알아야 할 용어들이나 여러 가지 개념에 대해 정리해 보자. 필요하다면 다양한 자료를 검색해 보면서 정확한 개념을 숙지하고, 자기 자신이 나름대로 이해한 내용으로 기술해 보자.

(1) 멍때리기 _____

_____

(2) 경쟁 사회 _____

_____

(3) 지각의 파편화 _____

_____

(4) 멀티태스킹 _____

_____

(5) 넓지만 평면적인 주의 구조 _____

_____

(6) 직선적 운동과 장식적 동작 _____

_____

(7) 사색적 주의 _____

_____

(8) 과잉 활동 _____

_____

윗글 가운데 '깊은 심심함'을 대상으로 글의 핵심 내용은 무엇인지 정리해 보자. 윗글의 주제문과 이를 뒷받침해 주는 중요 내용들을 써 보도록 하자. 그리고 이 내용들이 어떻게 구조화되어 있는지 그림으로 나타내 보도록 하자.

(1) 주제문 --

----

(2) 중요 내용

　① --

----

　② --

----

　③ --

----

　④ --

----

(3) 글의 구조

8.2.2. 토론하기, 내용 생성하기 및 정리하기

8.2.2.1. 토론하기

윗글의 내용을 바탕으로 현대 사회에서의 '심심함'을 어떻게 바라볼 수 있는지 서로 대립되는 견해를 생각해 보자. 이를 통하여 '멍때리기 대회'의 의의와 '깊은 심심함'의 의미에 대하여 자신의 생각을 정리하고 자신이 쓸 에세이의 전체적인 구성을 생각해 보자.

1) 토론 주제 1: '멍때리기' 대회의 의의

(1) '멍때리기' 대회를 개최한 의도는 무엇일까?

_____

_____

_____

_____

(2) '멍때리기' 대회에서 초등학생이 우승을 차지한 결과에 대해 어떻게 생각하는가?

_____

_____

_____

_____

(3) 현대 사회에서 '멍때리기'의 의미는 무엇일까?

_____

_____

_____

2) 토론 주제 2: '깊은 심심함'의 의미

(1) 멀티태스킹 능력은 축복인가? 윗글의 필자가 멀티태스킹이 도리어 '퇴화'라고
    이야기한 의미는 무엇일까?

_____

_____

(2) '걷기, 달리기, 뜀, 춤'의 차이는 무엇일까?

_____

_____

_____

(3) '심심함'과 '깊은 심심함'의 차이는 무엇일까?

_____

_____

_____

(4) 사물의 향기를 '볼' 수 있다는 것은 어떤 의미일까?

_____

_____

(5) 현대 사회에서 '깊은 심심함'의 존재 가치는 무엇일지 생각해 보자.

8.2.2.2. 내용 생성하기 및 정리하기

위 토론을 통하여 알게 된 바가 무엇인지 생각하여 정리해 보자. 이를 통해 실제 에세이를 쓸 수 있는 준비를 하도록 한다.

(1) 위의 토론 내용 정리 _____

_____

(2) 토론을 통해 얻은 자신의 생각 정리 _____

_____

(3) 나의 생각과 남의 생각 사이의 공통점과 차이점 정리 _____

_____

_____

(4) 남을 설득할 때에 유용하게 활용할 것들을 찾아서 정리 _____

_____

_____

(5) 자신의 생각을 중심 문장과 뒷받침 문장으로 제시 _____

_____

_____

(6) 5~6개 정도의 문단으로 이루어진 에세이를 쓸 것을 염두에 두고 자신의 생각
을 논리적으로 전개하여 정리 _____

_____

8.2.3. 집필하기

8.2.3.1. 개요 작성하기

지금까지 진행한 글의 이해와 토론을 바탕으로 자신이 작성할 에세이의 개요를 작성해 보자. 큰 틀에서의 주제는 '깊은 심심함'의 의미와 그것이 현대 사회에서 지니는 의의에 대한 것이다.

- 토론을 통하여 생성된 내용을 제목, 주제문, 처음, 중간, 끝으로 구성된 개요를 작성하도록 함.
- 개요는 문장 형태로 가능한 한 자세하게 제시하도록 함.
- 개요 속에서는 구체적인 진술에 포함할 구체적인 사례도 포함하도록 함.
- 5~6개 정도의 문단으로 글을 구성할 수 있도록 작성하도록 함.

8.2.3.2. 개요에 따라 집필하기

앞에서 작성한 개요에 따라서 실제로 집필을 하도록 하자. 집필을 할 때에는 다음의 사항들에 주의를 하며 집필을 하도록 한다.

- 1,000자 분량, 5~6개의 문단으로 작성하도록 함.
- 중심 생각에 따라서 문단 구분을 하도록 하고 들여쓰기를 통하여 문단 구분을 명확히 하도록 함.
- 에세이를 쓰는 목적을 분명히 생각하면서 글을 집필
- 개요에 맞게 글이 순탄하게 전개되고 있는지를 확인하면서 집필함.

8.2.4. 피드백 및 고쳐쓰기

8.2.4.1. 피드백

이제 자신이 집필한 에세이 원고를 피드백을 받아 수정 전략을 세워 보도록 하자. 피드백을 할 때 중점을 두는 부분은 다음과 같다. 피드백은 교수자에게서 받는 것이지만 동료 및 자기 스스로에게도 받을 수 있다. 그러니 교수자에게 피드백을 받기 전에 동료와 함께 다음의 내용에 중점을 두어 가며 자아 피드백을 하여 보자.

- 개요에 따라 글이 적절히 집필되었는지를 검토하고 부족한 부분을 지적함.
- 문단의 구성과 배열이 적절한지를 검토하여 부족한 부분을 지적함.
- 에세이의 앞부분, 가운데 부분, 끝부분에 들어갈 내용이 잘 갖추어져 있는지를 파악하여 부족한 부분을 지적함.
- 현대 사회에서의 심심함에 관한 자신의 생각이 진솔하게 드러나 있고 주장과 근거가 잘 제시되어 있는지를 보고 부족한 부분을 지적함.
- 중심 생각과 뒷받침 생각이 적절히 균형 잡히게 제시되어 있는지를 지적함.
- 추상적인 진술뿐만 아니라 구체적인 진술, 사례 등이 적절히 포함되어 있는지를 살펴보고 부족한 부분을 지적함.

8.2.4.2. 고쳐쓰기

피드백을 받은 결과에 따라서 이제는 적절히 고쳐쓰기를 해 보도록 하자. 고쳐쓰기의 대상에는 글의 내용과 형식뿐만 아니라 문장도 포함된다. 그러므로 이 세 가지가 조화롭게 잘 고쳐져야 완성도 높은 에세이를 쓸 수 있다.

- 피드백에서 제시된 바를 적절히 반영하여 고쳐 쓰도록 함.
- 반드시 피드백 결과를 적절히 반영하였는지를 확인하는 점검표를 만들어 적절한 수정 여부를 확인하도록 함.
- 피드백 결과에 따라 원고 분량이 부족할 경우에는 양을 늘릴 수도 있지만 분량이 필요 이상으로 늘어나지 않도록 주의를 기울이도록 함. 분량을 늘리다 보면 자칫 글의 초점이 불명확해져서 긴장감과 완성도가 떨어질 수 있음을 주의해야 함. 이보다는 필요한 내용이 들어가되 압축적으로 글을 쓸 수 있도록 노력하는 것이 더 필요함.
- 문장 표현이 정확하고 올바르게 되어 있는지를 신경을 써 가며 고쳐쓰기를 하도록 할 것.

8.3. 과학 기술 에세이 쓰기(1)

8.3.1. 자료 읽고 내용 정리하기

8.3.1.1. 자료 읽기

책의 종말과 관련한 아래의 글을 찬찬히 읽어 보고 글의 핵심 내용과 전개 방법에 관한 정보를 파악하도록 하자.

[자료 1]

책의 종말?

제이 데이비드 볼트는 그의 책 ≪글쓰기 공간≫을 빅토르 위고의 소설 중 한 구절을 인용하면서 시작하고 있다.

> 수도원의 독실 창문을 열면서 그는 웅장한 노트르담 성당을 가리켜 보았다. 두 개의 탑과 돌벽 그리고 별빛을 배경으로 검은 그림자를 드리운 기괴한 반구의 천장을 지닌 성당은 도시 중간에 앉아 있는 머리 둘 달린 거대한 스핑크스를 닮아 있었다.
>
> 대집사는 잠시 아무 말 없이 그 위대한 건축물을 바라보며 상념에 잠겼다. 그리고 한숨을 내쉬며 그의 오른손은 책상 위에 펼쳐진 인쇄된 책을 향해 그리고 그의 왼손은 노트르담을 향해 뻗었다. 그리고는 그의 슬픈 눈이 그 책으로부터 성당으로 옮겨갔다.
>
> "아아!" 그는 말했다. "이것이 저것을 무너뜨리고 말 거야."

인쇄된 책에 의해 무너져 가는 교회의 권위를 이보다 잘 표현할 수 있을까! 하지만 우리는 지금 이 인쇄된 책이 다시 노트르담 성당이 되고 있는 현실 속에 살고 있다. 그 인쇄된 책이라는 대성당을 무너뜨리고 있는 것이 바로 컴퓨터이다. 이제 컴퓨터가 인쇄된 책의 자리를 대신하고 있다. 모든 종류의 글쓰기가 컴퓨터로 이뤄진다. 책의 출판마저도 컴퓨터가 없이는 불가능하다. 글의 집필, 편집, 교정이 모두 컴퓨터에 의해 이뤄진다. 책은 단지 이렇게 이뤄진 작업 내용을 종이로 옮긴 것일 뿐이다. 컴퓨터에서 이뤄진 모든 작업이 이처럼 종이로 옮겨지는 단계가 사라질 날도 얼마 남지 않았다.

인쇄된 책은 이제 우리 문자 문화의 주변부로 쫓겨날 운명인 것 같다. 물론 책이 완전히 사라진다는 이야기는 아니다. 인쇄된 책에 어울리는 글쓰기가 어떤 형태로든 계속 남을 것이다. 또 사라지는 것은 아름다운 법, 고상한 취향을 위해서도 인쇄는 계속될 것이다. 그렇지만 인쇄물과

책으로 대변되어 온 지식의 표상은 마침내 그 500여 년의 화려한 역사를 마감할 시기가 되었다.

컴퓨터가 결코 인쇄된 책을 대신하지 못할 거라고 생각하는 사람들은 책의 물리적 이점을 지적한다. 책은 휴대 가능하고 값이 싸며 읽기 쉬운 데 반해 컴퓨터는 들고 다닐 수가 없고 값도 비싸며 전기도 필요하다는 것이다. 게다가 컴퓨터 모니터는 종이처럼 그렇게 읽기 편한 것도 아니다. 모니터를 오래 쳐다보면 눈이 쉽게 피로해진다. 그리고 또 사람들이 빼놓지 않고 거론하는 점. 컴퓨터는 침대에 누워서 읽을 수가 없다. 하지만 전자 기술의 발전은 이런 문제들을 해결할 것이다. 조만간 지금의 책 크기만 한, 아니 더 작은 컴퓨터가 나올 것이고 컴퓨터 모니터도 훨씬 정교하고 읽기 편해질 것이다. 그리고 조그만 칩 하나에 수백 권 분량의 정보가 기록될 것이다. 그러니 거실을 온통 책장으로 채울 필요도 없다.

종이책이 컴퓨터 '책'으로 변화하리라는 것을 부정하는 사람은 아마 별로 없을 것이다. 오늘날의 지적, 문화적 행위 수단의 중심부에 있었던 종이책은 앞으로 특별한 용도로나 쓰이는 기호품으로 전락하고 그 자리를 컴퓨터가 대신할 것이다. 그렇지만 더욱 중요한 것은 지금의 종이책의 구조와 형식이 그대로 컴퓨터로 옮겨지는 것이 아니라는 점이다. 컴퓨터라는 새로운 글쓰기 공간은 새로운 글쓰기 구조를 요구한다. 문제는 외양이나 편의성이 아니라 글쓰기의 구조가 바뀌는 것이다. 컴퓨터 글쓰기는 모니터와 키보드를 통해 이뤄진다. 모니터의 표면은 종이의 표면과는 다르다. 종이의 쪽이란 개념은 컴퓨터 글쓰기에서는 별 의미가 없다. 우리는 지금 새로운 형태의 글쓰기를 모색하는 과정에 있다. 그 과정은 최소한 몇 십 년의 시행착오를 필요로 할 것이다.

그렇지만 우리는 이미 워드프로세서에서 웹 편집기로 중요한 비약의 발걸음을 내디뎠다. 워드프로세서는 기존의 글쓰기를 도와주는 도구로 만들어진 것이다. 물론 워드프로세서 나름의 진보도 있다. 워드프로세서는 글의 복사, 절단, 이동, 삭제 등의 작업을 몇 번의 간단한 조작으로 가능하게 해 주는 글쓰기의 진보를 이룩했다. 그렇지만 워드프로세서는 기존의 종이책 개념에 기반해서 만들어진 '워드 프로세서', 즉 '단어 처리기'다. 워드프로세서는 글의 일직선적 배열을 그대로 따른다는 점에서 기존의 글쓰기 틀에서 벗어나지 않는다. 워드프로세서의 목표는 종이로의 인쇄이다. 하지만 웹 편집기는 전혀 다른 글쓰기를 가능하게 해 준다. 일직선으로 연속해서 써 내려가는 글이 아니라 토막글이 만들어지고 그 글들이 하나의 네트워크를 이루도록 한다. 이 네트워크는 종이에 인쇄하는 것이 불가능하다. 종이로 인쇄하면 이 네트워크는 사라져 버린다. 종이나 책은 애당초 웹 편집기의 목표가 아니다. 웹 편집기의 목적지는 전자적인 공간이다. 여기에는 목차가 아니라 글들이 읽힐 지도가 만들어진다. 독자는 이 지도 위에서 자기가 원하는 길을 따라간다. 그리고 지도를 따라가는 각자의 궤적에 따라 서로 다른 글들이 만들어진다.

책에 대한 기대로 달라진다. 서구의 전통적인 글쓰기는 하나의 목소리를 내는 것으로 받아들여졌다. 인쇄된 책 역시 단 하나의 목소리와 일관된 성격과 인물을 가정한다. 저자는 특정 독자층을 노려 글을 쓰거나 아니면 새로운 독자층을 창출해 내려고 한다. 그리고 그 독자층에 맞게 일관된 글을 써야 한다. 어떤 출판사도 서로 전혀 다른 두 주제를 하나로 묶은 책을 출판하려 하지 않을 것이다. 이런 책은 통일성이 결여되고 있으므로 출판할 수 없다고 말할 것이다. 하지만 이러한 통일성에 대한 요구는 현재의 분과 학문 전통에 그 뿌리를 두고 있는 것이다. 책은 통일된 관점에서 일관적으로 씌어야 한다는 이러한 엄격한 요구는 사실 최근에 생긴 것이다. 중세에만 해도 서로 무관한 글들이 하나의 책으로 묶이는 일은 다반사였다. 하지만 책 자체가 하나의 물리적 단위를 이루고 있기 때문에, 즉 낱장들이 끈이나 풀에 의해 하나로 묶여 있기 때문에 그 안에 들어 있는 말들이 어떤 하나의 통일된 생각을 표현해야 한다는 것은 어쩌면 당연하게 여겨질지도 모르겠다.

하지만 전자적인 글은 책과 같이 비용이 많이 드는 물리적 인공물이 아니다. 따라서 인쇄된 책과 동일한 개념적 단위를 가질 필요도 없고 또 서로 상관없는 주제들을 하나의 전자 네트워크에 포함시키지 않을 이유도 없다. 전자책은 다른 독자들에게 다른 목소리를 낼 수도 있다. 전자책은 종이책처럼 모든 것을 한꺼번에 드러내지 않는다. 독자의 반응과 필요에 따라 컴퓨터에 저장된 내용이 선택적으로 나타난다. 책을 통해 경험을 공유하자는 지금까지의 기대는 전자책에서는 무산된다. 독자들은 단지 동일한 텍스트의 네크워크를 여행했을 뿐이다. 전자책은 단편적이며 잠재적인 텍스트이다. 그렇다고 전자적인 글쓰기의 요소들이 완전히 무질서한 혼돈 상태에 있는 것은 아니다. 그것들은 끊임없이 재조직된다.

—배식한(2000), 『인터넷, 하이퍼텍스트 그리고 책의 종말』, 책세상—

[자료 2]

책의 미래

그러면 새로운 책은 과연 어떤 모습일까? 책의 과거를 실마리로 책의 미래를 그려 보기로 하자. 책의 첫 형태라 할 수 있는 것은 앞에서 말했듯 6∼8미터 정도의 길이를 가진 파피루스 두루마리다. 지금의 책에 비하면 두루마리에 실리는 글의 분량은 아주 적다. 그렇지만 고대인들은 분량에 대해서는 별 불만이 없었을 것이다. 왜냐하면 그들은 주로 사람들을 앞에 두고 큰 소리로 읽기 위해 두루마리를 썼기 때문이다. 큰소리로 읽을 분량 정도는 두루마리로도 충분했다. 그에 반해 지금의 책은 조용히 읽고 연구하기에 적당한 분량이라 할 수 있다.

다음으로 등장한 필사본은 두루마리보다 서너 배의 분량을 실을 수 있다. 기독교인들은 한 권에 신약을 다 실을 수 있기 때문에 필사본을 좋아했다. 필사본의 등장과 함께 책은 개인적 연구의 도구가 되기 시작했고 이때부터 조용히 읽는 것이 일상화되었다. 책이 하나의 완결된 내용을 지닌 것으로 간주되기 시작한 것도 이때부터이다.

인쇄술이 발명되면서 글쓰기는 책을 만드는 것과 동일한 의미를 지니게 된다. 학자의 목적은 자기의 책을 도서관에 꽂는 것이 되었다. 책이 하나의 완결된 체계를 갖춘 것이라는 것을 보여주는 예가 바로 표지이다. 책의 안팎을 단절시키려는 듯 두꺼운 표지가 덮이고 표지에는 마치 사람처럼 이름(제목)이 적힌다. 인쇄 초기에만 해도 책은 팔리고 난 다음에 묶여 제본되는 경우가 자주 있었다. 하지만 인쇄술의 발전과 함께 출판되는 책의 양이 많아졌고 그리하여 책은 도서관에 자신의 자리를 확보하기 위해서 다른 책과의 차별화 전략을 구사하지 않으면 안 되게 된 것도 책의 완결성을 부채질했다.

전자 기술의 발전은 필사본, 인쇄본에서 생각되던 책의 개념에 근본적인 질문을 던지기 시작한다. 같은 크기의 종이 조각 묶음인 책을 손으로 넘기는 대신 우리는 모니터를 바라보면서 마우스를 클릭한다. 컴퓨터에 저장된 글은 우리에게 그 전체를 한꺼번에 보여 주지 않는다. 따라서 앞으로 얼마나 더 읽어야 할지 독자는 알지 못한다. 전자적인 텍스트에는 끝이라는 것이 아예 없다. 읽기를 그만두면 그곳이 바로 끝이 된다. 또한 전자책은 표지가 없다. 전자책은 수천 개의 접촉점에서 더 큰 글의 구조 속으로 통합된다. 또한 단편 단편으로 분해되어 다른 책의 다른 단편들과 활발하게 연결된다. 전자책은 자기를 내세우지 않는다. 전자책은 다른 책들을 가리켜 보임으로써 독자로 하여금 글쓰기의 거대한 네트워크를 탐험하도록 유도한다. 이리하여 전자책은 책과 백과사전, 도서관의 경계를 무너뜨린다.

책은 언어적인 생각들을 담는 그릇 또는 자리이다. 책에 대해 우리는 한 번쯤은 모든 언어적인 생각들을 한꺼번에 담을 수 있는 큰 그릇, 즉 '거대한 책'을 생각하게 된다. 이 거대한 책의 꿈은 도서관과 백과사전이라는 두 가지 상반된 형태로 표출된다. "도서관은 책들을 모으고, 백과사전은 책들을 압축한다" 서로 대비되는 목적을 가진 이 두 가지 것이 전자책에서 통합된다. 이를 살펴보기로 하자.

－배식한(2000), 『인터넷, 하이퍼텍스트 그리고 책의 종말』, 책세상－

8.3.1.2. 이해하고 정리하기

윗글을 이해하는 데에 꼭 알아야 할 용어들이나 역사적 사건, 여러 가지 개념에 대해 정리해 보자. 필요하다면 다양한 자료를 검색해 보면서 정확한 개념을 숙지하고, 자기 자신이 나름대로 이해한 내용으로 기술해 보자.

(1) 워드프로세서

(2) 웹 편집기

(3) 목차와 지도

(4) 글쓰기의 구조

(5) 파피루스

(6) 필사본

(7) 전자 네트워크

(8) 하이퍼텍스트

윗글의 핵심 내용은 무엇인가? 윗글의 주제문과 이를 뒷받침해 주는 중요 내용들을 써 보도록 하자. 그리고 이 내용들이 어떻게 구조화되어 있는지 그림으로 나타내 보도록 하자.

(1) 주제문 _____

_____

(2) 중요 내용

① _____

_____

② _____

_____

③ _____

_____

④ _____

_____

(3) 글의 구조

8.3.2. 토론하기, 내용 생성하기 및 정리하기

8.3.2.1. 토론하기

윗글의 내용을 바탕으로 전통적인 종이책과 새로운 형식의 전자책의 관계를 어떻게 바라볼 수 있는지 생각해 보자. 이를 통하여 현대 사회에서 새로운 형식으로 등장한 하이퍼텍스트의 의의와 그것이 우리들의 삶에 미치는 영향에 대해 자신의 생각을 정리하여 자신이 쓸 에세이의 전체적인 구성을 생각해 보자.

1) 토론 주제 1: '책'이 지니고 있는 사회적 힘

(1) '인쇄된 책'이 '노트르담 성당'을 무너뜨릴 것이라는 말의 의미는 무엇일까?

(2) 워드프로세서와 웹 편집기의 차이는 무엇일까?

(3) '목차'에서 '지도'로 변한다는 것이 글쓰기의 구조와 어떤 상관관계가 있을까?

(4) 윗글은 2000년에 발표된 것이다. 현재 시점에서 윗글의 필자가 예측한 내용들이 얼마나 실현되었는지 생각해 보자.

2) 토론 주제 2: 전자책과 하이퍼텍스트 환경의 의미

(1) 파피루스에서 필사본으로 다시 인쇄본으로 발전해 온 전통적인 책의 역사에서 공통점은 무엇인가?

(2) 종이책과 전자책의 근본적인 차이점은 무엇일까?

(3) 종이로 묶여 있는 만화책과 인터넷으로 서비스되는 웹툰은 어떤 점에서 차이가 있는지 생각해 보자.

(4) 책과 백과사전, 도서관의 경계를 무너뜨린다는 것은 어떤 의미일까?

(5) 하이퍼텍스트 환경이 우리의 읽기와 쓰기 환경에 어떤 근본적인 변화를 가져왔으며, 앞으로 어떤 변화가 또 가능할까?

8.3.2.2. 내용 생성하기 및 정리하기

위 토론을 통하여 알게 된 바가 무엇인지 생각하여 정리해 보자. 이를 통해 실제 에세이를 쓸 수 있는 준비를 하도록 한다.

(1) 위의 토론 내용 정리 _____

_____

(2) 토론을 통해 얻은 자신의 생각 정리 _____

_____

(3) 나의 생각과 남의 생각 사이의 공통점과 차이점 정리 _____

_____

(4) 남을 설득할 때에 유용하게 활용할 것들을 찾아서 정리 _____

_____

_____

(5) 자신의 생각을 중심 문장과 뒷받침 문장으로 제시 _____

_____

(6) 5~6개 정도의 문단으로 이루어진 에세이를 쓸 것을 염두에 두고 자신의 생각
   을 논리적으로 전개하여 정리 _____

_____

8.3.3. 집필하기

8.3.3.1. 개요 작성하기

　지금까지 진행한 글의 이해와 토론을 바탕으로 자신이 작성할 에세이의 개요를 작성해 보자. 큰 틀에서의 주제는 오늘날 웹 기반의 여러 매체들이 전통적인 종이책의 대체재가 될 수 있는가에 대해 자신의 견해를 서술하고, 이러한 상황에 어떻게 대처해 나갈 것인지에 대한 것이다.

- 토론을 통하여 생성된 내용을 제목, 주제문, 처음, 중간, 끝으로 구성된 개요를 작성하도록 함.
- 개요는 문장 형태로 가능한 한 자세하게 제시하도록 함.
- 개요 속에서는 구체적인 진술에 포함할 구체적인 사례도 포함하도록 함.
- 5~6개 정도의 문단으로 글을 구성할 수 있도록 작성하도록 함.

8.3.3.2. 개요에 따라 집필하기

앞에서 작성한 개요에 따라서 실제로 집필을 하도록 하자. 집필을 할 때에는 다음의 사항들에 주의를 하며 집필을 하도록 한다.

- 1,000자 분량, 5~6개의 문단으로 작성하도록 함.
- 중심 생각에 따라서 문단 구분을 하도록 하고 들여쓰기를 통하여 문단 구분을 명확히 하도록 함.
- 에세이를 쓰는 목적을 분명히 생각하면서 글을 집필
- 개요에 맞게 글이 순탄하게 전개되고 있는지를 확인하면서 집필함.

8.3.4. 피드백 및 고쳐쓰기

8.3.4.1. 피드백

이제 자신이 집필한 에세이 원고를 피드백을 받아 수정 전략을 세워 보도록 하자. 피드백을 할 때 중점을 두는 부분은 다음과 같다. 피드백은 교수자에게서 받는 것이지만 동료 및 자기 스스로에게도 받을 수 있다. 그러니 교수자에게 피드백을 받기 전에 동료와 함께 다음의 내용에 중점을 두어 가며 자아 피드백을 하여 보자.

- 개요에 따라 글이 적절히 집필되었는지를 검토하고 부족한 부분을 지적함.
- 문단의 구성과 배열이 적절한지를 검토하여 부족한 부분을 지적함.
- 에세이의 앞부분, 가운데 부분, 끝부분에 들어갈 내용이 잘 갖추어져 있는지를 파악하여 부족한 부분을 지적함.
- 책의 존재 가치에 관한 자신의 생각이 진솔하게 드러나 있고 주장과 근거가 잘 제시되어 있는지를 보고 부족한 부분을 지적함.
- 중심 생각과 뒷받침 생각이 적절히 균형 잡히게 제시되어 있는지를 지적함.
- 추상적인 진술뿐만 아니라 구체적인 진술, 사례 등이 적절히 포함되어 있는지를 살펴보고 부족한 부분을 지적함.

8.3.4.2. 고쳐쓰기

피드백을 받은 결과에 따라서 이제는 적절히 고쳐쓰기를 해 보도록 하자. 고쳐쓰기의 대상에는 글의 내용과 형식뿐만 아니라 문장도 포함된다. 그러므로 이 세 가지가 조화롭게 잘 고쳐져야 완성도 높은 에세이를 쓸 수 있다.

- 피드백에서 제시된 바를 적절히 반영하여 고쳐 쓰도록 함.
- 반드시 피드백 결과를 적절히 반영하였는지를 확인하는 점검표를 만들어 적절한 수정 여부를 확인하도록 함.
- 피드백 결과에 따라 원고 분량이 부족할 경우에는 양을 늘릴 수도 있지만 분량이 필요 이상으로 늘어나지 않도록 주의를 기울이도록 함. 분량을 늘리다 보면 자칫 글의 초점이 불명확해져서 긴장감과 완성도가 떨어질 수 있음을 주의해야 함. 이보다는 필요한 내용이 들어가되 압축적으로 글을 쓸 수 있도록 노력하는 것이 더 필요함.
- 문장 표현이 정확하고 올바르게 되어 있는지를 신경을 써 가며 고쳐쓰기를 하도록 할 것.

제 9 장

계열별 에세이 쓰기(2)

―사회적 합의와 계약

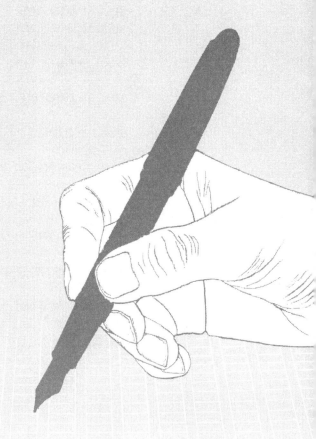

⫸ 주요 내용 ⫷

구분		내용
학습 목표		• 인문학/사회 과학/과학 기술 관련 주제에 대한 자료를 비판적으로 수용할 수 있다. • 읽은 글의 내용과 자신의 생각을 체계적으로 정리할 수 있다. • 개요를 작성하여 한 편의 완성된 글을 작성할 수 있다.
학습 내용	1차시	• 자료 읽기, 생각 정리
	2차시	• 토론하기, 내용 생성 및 정리
	3차시	• 집필하기
	4차시	• 피드백 및 고쳐쓰기
교수-학습 방법	강의	• 읽기 자료 소개
	토론	• 주제에 대한 모둠별 토론
	실습	• 개별 집필, 고쳐쓰기
평가		• 읽기 자료에 대한 정확한 이해와 해석 능력 • 토론 수업 참여도 • 집필 원고의 완성도

9.1. 인문학 에세이 쓰기(2)

9.1.1. 자료 읽고 내용 정리하기

9.1.1.1. 자료 읽기

아래는 문화 산업과 문화 자본과의 관계에 관한 글이다. 이 글을 대상으로 하여 서평 쓰기를 위한 독서법에 따라서 적극적이고 능동적인 글 읽기를 하여 보도록 하자.

[자료 1]

문화 산업과 파시즘의 결탁

문화 산업과 파시즘이 한통속이라고 한다면, 보통 사람들은 기겁할지도 모른다. 십중팔구 그게 말이나 되는 얘기냐면서 펄쩍펄쩍 뛸 것이다. 적어도 표면적으로는 달라도 너무 다르기 때문이다. 아무런 설명 없이 그런 주장을 하면 제정신이 아니란 소리 듣기 딱 좋다. 욕먹기 십상이라는 말이다.

겉으로 보아 큰 차이가 있음에도 불구하고 문화 산업이 파시즘과 한통속이라고 말할 수 있는 근거는 어디에 있는가? 거두절미하고 말하자면, 문화 산업 역시 자기와 다른 건 철저히 배제하려 든다는 사실에 있다. 이른바 동일성 논리를 관철하는 데 방해가 되는 요소가 등장할 경우, 가차 없이 배제해 버리는 점에서 그 둘은 닮았다.

문화 산업은 문화(그것이 노래든 춤이든 혹은 그 밖의 또 다른 무엇이든)를 상품으로 만들어 시장에서 교환함으로써, 더 많은 화폐 가치를 얻어내려고 한다. 이게 문화 산업의 근간이다. 사실 고유성을 담고 있는 문화는 기본적으로 다른 것으로 교환되거나 대체될 수 없다. 이를테면 어떤 지방에서 오랫동안 전승되어온 노동요가 다른 지방의 노동요로 교환되거나 대체될 수는 없다. 그러나 문화가 문화 산업에 의해 시장에서 교환되는 순간 서로 다른 문화는 이른바 화폐 가치로 동일화된다. 그러한 동일화는 문화가 화폐로 대체될 수 있음을 의미한다. 문화 산업은 매 순간 이런 동일화를 통해 문화를 더 많은 화폐로 대체하며, 이에 방해되는 것을 용납하지 않는다. 결국 문화 혹은 문화의 담지자는 더 많은 화폐 가치로 대체하기 위한 수단 혹은 객체로 전락하기 십상이다.

한국의 아이돌 연예 기획사의 경우를 보자. 기획자는 구름처럼 모여드는 연습생들을 몇 년 이상 혹독하게 훈련시켜 극히 일부를 시장에서 잘 팔릴 수 있는 문화 상품으로 만들어낸다. 대중은 그 상품을 구매하여 문화적 쾌를 향유한다. 어디 그뿐인가? 그 상품은 이른바 한류를 확산시키는 데 지대한 역할을 하기도 한다. 이 점을 불필요하게 폄하할 이유는 없다. 그러나 문화적 쾌를 향유하게 하고, 한류를 확산시키는 것 자체가 기획사의 존립 근거는 아니다. 그들의 근본 목적은 어디까지나 더 많은 화폐 가치를 획득하는 것이다. 달리 말해서 아이돌 그룹 혹은 그룹 내의 개개인은 시장에서 일정한 화폐로 교환될 수 있는 상품이다. 이 점에서 연예 기획사는 철저하다. 더 많은 화폐로 교환될 수 없게 되었을 때, 즉 더 이상 상품 가치를 지니지 못하게 되었을 때, 아이돌 그룹 A는 그룹 A′에 의해서 언제든 대체된다. 또 그룹 A 내의 멤버 a는 더 많은 화폐 가치를 만들어내는 데 장애가 될 경우 언제든 a′으로 대체된다. 바로 이때 a는 단순한 객체 이상이 아니라는 사실이 첨예하게 드러난다. 심심치 않게 불거지는 이른바 노예 계약서 파문은 이를 잘 대변해 준다.

스티븐 스필버그 감독의 영화 〈쉰들러 리스트〉에 나오는 한 장면이다. 꽤 오래전에 본 영화라 그 장면의 전후 맥락이 정확하게 기억이 나지는 않는다. 집무실 장면이었는지도 정확하지 않다. 여하튼 영화를 보면 실내의 어떤 독일군 장교가 창문 너머로 보이는 유대인을 향해 아무런 이유 없이 총을 쏘는 장면이 나온다. 그 장교는 총구를 왼쪽에 있는 유대인에게 조준하기도 하고, 앞쪽에 있는 유대인에게 조준했다가 다시 방향을 바꿔 오른쪽에 있는 유대인에게 조준하기도 한다. 그때마다 카메라는 총구에 조준된 유대인의 모습을 보여 준다. 독일군 장교는 아무런 까닭 없이 그렇게 한다. 그렇게 하기를 수차례 반복하다 어느 순간 방아쇠를 당긴다. 그러면 유대인이라는 이유만으로, 다시 말해서 나치와 동일화될 수 없다는 이유만으로 한 생명이 스러져간다. 물론 그 유대인은 독일군 장교가 자신을 겨냥해 총을 쏘려고 한다는 사실을 전혀 모르다가 최후를 맞이하게 된다. 인간이 단순한 객체로 전락하는 상황을 이처럼 더 첨예하게 보여 주는 예가 또 있을까? 영화 속의 독일군 장교는 깊은 산중의 포수가 기분 내키는 대로 야생 동물에게 발포하는 장면을 연상시킨다. 포수의 총구에 조준된 야생 동물이 언제든 다른 것으로 대체될 수 있는 철저한 객체에 불과하듯이, 독일군 장교의 총구에 노출된 유대인 역시 언제든 다른 사람으로 대체될 수 있는 객체에 불과하다.

표면상 전혀 다른 것처럼 보이는 문화 산업과 파시즘은 철두철미하게 동일성 논리를 관철시키려 한다는 점에서 이처럼 서로 맞닿아 있다. 달리 말하자면, 나치가 조장했던 획일화된 문화를 비판했던 사람이 그 문화에 열광했던 나치 동조자의 가혹한 보복에 시달렸던 일과 문화 자본이 만든 특정 상품을 비판한 사람이 그 상품에 열광하는 수 많은 추종자들에 의해서 집단 매도를 당하는 것은 닮은꼴이라는 얘기다. 물론 이런 현상은 삶의 거의 모든 영역에서 확인된다. 이를테면 최근 우리 사회에서 새삼 심각하게 부각되고 있는 학교 내 혹은 직장 내 왕따 현상이 그렇다. 그래서 아도르노는 아우슈비츠는 절대적 통합이고, 사람들이 획일화되는 곳에는 어디든지 등장한다고 말하고 있다. 그럼에도 불구하고 문화산업에 의해 야기되는 사태는 오늘날 가장 광범위하고 가장 일상화돼 있어 더욱 심각하다.

−최준호(2012), 『마이너리거를 위한 철학여행−내 삶의 주인이 되기 위한 8가지 질문−』, 책세상.−

문화 자본이 조장하는 몸은 인간 소외의 가장 첨예한 모습이다

아도르노에 따르면, 몸은 정신으로 환원되지 않는 물질적인 것이다. 본능적이고 감각적인 것이다. 그렇다고 아도르노가 몸을 중요하지 않다고 보는 건 결코 아니다. 오히려 본능적이고 감각적이라고 해서 몸을 폄하했던 과거의 철학을 신랄하게 비판한다. 그 이유는 무엇인가? 감각적이고 본능적인 삶 이상의 삶이란 사실상 의미가 없다고 보기 때문인가? 그렇지는 않다. 아도르노는 일관되게 이른바 동일성 사유(모든 것을 화폐가치로 환원해 파악하는 사유)로 환원되지 않은 비동일적인 것(이를테면 화폐가치로 환원되지 않는 각자의 고유성)을 옹호한다. 그리고 몸이야말로 비동일적인 것이 가장 확실하게 확인되는 곳이라고 본다. 아도르노가 몸을 폄하했던 전통 철학을 비판하고, 몸을 옹호하려 했던 일차적 이유는 여기에 있다.

그러나 개인의 고유성은 정신에 있는 것이 아닌가? 혹 이런 물음을 던지는 사람이 있을지도 모르겠다. 나는 이렇게 말해 주고 싶다. 자신의 지문을 보라고. 자신과 똑같은 지문을 가진 사람이 이 세상에 또 있는가? 그런 지문만큼 자신의 고유성을 확인시켜 줄 수 있는 것을 정신에서 찾을 수 있는가? 이처럼 몸은 각자의 고유성이 담긴 개성의 확실한 담지체이다.

그런데 그동안 몸은 어떻게 여겨져 왔는가? 기본적으로 폄훼되어 왔다. 악으로 간주되어 왔다고 해도 지나치지 않다. 과거의 역사가 이를 말해 준다. 아도르노는 서양의 역사가 그랬다고 말하지만, 사실 동양도 다르지 않다. 물론 그렇다고 해서 몸이 악으로만 간주되었다는 것은 아니다. 인간이 자연적 존재인 한에서 그럴 수는 없다. 그렇기에 몸은 그동안 애증의 대상으로 여겨져 왔다고 할 수 있다. 인간 몸에 대한 이중성이 뿌리 깊게 존재해 왔다는 얘기다. 한편으로 경원시되면서, 다른 한편으로 끊임없이 갈구되어 왔다. 한편으로는 대기업을 마치 악의 축인 양 여기면서도, 다른 한편으로는 끊임없이 대기업 제품만을 구매하는 우리의 이중적 태도처럼 말이다.

이런 현상은 오늘날에는 완전히 사라진 것처럼 보인다. 때와 장소를 가리지 않고 이구동성으로 거침없이 육체적 욕망을 긍정하고 있기 때문이다. 텔레비전에서, 신문에서, 인터넷에서, 심지어는 학술지에서도 육체적 욕망을 터부시하는 태도에 대한 비판이 마구 쏟아지고 있다. 몸이 이 시대 유일의 화두라 해도 지나치지 않아 보인다.

그런데 아도르노의 진단에 의거해서 보자면, 삶이 동일성 논리(이를테면 화폐 가치의 논리)에 구속됨으로써, 인간이 단순한 객체 이상의 의미를 지니지 못하는 것으로 전락하는 현상(이를 물화(物化) 현상이라고 부른다)은 '몸'을 둘러싸고 가장 극명한 형태로 전개된다. 문화 산업이 퍼뜨리는 몸이 인간 소외의 가장 첨예한 모습을 담고 있다는 것이다. 아도르노가 이런 말을 명시적으로 하고 있지는 않다. 그럼에도 불구하고 아도르노의 논의를 들여다보면 그가 몸의 물화 현상을 대단히 심각하면서도 중요하게 인식하고 있음을 알 수 있다.

앞서도 언급했듯이 몸은 '다른 무엇으로도 환원되지 않는 각자의 개성'이 고유성을 드러낼 수 있도록 해 주는 근간이다. 동일성 논리로 환원되지 않는 각자의 고유성이 분명히 확인되는 데가 바로 몸이다. 이를테면 얼굴 표정을 통해서 혹은 손짓 발짓을 통해서 말이다. 이렇게 보자면, 몸은 모든 사람의 삶을 혹은 문화를 동일성 논리로 환원하려는 시도를 거부하고 자신만의 고유성을 발휘하는 삶을 실현하는 삶의 출발점이기도 하다.

그런데 문화 산업에 의해 조장되는 몸은 몸에 담긴 이러한 의미를 거의 완벽하게 훼손해 버리는 몸이다. 이 경우 몸은 각자의 삶의 생동감이 느껴지는 몸이 아니다. 텔레비전이나 그 밖의 매체 들을 통해서 문화 산업이 퍼뜨리는 '식스 팩 복근과 S 라인 몸매가 특징인 몸'은 많은 사람들을 열광하게 하는 몸일 수는 있다. 그렇지만 각자의 삶의 고유한 특성과는 거리가 먼 몸이다. 한 마디로 상품으로서의 몸일 뿐이다. 그렇기에 일정한 양의 화폐가치에 의해 대체될 수 있다. 달리 말하자면 그저 질료 덩어리로서의 몸일 뿐이다. 고유성이 상실된 몸. '기만된 몸'이다.

이처럼 문화 산업은 시도 때도 없이 우리의 몸을 교환 가능하고 대체 가능한 것으로 만든다. 바로 이런 까닭에 문화 산업이 조장하는 식스 팩 복근과 S 라인 몸매의 몸은 인간 소외의 가장 첨예한 모습이라고 할 수 있다. 문화 산업이 조장하는 몸은 누구에게나 가능한 몸처럼 보이지만, 자기 삶의 고유성을 고수하려는 대다수 사람들에게는 그저 그림의 떡일 뿐이다. 그러므로 식스 팩과 S 라인 몸의 유혹에 빠져드는 것은 실현 가능성 없는 미래의 유혹에 빠져드는 행태와 크게 다르지 않다. 물론 그런 몸에 대한 갈망 자체가 약이라고 할 수는 없다. 또 실현 가능성이 희박하더라도 한번 시도해 보겠다는 사람을 어찌할 수도 없는 노릇이다.

　　　　－최준호(2012), 『마이너리거를 위한 철학여행－내 삶의 주인이 되기 위한 8가지 질문－』, 책세상.－

9.1.1.2. 내용 정리하기

위 자료 읽기를 통하여 파악한 바를 아래의 항목에 맞추어 정리해 가며 글의 내용을 충실히 이해해 보도록 하자

(1) 문화 산업, 문화 자본, 파시즘의 개념 --

(2) 문화 산업을 파시즘과 같이 묶어 이해할 수 있는 이유 ----------------------------

(3) 문화 상품의 화폐 가치 ---

(4) 인간이 객체로 전락하는 의미 ---

(5) 문화 자본이 조장하는 인간의 몸의 특징 ---

(6) 인간의 몸이 지닌 이중성 _____

_____

_____

(7) 몸의 교환 가능성, 대체 가능성 _____

_____

_____

(8) 각 글에 실린 핵심어의 개념 _____

_____

_____

(9) 글의 핵심 주장을 파악, 글의 전개 방식을 파악 _____

_____

_____

(10) 글의 구조

(11) 하나의 책에 실린 위 글들의 역할 --------------------------------------

_____

_____

(12) 글을 쓴 의도와 목적을 파악 --

_____

_____

(13) 글에 대한 느낌, 글의 성과와 한계 파악 -----------------------------------

_____

_____

(14) 필자에 관한 정보 --

_____

_____

9.1.2. 토론하기, 내용 생성하기 및 정리하기

9.1.2.1. 모둠별 토론하기

앞의 자료 읽기 활동을 통하여 파악한 바를 바탕으로 하여 아래의 내용들을 활용하여 모둠별로 토론을 하고 토론한 내용을 적어 보도록 하자. 이를 통하여 윗글에 대한 이해를 더욱 높이고 남과 나의 생각에서 공통적으로 발견되는 것과 차이가 나는 것을 확인하여 보도록 하자.

1) 토론거리

(1) 윗글에서 보이는 문화 산업에 대한 이해의 타당성

_____

(2) 문화 산업과 파시즘과의 관계에 대한 이해

_____

(3) 문화 자본과 현대인의 몸과 정신

_____

(4) 문화 산업과 현대인의 욕망과 삶

_____

(5) 문화 자본이 지배하는 사회에서의 문화 상품과 인간의 몸

_____

(6) 아도르노의 철학을 통한 문화 산업 시대의 이해

9.1.2.2. 내용 생성하기 및 정리하기

위 토론을 통하여 알게 된 바가 무엇인지 생각하여 정리하여 보도록 하자. 이를 통하여 실제 서평을 쓸 수 있는 준비를 하도록 한다.

(1) 위의 토론 내용 정리 _____

(2) 토론을 통해 얻은 자신의 생각을 정리 _____

(3) 나의 생각과 남의 생각 사이의 공통점과 차이점을 정리 _____

(4) 남을 설득할 때에 유용하게 활용할 것들을 찾아서 정리 _____

(5) 자신의 생각을 중심 문장과 뒷받침 문장으로 제시 _____

(6) 6~7개 정도의 문단으로 이루어진 서평을 쓸 것을 염두에 두고 자신의 생각을 논리적으로 전개하여 정리 _____

9.1.3. 집필하기

9.1.3.1. 개요 작성하기

지금까지 진행한 글의 이해와 토론을 바탕으로 자신이 작성할 에세이의 개요를 작성해 보자. 큰 틀에서의 주제는 현대 사회에서의 문화 산업과 자본 사이의 관계에 것이다.

- 토론을 통하여 생성된 내용을 제목, 주제문, 처음, 중간, 끝으로 구성된 개요를 작성하도록 함.
- 개요는 문장 형태로 가능한 한 자세하게 제시하도록 함.
- 개요 속에서는 구체적인 진술에 포함할 구체적인 사례도 포함하도록 함.
- 5~6개 정도의 문단으로 글을 구성할 수 있도록 작성하도록 함.

9.1.3.2. 개요에 따라 집필하기

앞에서 작성한 개요에 따라서 실제로 집필을 하도록 하자. 집필을 할 때에는 다음의 사항들에 주의를 하며 집필을 하도록 한다.

- 1,000자 분량, 5~6개의 문단으로 작성하도록 함.
- 중심 생각에 따라서 문단 구분을 하도록 하고 들여쓰기를 통하여 문단 구분을 명확히 하도록 함.
- 에세이를 쓰는 목적을 분명히 생각하면서 글을 집필
- 개요에 맞게 글이 순탄하게 전개되고 있는지를 확인하면서 집필함.

9.1.4. 피드백 및 고쳐쓰기

9.1.4.1. 피드백

이제 자신이 집필한 에세이 원고를 피드백을 받아 수정 전략을 세워 보도록 하자. 피드백을 할 때 중점을 두는 부분은 다음과 같다. 피드백은 교수자에게서 받는 것이지만 동료 및 자기 스스로에게도 받을 수 있다. 그러니 교수자에게 피드백을 받기 전에 동료와 함께 다음의 내용에 중점을 두어 가며 자아 피드백을 하여 보자.

- 개요에 따라 글이 적절히 집필되었는지를 검토하고 부족한 부분을 지적함.
- 문단의 구성과 배열이 적절한지를 검토하여 부족한 부분을 지적함.
- 에세이의 앞부분, 가운데 부분, 끝부분에 들어갈 내용이 잘 갖추어져 있는지를 파악하여 부족한 부분을 지적함.
- 문화 산업과 자본의 관계에 대한 자신의 생각이 진술하게 드러나 있고 주장과 근거가 잘 제시되어 있는지를 보고 부족한 부분을 지적함.
- 중심 생각과 뒷받침 생각이 적절히 균형 잡히게 제시되어 있는지를 지적함.
- 추상적인 진술뿐만 아니라 구체적인 진술, 사례 등이 적절히 포함되어 있는지를 살펴보고 부족한 부분을 지적함.

9.1.4.2. 고쳐쓰기

피드백을 받은 결과에 따라서 이제는 적절히 고쳐쓰기를 해 보도록 하자. 고쳐쓰기의 대상에는 글의 내용과 형식뿐만 아니라 문장도 포함된다. 그러므로 이 세 가지가 조화롭게 잘 고쳐져야 완성도 높은 에세이를 쓸 수 있다.

- 피드백에서 제시된 바를 적절히 반영하여 고쳐 쓰도록 함.
- 반드시 피드백 결과를 적절히 반영하였는지를 확인하는 점검표를 만들어 수정 여부를 확인하도록 함.
- 피드백 결과에 따라 원고 분량이 부족할 경우에는 양을 늘릴 수도 있지만 분량이 필요 이상으로 늘어나지 않도록 주의를 기울이도록 함. 분량을 늘리다 보면 자칫 글의 초점이 불명확해져서 긴장감과 완성도가 떨어질 수 있음을 주의해야 함. 이보다는 필요한 내용이 들어가되 압축적으로 글을 쓸 수 있도록 노력하는 것이 더 필요함.
- 문장 표현이 정확하고 올바르게 되어 있는지를 신경을 써 가며 고쳐쓰기를 하도록 함.

9.2. 사회 과학 에세이 쓰기(2)

9.2.1. 자료 읽고 내용 정리하기

9.2.1.1. 자료 읽기

정당 정치와 관련한 아래의 글을 찬찬히 읽어 보고 글의 핵심 내용과 전개 방법에 관한 정보를 파악하도록 하자.

[자료]

가만히 있지 않겠다면 정당을 찾아라

이건희 삼성 회장은 필요 없지만 힘없는 99%에게는 꼭 필요한 정당…
〈한겨레21〉이 정치발전소의 도움을 받아 만든 '나의 정당 찾기' 30개 문항

이번 6·4 지방선거는 무당파가 선거 결과를 좌우하게 됐다. 세월호 참사의 여파로 여권 지지층 일부가 이탈했고 기존 야당이 이들을 떠안지 못하면서 무당파층은 각종 여론 조사에서 30~40%대를 기록하고 있다. 지금까지의 무당파는 '행동하지 않는' 것이 일반적이었다. 정치에 실망하고 사회에 관심이 멀어진 무당파들은 최소한의 정치 행위인 투표마저 거부하는 경향을 보여 왔다. 그러나 이번엔 다르다. 세월호 참사를 겪으면서 "가만히 있지 않겠다"는 '앵그리 맘'을 시작으로 많은 이들이 행동에 나서려는 움직임을 보이고 있다. 여론 조사 기관 '리서치플러스'의 5월12~13일 조사에서 세월호 참사 이후 투표 의향이 높아졌다는 의견은 특히 20~40대에서 평균 43.5%로 높게 나왔다. 그리고 이들이 가장 가까운 시기에 정치적 선택을 할 수 있는 지방선거가 코앞으로 다가왔다.

자신의 세계관도 체크해 볼 기회

문제는 이들이 여전히 어떤 선택을 해야 할지 망설이고 있다는 것이다. 제대로 된 정당정치가 실종된 한국 사회에서 이들은 어느 당을 지지할지를 놓고 방황하고 있다. 여당인 새누리당과 제1야당인 새정치민주연합이라는 양당 체제 아래서 그 둘 모두를 거부하는 이들에게 통합진보당. 정의당. 노동당. 녹색당 같은 군소 진보정당들은 그 자체로 너무 멀게만 느껴진다. 사실 많은 사람들은 우리나라 의석의 대부분을 차지하는 새누리당과 새정치민주연합이 추구하는 가치가 무엇인지도 헷갈려 한다.

문제의 근본 원인은 그동안 시민들 속으로 충분히 다가서지 못한 정당에 있다. 그렇다고 마냥 손 놓고 기다릴 수 없는 '행동하고자 하는 이들'을 위해 〈한겨레21〉은 정치발전소의 도움을 받아

'나의 정당 찾기' 기획을 준비했다. 정당 찾기 설명서를 읽은 뒤 자신의 생각과 가장 비슷한 가치를 가지고 있는 정당을 골라보자. 완벽한 대안은 되지 않을지 몰라도 적어도 지금까지 제대로 고민해본 적 없던 자신의 세계관을 체크해 볼 수 있는 기회는 될 것이다.

정당의 가장 오래된 정의는 '같은 세계관을 공유하는 시민 집단'이다. 이런 차원에서 정당 찾기 30개의 문항은 각 정당의 세계관을 엿볼 수 있는 강령 및 정강 정책을 중심으로 내용을 추려냈다. 쉬운 일은 아니었다. 특히 보수 정당으로 불리는 새누리당과 중도·진보를 표방하는 새정치민주연합의 차이점을 정강 정책 문구를 통해 찾아내기가 쉽지 않았다. 두 정당은 자신들의 세계관을 정강 정책에 뚜렷하게 담아내지 못했다. 박상훈 후마니타스 대표는 "큰 정당이 아이덴티티(정체성)를 강조할수록 포괄하는 시민들이 적어지기 때문에 (많은 시민을 아우를 수 있는) 포괄 경향이 강해질 수밖에 없다"고 말했다.

정강 정책의 내용과 실제 정당이 추진하는 정책 사이의 괴리가 나타나는 경우도 많다. 새누리당의 정강 정책에는 "공정하고 투명한 시장경제질서를 확립하기 위한 정부의 역할과 기능을 강화하여 경제민주화를 구현한다"고 명시돼 있지만 새누리당의 경제 민주화 정책은 크게 후퇴하고 있다는 것이 일반적 평가다. 새정치민주연합의 경우도 "자유 무역 협정(FTA)으로 세계 시장을 개척하고 국제 경쟁력을 강화해 개방적 통상 국가를 지향한다"고 돼 있지만 FTA에 대해서는 당내에서 여전히 찬반양론이 존재한다.

4개의 진보 정당 비슷비슷하지만

같은 정당에서 분리된 통합진보당과 정의당의 정강 정책도 서로 비슷해 차이점이 잘 드러나지 않는다. 그나마 녹색당과 노동당이 자신들의 색채를 뚜렷하게 나타냈다. 이들 4개의 진보 정당은 성장 지상주의적 자본주의에 반대하고 핵 발전소 폐지에 찬성하는 등 큰 틀에서는 비교적 동일한 '진보적 가치'를 가지고 있다. 그럼에도 정당 간의 차이점은 분명히 있었으며, 이러한 점을 30개 문항에 최대한 담으려고 노력했다. 인내심을 가지고 문제를 풀어 가다 보면 각 정당이 표방하는 '세계관'의 차이를 발견할 수 있을 것이다.

"원전을 반대하더라도 '원전 반대 엄마들의 모임'만으로는 세상을 바꿀 수 없다. 그러나 원내 진입한 정당이 원전을 폐기하겠다고 결정하면 실제 폐지될 수 있다." –김경미 정치발전소 정책팀장

물론 이 시점에서 '왜 꼭 정당이어야 하는가'라고 되묻는 사람도 있을 것이다. 정당은 왜 필요하고 왜 나는 하나의 정당을 선택해야 하는가. 이미 많은 사람들이 시민 사회 단체나 노동조합, 협동조합, 인터넷 카페 등에 가입해 정치적 목소리를 내고 있으며, 이러한 활동만으로도 큰 의미가 있지 않은가라는 의문이 들 수 있다. 그러나 이런 활동만으로는 엄연한 한계를 지니는 것 또한 현실이다. 자신들의 목소리를 정부 정책으로 실현시키는 입법 기능이 이들에게는 없다. 김경미 정치발전소 정책팀장은 "한 나라에 가난한 사람이 99%를 차지한다고 하더라도 이들을 대변

할 정치 결사체가 없으면 그냥 길거리에서 싸우다 말게 된다. 원전을 반대하더라도 '원전 반대 엄마들의 모임'만으로는 세상을 바꿀 수 없다. 그러나 원내 진입한 정당이 원전을 폐기하겠다고 결정하면 실제 폐지될 수 있다"고 말했다.

그렇기 때문에 현대 사회에서 정당을 빼놓고는 민주주의라고 일컫는 하나의 가치를 논하기란 쉽지 않다. 최장집 고려대 명예교수는 공동 저서 〈어떤 민주주의인가〉에서 "정당 없이 민주주의가 어떻게 작동할 수 있는지 상상하기 어렵다. 평등한 투표권을 가진 시민이 효과적으로 정치에 참여할 수 있는 수단은 무엇보다도 정당이다. 정당을 매개로 할 때 이익과 가치를 공유하는 특정 사회 집단의 참여가 확대될 수 있으며, 이런 참여는 곧 정책 산출에서도 크든 작든 영향을 미치게 된다"고 말했다.

쓰고 버려지는 정당 지지자들

특히 돈과 권력이 없는 힘없고 가난한 사람일수록 정당의 존재 이유는 더욱 뚜렷해진다. 김경미 팀장은 "이건희 삼성 회장의 경우에는 조직이 필요 없다. 이미 돈과 권력을 가진 사람들은 무언가를 조직하는 것을 싫어한다. 하지만 노동자들은 조직이 필요하다. 그들은 조직하지 않으면 자신들을 대변할 수 없기 때문이다. 그래서 힘없고 가난한 사람일수록 조직과 정당이 필요한 것"이라고 설명했다.

분명한 것은 '정치 혐오증'으로는 그 어떤 것도 바꿀 수 없다는 점이다. 우리나라에서 독재 체제가 오랫동안 살아남을 수 있었던 이유는 정치 혐오증을 잘 이용해 왔기 때문이다.

사실 〈한겨레21〉의 '내 정당 찾기' 기획처럼 시민들이 제 발로 자신에게 맞는 정당을 찾아나서는 것은 성숙한 민주주의가 아니다. 민주주의가 제대로 정착된 사회라면, 각 정당이 저마다의 역사와 전통을 통해 자신들의 정체성을 시민들에게 제대로 알렸어야 하고, 시민들은 이미 이를 충분히 인식하고 있어야 한다. 선거 때마다 공약의 실현 가능성을 따져보는 시민운동인 매니페스토가 벌어지는 것도 우리 사회가 그만큼 성숙되지 않았다는 것을 방증한다. 박상훈 대표는 "민주주의는 매니페스토를 통해 정책을 검증하고 시민들은 그걸 보고 '쿨하게' 정당을 선택하는 방식으로 작동하는 게 아니다. 미국인들은 '난 데모크라시다. 그린이다'라는 정체성이 분명한 경우가 많다. 그게 자연스러운 민주주의. 정당을 앞에 놓고 그중에 뭘 고른다는 행위 자체가 정당과 시민이 떨어져 있다는 뜻이고 이는 민주주의가 나빠지고 있다는 증거"라고 말했다.

왜 이렇게 됐을까. 1차적 책임은 정당이 져야 한다. 특히 야당은 자신들을 지지하고자 하는 사회적 약자와 비판적 시민들의 열정을 실현시킬 수 있는 능력을 발휘하지 못한 채 자신들의 권력 유지에만 급급해하는 행태를 보여 왔다. 김경미 팀장은 "새정치민주연합이 계속해서 당을 바꾸는 동안 지지자들은 필요할 때만 갖다 쓰고 늘 버려지는 존재라는 인식을 갖게 됐다"고 지적했다. 군소 정당의 경우에도 자신의 색깔을 분명히 드러내기보다 야권 연대라는 '미봉책'으로 원내 진입을 시도했고, 원내로 진입한 뒤 '운동'에서 '정치'로 넘어가는 단계를 제대로 밟아나가지 못했다. 2012년에는 비례대표 부정선거를 통해 계파 간 자리다툼이라는 부끄러운 민낯을 드러내며 결국 분당의 결과를 맞이하기도 했다.

두 번째 원인은 정당 다원주의를 용납하지 않는 우리나라 정치제도의 한계를 꼽을 수 있다. 현재의 제도로는 새로운 정당이 만들어지기도 쉽지 않고, 신생 정당이 원내에 진입하는 것도 매우 어렵다. 김만흠 한국정치아카데미 원장은 "거대 정당의 독과점을 없애야 한다. 기존 정당이 마음에 들지 않으면 제3의 정당을 선택하고 이 정당이 성공할 수 있는 조건이 돼야 한다"고 지적했다. 이 때문에 군소 정당들은 대부분 대선 결선 투표제나 독일식 정당 명부 비례 대표제 도입을 주장하고 있다. 대선 결선 투표제를 실시할 경우 사표를 방지하기 위해 거대 정당에 표를 몰아주는 투표 행위가 줄어들 수 있다. 독일식 정당 명부 비례 대표제의 경우 정당 득표율에 따라 의석 수를 차지할 수 있기 때문에 군소 정당의 득표율을 높이는 데 유리하다. 선거 때 군소 정당 후보가 뒤 번호를 배정받는 정당별 기호순번제를 폐지해야 한다는 목소리도 나온다.

'정치 혐오증'을 이용해 온 정권

아직 정당 다원주의를 바탕으로 한 성숙한 민주주의가 실현되지 않고 있는 한국 사회에서 시민들은 무엇을 해야 할까. 분명한 것은 정치 혐오증으로는 그 어떤 것도 바꿀 수 없다는 점이다. 과거 우리나라에서 독재 체제가 오랫동안 살아남을 수 있었던 배경도 정치 혐오증을 잘 이용해 온 측면이 강하다. 성한용 〈한겨레〉 선임 기자는 〈한겨레〉 칼럼을 통해 "이승만·박정희 정권에서 대통령을 보호하기 위해 고안된 '정치 혐오증'이라는 장치가 있다. '대통령은 국민을 위해 열심히 일하는데 정치인들은 국회에서 싸움이나 한다'는, 말도 안 되는 프레임 말이다. 그런데 그 프레임이 지금도 그대로 작동하고 있다"고 지적했다. "난 정치에 관심 없어"라는 말이 민주주의를 후퇴시키고 있다는 점을 인식해야 한다는 것이다.

그다음으로 정치 혐오증을 벗어난 '움직이는 사람들'이 해야 할 일은 뭘까. 아무리 찾아봐도 현재로서는 나와 세계관이 일치하는 정당을 도저히 찾을 수 없다면? 박상훈 대표는 이렇게 조언했다. "지금의 정당 정치가 만족스럽지 못하더라도 마음속 미래의 정당을 꿈꾸면 좋겠다. 그리고 기회가 왔을 때 조직에 참여해 제대로 된 변화를 이끌어야 한다. 권력 견제를 지속하면서도 대안 정당에 대한 기대를 놓지 않았으면 한다."

—『한겨레21』 제1013호, 2014. 5. 27.—

9.2.1.2. 이해하고 정리하기

윗글을 이해하는 데에 꼭 알아야 할 용어에는 어떤 것들이 있는가? 윗글을 서술하는 데에 사용된 다음의 용어들이 어떤 개념을 지닌 말인지를 써 보도록 하자. 필요시 사전을 이용하여 정확하게 알아두도록 하자.

(1) 정당 _____

_____

(2) 정강 정책 _____

_____

(3) 정당 정치 _____

_____

(4) 정당의 필요성 _____

_____

(5) 정치 혐오증 _____

_____

(6) 정당의 정체성 _____

_____

(7) 매니페스토 _____

(8) 정당 다원주의 ---

(9) 거대 정당의 독과점 --

(10) 대선 결선 투표제 ---

(11) 독일식 정당 명부제 ---

(12) 대안 정치 ---

윗글의 핵심 내용은 무엇인가? 윗글의 주제문과 이를 뒷받침해 주는 중요 내용들을 써 보도록 하자. 그리고 이 내용들이 어떻게 구조화되어 있는지 그림으로 나타내 보도록 하자.

(1) 주제문 --

(2) 중요 내용
    ① --

②_____

_____

③_____

_____

④_____

_____

(3) 글의 구조

9.2.2. 토론하기, 내용 생성하기 및 정리하기

9.2.2.1. 토론하기

윗글을 바탕으로 하여 정치 혐오증을 없앨 수 있는 방법, 나의 정당 찾기, 우리의 삶을 바꾸는 선택과 관련하여 토론을 하여 보자. 이를 통하여 정당을 통한 민주주의의 실현과 참여에 우리가 어떤 선택을 하는 것이 좋을지 자신의 생각을 정리하여 보고 글을 쓸 준비를 하도록 하자.

1) 토론 주제 1: 정치 혐오증을 없앨 수 있는 방법

(1) 민주주의 국가에서의 정당을 통해 정치의 실현

(2) 정당의 필요성, 정당의 역할

(3) 정당 다원주의의 성격에 대한 이해

2) 토론 주제 2: 나의 정당 찾기

(1) 정강 정책, 정당의 정체성

(2) 정치 혐오증을 극복하고 우리를 대변해 줄 수 있는 것이란?

(3) 정당 다원주의의 관점에서 우리를 대변해 줄 수 있는 정당이란?

3) 토론 주제 3: 우리의 삶을 바꾸는 선택

(1) 거대 정당 독과점의 개선 또는 해소 방안

(2) 매니페스토 운동을 통한 시민의 정당 압박 방법

(3) 기존 정치를 극복할 수 있는 대안 정치의 종류

9.2.2.2. 내용 생성하기 및 정리하기

위 토론을 통하여 알게 된 바가 무엇인지 생각하여 정리하여 보도록 하자. 이를 통하여 실제 에세이를 쓸 수 있는 준비를 하도록 한다.

(1) 위의 토론 내용 정리 _____

_____

(2) 토론을 통해 얻은 자신의 생각을 정리 _____

(3) 나의 생각과 남의 생각 사이의 공통점과 차이점을 정리 _____

_____

_____

(4) 남을 설득할 때에 유용하게 활용할 것들을 찾아서 정리 _____

_____

_____

(5) 자신의 생각을 중심 문장과 뒷받침 문장으로 제시 _____

_____

(6) 5~6개 정도의 문단으로 이루어진 에세이를 쓸 것을 염두에 두고 자신의 생각을 논리적으로 전개하여 정리 _____

_____

_____

9.2.3. 집필하기

9.2.3.1. 개요 작성하기

앞의 모둠별 토론하기를 통하여 생성하게 된 자신의 생각을 에세이로 쓰기 위해서 먼저 개요를 작성하도록 하자. 개요는 다음의 사항들에 주의를 기울여 가며 작성하도록 한다.

- 토론을 통하여 생성된 내용을 제목, 주제문, 처음, 중간, 끝으로 구성된 개요를 작성하도록 함.
- 개요는 문장 형태로 가능한 한 자세하게 제시하도록 함.
- 개요 속에서는 구체적인 진술에 포함할 구체적인 사례도 포함하도록 함.
- 5~6개 정도의 문단으로 글을 구성할 수 있도록 작성하도록 함.

9.2.3.2. 개요에 따라 집필하기

앞에서 작성한 개요에 따라서 실제로 집필을 하도록 하자. 집필을 할 때에는 다음의 사항들에 주의를 하며 집필을 하도록 한다.

- 1,000자 분량으로 작성하도록 하고, 5~6개의 문단으로 작성하도록 함.
- 중심 생각에 따라서 문단 구분을 하도록 하고 들여쓰기를 통하여 문단 구분을 명확히 하도록 함.
- 에세이를 쓰는 목적을 분명히 생각하면서 글을 집필하도록 안내하도록 함.
- 개요에 맞게 글이 순탄하게 전개되고 있는지를 확인하면서 집필함.

9.2.4. 피드백 및 고쳐쓰기

9.2.4.1. 피드백

이제 자신이 집필한 에세이 원고를 피드백을 받아 수정 전략을 세워 보도록 하자. 피드백을 할 때 중점을 두는 부분은 다음과 같다. 피드백은 교수자에게서 받는 것이지만 동료 및 자기 스스로에게도 받을 수 있다. 그러니 교수자에게 피드백을 받기 전에 동료와 함께 다음의 내용에 중점을 두어 가며 자아 피드백을 하여 보자.

- 개요에 따라 글이 적절히 집필되었는지를 검토하고 부족한 부분을 지적함.
- 문단의 구성과 배열이 적절한지를 검토하여 부족한 부분을 지적함.
- 에세이의 앞부분, 가운데 부분, 끝부분에 들어갈 내용이 잘 갖추어져 있는지를 파악하여 부족한 부분을 지적함.
- 정당 정치에 관한 자신의 생각이 진솔하게 드러나 있고 주장과 근거가 잘 제시되어 있는지를 보고 부족한 부분을 지적함.
- 중심 생각과 뒷받침 생각이 적절히 균형 잡히게 제시되어 있는지를 지적함.
- 추상적인 진술뿐만 아니라 구체적인 진술, 사례 등이 적절히 포함되어 있는지를 살펴보고 부족한 부분을 지적함.

9.2.4.2. 고쳐쓰기

피드백을 받은 결과에 따라서 이제는 적절히 고쳐쓰기를 해 보도록 하자. 고쳐쓰기의 대상에는 글의 내용과 형식뿐만 아니라 문장도 포함된다. 그러므로 이 세 가지가 조화롭게 잘 고쳐져야 완성도 높은 에세이를 쓸 수 있다.

- 피드백에서 제시된 바를 적절히 반영하여 고쳐 쓰도록 함.
- 반드시 피드백 결과를 적절히 반영하였는지를 확인하는 점검표를 만들어 적절한 수정 여부를 확인하도록 함.
- 피드백 결과에 따라 원고 분량이 부족할 경우에는 양을 늘릴 수도 있지만 분량이 필요 이상으로 늘어나지 않도록 주의를 기울이도록 함. 분량을 늘리다 보면 자칫 글의 초점이 불명확해져서 긴장감과 완성도가 떨어질 수 있음을 주의해야 함. 이보다는 필요한 내용이 들어가되 압축적으로 글을 쓸 수 있도록 노력하는 것이 더 필요함.
- 문장 표현이 정확하고 올바르게 되어 있는지를 신경을 써 가며 고쳐쓰기를 하도록 할 것.

9.3. 과학 기술 에세이 쓰기(2)

9.3.1. 자료 읽고 내용 정리하기

9.3.1.1. 자료 읽기

다음 세 편의 글은 '환경 문제'를 다룬 글이다. [자료 1]과 [자료 2]는 기상 이변의 심각성을 지적하고 적절한 대책을 촉구하는 내용의 사설이고, [자료 3]은 환경 문제를 해결하기 위한 노력, 특히 동아시아의 노력을 촉구한 칼럼이다. 꼼꼼히 읽은 후 글의 중심 내용을 파악하고 전개 방식도 살펴보도록 하자.

[자료 1]

지구 온난화 대책 필요성 일깨운 기록적 한파

혹독한 강추위가 한반도를 포함한 북반구를 강타하고 있다. 추위가 절정에 달한 24일에는 서울이 최저 영하 18도를 기록. 5년 만에 한파경보가 내려지는 등 전국이 꽁꽁 얼어 사람들을 움츠려 들게 했다. 제주는 추위와 함께 1m가 넘는 폭설이 내려 공항이 폐쇄되고 바닷길이 묶였다.

북반구의 다른 나라도 사정은 비슷하다. 미국은 23일(현지 시각) 수도 워싱턴에 초속 80m의 강풍이 불고 60cm의 눈이 쌓였으며 뉴욕에는 강풍과 폭설로 차량 운행이 금지됐다. 뉴욕 등 11개 주에는 눈 폭풍에 따른 비상사태가 선포됐다. 중국은 북부 지역에 영하 30~40도의 살인적인 추위가 몰려왔고 특히 네이멍구 자치구 일부 지역은 영하 48도를 기록하기도 했다.

지난해 12월 워싱턴에서 때 아닌 벚꽃이 피는 등 얼마 전까지만 해도 '겨울답지 않은 겨울'이라는 소리가 나왔던 지구촌에 갑자기 지독한 한파가 몰려온 것은 역설적이게도 온난화 때문이다. 평소 북극 주변에서는 제트 기류가 빠르게 회전하면서 한기의 확산을 막아 준다. 그러나 최근 지구 온난화로 북극 지역 얼음이 녹고 그로 인해 제트 기류가 약해지자 북극 한기가 중위도로 밀고 내려와 한파를 만들었다는 게 기상 전문가들의 분석이다. 온난화로 지구 온도가 올라가면 겨울에도 포근할 것 같지만 도리어 북극 한기를 끌어 내려 한파를 만드는 역설적 현상이 일어난 셈이다. 실제로 현재 북극은 온난화 때문에 결빙 면적이 역대 최소를 기록하고 있다.

얼마 전 미국 국립해양대기청(NOAA)과 항공우주국(NASA)이 발표한 '2015년 지구 온도와 기후 조건 분석 결과'는 온난화가 얼마나 심각한지 보여 준다. 두 기관의 조사 결과에 따르면 지구 온난화는 최근 35년 동안 매우 빠르게 진행됐으며 특히 2015년은 관측 사상 가장 더운 해로 분석됐다. 2015년의 지구 온도는 19세기 평균치보다 1.0도 높아 유엔 기후변화협약이 설정한 목표 억제선인 '2100년 2도 이내 상승'의 절반 치에 도달했다.

지구 온난화 문제의 심각성이 거론된 것은 어제오늘 일이 아니다. 그러나 국가별·산업별 이해관계 때문에 대책을 마련하고 실천하는 데 한계가 있었다. 다행히 지난해 12월 유엔기후변화협약 당사국 총회에서 195개 협약 당사국 모두가 산업화 이전 대비 지구 온도 상승폭을 당초 목표인 2도보다 훨씬 작은 1.5도까지 제한하기 위해 노력하기로 합의했다. 지구가 뜨거워지는 것을 막기 위해 한국을 비롯한 모든 국가가 약속을 지켜야 한다. 필요하면 추가 조치도 찾아야 한다. 오랜만에 닥친 매서운 한파가 지구온난화에 대한 적극적인 대응이라는 숙제를 던져주고 있다.

-『한국일보』, 2016. 1. 24.-

[자료 2]

잦아지는 기상 이변, 대응 체계 너무 허술하다

한반도 전역이 기록적인 한파로 꽁꽁 얼어붙으면서 범정부적 재난 대응 역량이 시험대에 올랐다. 제주도는 32년 만의 기록적인 폭설로 공항이 지난 23일부터 어제 오후까지 폐쇄돼 여행객 등 9만 명 가까운 사람들의 발이 묶였다. 울릉도 등 전국 곳곳에서도 생필품이 동나고 출근 대란이 빚어지는 등 큰 혼란이 초래됐다. 지구촌 북반부를 엄습한 이번 한파는 천재지변의 성격을 띠고 있지만, 정부의 사후 대응이 허술해 보이는 것도 사실이다. 앞으로도 기상 이변이 빈발할 가능성을 내다보면서 정부는 장단기 재난 안전 시스템을 재정립하는 기회로 삼기 바란다.

물론 폭설과 한파가 이번에 한반도에만 몰아친 건 아니다. 내몽골 지역이 영하 50도가 넘는 등 중국 대륙이 냉동고를 방불케 할 정도였다지 않은가. 지구 반대편은 또 어떤가. 미국 동부 지역 11개 주도 최고 100㎝가 넘는 폭설로 자동차 운행 금지 등 비상사태가 빚어졌다. 이는 지구 온난화 등이 근본 원인이라는 게 전문가들의 분석이다. 즉 제트 기류에 갇혀 있던 북극의 찬 공기가 지구 온난화의 여파로 북반구의 중위도권으로 내려오면서 '겨울 공화국'을 야기했다는 것이다. 이렇듯 자연재해는 불가항력적 측면이 분명히 있다. 다만 사전에 대응 매뉴얼을 제대로 구축해 놓아야 피해를 최소화할 수 있는 법이다.

그런 맥락에서 이번 사태를 전후한 관계 당국의 대응 방식에 좋은 점수를 주긴 어렵다. 올 1월 기온을 평년보다 다소 높을 것으로 예보했던 기상청의 신뢰성은 이미 금이 갔지 않은가. 국민안전처도 '한파에 대비하라'는 긴급 재난 문자 한 건을 달랑 보낸 것으로 역할을 다했다고 볼 순 없다. 하루 수만 명이 이용하는 제주국제공항이 10㎝를 좀 넘는 눈을 감당하지 못해 마비된 것도 문제다. 제주공항의 제설 능력이 전국 최하위권에 머물도록 방치해 수천 명이 공항 대합실에서 쪽잠을 자기까지 한국공항공사나 국토교통부는 대체 뭘 하고 있었는지 궁금하다. 급기야 중국 관광객들이 집단 항의 사태까지 빚어졌으니 말이다.

더 중요한 것은 지구 온난화에 따른 엘니뇨 현상 등 앞으로의 범지구적 기후 재앙에 대비하는 일이다. 기상 전문가들은 이번 한파도 온실가스 배출과 지구 온난화로 인한 자연의 역습이라고 보고 있지 않는가. 거듭 강조하지만 현재의 이상 기후로 인한 재해는 천재(天災)이지만, 대비를 소홀히 해 이를 다시 맞는다면 그것은 인재(人災)다. 더욱이 지금은 100년에 한 번 일어날까 말까 한 기후 극값이 수년 주기로 나타나는 불확실성 시대다.

이번 사태를 급작스러운 기후 변화에 따른 더 큰 재앙을 막아야 할 사전 경고로 받아들여야 할 이유다. 그런 맥락에서 정부는 지난해 12월 유엔 기후 변화 협약 당사국 총회에서 체결된 '파리협정'을 산업 구조 개편 등을 통해 우리 실정에 맞게 능동적으로 이행할 필요가 있다. 이미 2030년까지 온실가스를 배출 전망치 대비 37% 줄이겠다고 선언한 만큼 말로만 그칠 게 아니라 전기차나 신재생 에너지 산업 육성의 기폭제로 삼아야 한다. 차제에 모든 안전 기준을 최악의 기후 변화 시나리오를 고려해 재점검해야 하는 것은 말할 나위도 없다.

-『서울신문』, 2016. 1. 25.-

[자료 3]

[세계의 창] '녹색 아시아'의 역할

중국은 기후 변화를 걱정하고 있다. 세계 최대 탄소배출국 중국은 제2의 배출국인 미국보다 거의 2배가량 많은 탄소를 배출하고 있다. 이런 탓에 중국도 해안 도시들의 침수와 북부 지역의 사막화, 전 지역에 걸친 물 부족 등을 우려하고 있다.

지난달 말부터 프랑스 파리에서 열리고 있는 유엔 기후 변화 협약 당사국 총회에는 150개 국가의 지도자들과 4만 명에 이르는 각국 대표들이 모였다. 총회 전날, 중국 정부는 지구 온난화가 중국에 미칠 영향에 관한 보고서를 발표했다. 최근 10년간 세 번째 보고서로, 이 보고서는 중국의 엄청난 경제 성장이 세계적 차원의 값비싼 대가를 통해 이루어졌다는 분명한 현실적 깨달음을 반영하고 있다. 또한 보고서는 전체 에너지 구성에서 재생 에너지의 비중을 2030년까지 20%까지 올리겠다는 제안을 통해 당사국 총회에 임하는 중국의 의지를 보여 줬다.

동아시아에서 지구 온도계를 쳐다보며 불안해하기 시작한 나라가 중국만은 아니다. 세계 이산화탄소 배출국 상위 10개국 가운데는 중국뿐 아니라 이웃인 한국과 일본이 올라와 있다. 중국은 그나마 1인당 탄소배출량이 다소 낮은 편이다. 한국은 그런 주장도 할 수 없다. 한국의 1인당 탄소 배출량은 유럽연합의 거의 2배에 이른다.

박근혜 대통령은 이산화탄소 배출량인 '탄소발자국'을 줄이겠다고 공개적으로 입장을 표명한 바 있다. 박 대통령은 지난 6월 한국은 2030년까지 탄소 배출량을 37% 정도 줄일 것이라고 밝혔다. 이러한 약속을 위해 다양한 구상들이 나왔다. 제주도를 '탄소 중립섬'으로 만들겠다는 것이나, 청정에너지 대안 마련을 위해 투자하는 것, 탄소 배출권 거래를 국제 탄소 시장과 연계하는 것 등이 그것이다.

그런데 이상하게도 한국 정부가 '녹색 프로그램' 실행을 가속화하는데도 지구 온난화를 심각한 위협으로 보는 한국인의 수는 최근 몇 년 사이에 줄었다. 여론 조사 기관인 퓨리서치센터의 최근 조사를 보면, 한국인의 48%만이 기후 변화에 대해 매우 우려한다고 대답했다. 이는 5년 전의 68%보다 훨씬 줄어든 것이다. 아마도, 정부의 조처들이 한국인들한테 기후 변화에 대해 걱정할 필요가 없다고 생각하게 만든 것 같다. 그렇다면 그것은 정말로 잘못된 생각이 될 것이다.

핵전쟁 위협은 인류에게 즉각적인 대재앙을 예고한다. 반면 기후 변화는 훨씬 더 점진적인 영향을 미친다. 기후 변화로 세상이 하루아침에 끝장나는 것은 아니다. 그러나 점점 더 사람들에게 힘든 삶을 안겨줄 것이다. 온도가 섭씨 1도씩 올라갈 때마다 해수면은 2m 이상 올라간다. 한국과 같은 나라는 해안 지대를 상당 부분 잃을 것이다.

새로운 기술들이 마법처럼 문제를 해결해줄 것으로 많은 사람들이 희망한다. 예를 들면, 빌 게이츠는 그의 억만장자 친구들과 함께 청정에너지 개발 기술을 목적으로 '에너지 돌파구 연합'을 발족했다. 주택 외벽에 태양 페인트를 칠해 전력을 생산하는 등의 아이디어는 기적처럼 여겨질 것이다.

하지만 기후 변화에 대응할 수 있는 냉정하고 현실적인 가능성이 존재한다. 기후 변화는 우리가 자원을 흥청망청 낭비하고 있음을 보여주는 긴급한 사례다. 우리는 지속 가능하지 않은 비율로 화석 연료를 태웠고, 또한 지력을 소진시켰다. 어족을 남획하고, 숲을 파괴하며, 식수를 고갈시키고 있다. 우리는 이런 식으로 지구를 엉망진창으로 만들어 왔다.

지구를 구하기엔 아직 늦지 않았다. 중국은 경제적으로 일정 정도의 성장을 계속하면서도 동시에 전반적으로 탄소 발자국을 근본적으로 줄여야 한다. 한국도 1인당 탄소 배출량을 줄이기 위한 방법을 생각해야 한다. 북한은 화석 연료에 의존하지 않고도 성장할 수 있는 방법을 찾아야 한다. 아시아가 '녹색'을 향해 큰 발걸음으로 나아갈 수 있다면, 세상에 대한 희망이 남아 있다.

―존 페퍼, 『한겨레신문』, 2015. 12. 14.―

9.3.1.2. 이해하고 정리하기

앞서 읽은 세 편의 글을 이해하는 데에 꼭 알아야 할 용어들이나 여러 개념들의 의미를 파악하여 정리해 보자. 필요하다면 다양한 자료를 검색하여 용어나 개념을 정확히 숙지하고, 자기 나름대로 이해한 내용으로 설명해 보자.

(1) 지구 온난화 _____

_____

(2) 유엔 기후 변화 협약 _____

_____

(3) 자연의 역습 _____

_____

(4) (신)재생 에너지 _____

_____

(5) 탄소 발자국 _____

_____

(6) 탄소 배출권 _____

_____

(7) 에너지 돌파구 연합 _____

_____

위의 글 가운데 기후 변화에 대한 동아시아의 대책을 이야기하는 [자료 3]의 핵심 내용은 무엇인지 정리해 보자. 우선 주제문을 작성하고 이를 뒷받침해 주는 중요 내용들을 써 보도록 하자. 그리고 이 내용들이 어떻게 구성되어 있는지 그림으로 구조화해 보자.

(1) 주제문 _____

_____

(2) 중요 내용

① _____

_____

② _____

_____

③ _____

_____

④ _____

_____

(3) 글의 구조

9.3.2. 토론하기, 내용 생성하기 및 정리하기

9.3.2.1. 토론하기

위의 세 글을 바탕으로 환경 문제에 대한 자신의 생각을 정리하여 한 편의 글로 완성해 보도록 하자. 먼저 두 글의 내용과 관련하여 몇 가지 주요한 사항을 뽑아 다른 사람들과 의견을 나누어 보자.

1) 토론 주제 1: 환경 문제의 심각성과 해결 노력

(1) 지구 온난화에 대한 대책을 마련하고 실천하는 데 한계가 있었던 이유는 무엇인가?

(2) 자연재해에 대한 한국의 대응 체계가 허술한 이유는 무엇인가?

(3) 유엔 기후 변화 협약 당사국 총회에서 체결된 '파리 협정'의 내용은 무엇인가?

2) 토론 주제 2: 환경 문제에 대한 대책

(1) '파리 협정'과 관련하여 필요하면 추가 조치도 찾아야 한다는 말의 의미는 무엇인가? 그리고 그러한 추가 조치에는 어떤 것이 있을까?

(2) 한국의 신재생 에너지 산업 현황은 어떠하고, 활성화되기 위해서는 어떻게 해야 하는가?

(3) 탄소 배출량을 줄이기 위해서는 어떻게 해야 하는가?

9.3.2.2. 내용 생성하기 및 정리하기

위 토론을 통하여 알게 된 바가 무엇인지 생각하여 정리해 보자. 이를 통해 '불평등'에 관한 에세이를 쓸 준비를 하도록 한다.

(1) 위의 토론 내용 정리 --

(2) 토론을 통해 얻은 자신의 생각 정리 -----------------------------------

(3) 나의 생각과 남의 생각 사이의 공통점과 차이점 정리 ----------------------

(4) 독자의 공감을 끌어내기 위해 유용하게 활용할 것들을 찾아서 정리 -----------

(5) 자신의 생각을 중심 문장과 뒷받침 문장으로 제시 -------------------------

(6) 5~6개 정도의 문단으로 이루어진 에세이를 쓸 것을 염두에 두고 자신의 생각을 논리적으로 전개하여 정리 --

9.3.3. 집필하기

9.3.3.1. 개요 작성하기

지금까지 진행한 글의 이해와 토론을 바탕으로 자신이 집필할 에세이의 개요를 작성해 보자. 에세이의 목표는 환경 문제에 대한 자신의 생각을 쓰는 것이다. 이 점을 염두에 두고 어떻게 하면 환경 문제에 대한 자신의 생각을 효과적으로 잘 피력할 것인지를 고민하여 개요를 작성해 보라.

- 토론을 통하여 생성된 내용을 제목, 주제문, 처음, 중간, 끝으로 구성된 개요를 작성하도록 함.
- 개요는 문장 형태로 가능한 한 자세하게 제시하도록 함.
- 개요 속에서는 구체적인 진술에 포함할 구체적인 사례도 포함하도록 함.
- 5~6개 정도의 문단으로 글을 구성할 수 있도록 작성하도록 함.

9.3.3.2. 개요에 따라 집필하기

개요 작성이 완료되면 그에 맞추어 집필에 들어간다. 집필을 할 때에는 다음의 사항들에 주의를 하며 진행하도록 한다.

- 1,000자 분량, 5~6개의 문단으로 작성하도록 함.
- 중심 생각에 따라서 문단 구분을 하도록 하고 들여쓰기를 통하여 문단 구분을 명확히 하도록 함.
- 에세이를 쓰는 목적을 분명히 생각하면서 글을 집필
- 개요에 맞게 글이 순탄하게 전개되고 있는지를 확인하면서 집필함.

9.3.4. 피드백 및 고쳐쓰기

9.3.4.1. 피드백

이제 자신이 집필한 에세이 원고를 피드백을 받아 수정 전략을 세워 보도록 하자. 피드백을 할 때 중점을 두는 부분은 다음과 같다. 피드백은 교수자에게서 받는 것이지만 동료 및 자기 스스로에게도 받을 수 있다. 그러니 교수자에게 피드백을 받기 전에 동료와 함께 다음의 내용에 중점을 두어 가며 자아 피드백을 하여 보자.

- 개요에 따라 글이 적절히 집필되었는지를 검토하고 부족한 부분을 지적함.
- 문단의 구성과 배열이 적절한지를 검토하여 부족한 부분을 지적함.
- 에세이의 앞부분, 가운데 부분, 끝부분에 들어갈 내용이 잘 갖추어져 있는지를 파악하여 부족한 부분을 지적함.
- 환경 문제에 관한 자신의 생각이 진솔하게 드러나 있고 주장과 근거가 잘 제시되어 있는지를 보고 부족한 부분을 지적함.
- 중심 생각과 뒷받침 생각이 적절히 균형 잡히게 제시되어 있는지를 지적함.
- 추상적인 진술뿐만 아니라 구체적인 진술, 사례 등이 적절히 포함되어 있는지를 살펴보고 부족한 부분을 지적함.

9.3.4.2. 고쳐쓰기

피드백을 받은 결과에 따라서 이제는 적절히 고쳐쓰기를 해 보도록 하자. 고쳐쓰기의 대상에는 글의 내용과 형식뿐만 아니라 문장도 포함된다. 그러므로 이 세 가지가 조화롭게 잘 고쳐져야 완성도 높은 에세이를 쓸 수 있다.

- 피드백에서 제시된 바를 적절히 반영하여 고쳐 쓰도록 함.
- 반드시 피드백 결과를 적절히 반영하였는지를 확인하는 점검표를 만들어 수정 여부를 확인하도록 함.
- 피드백 결과에 따라 원고 분량이 부족할 경우에는 양을 늘릴 수도 있지만 분량이 필요 이상으로 늘어나지 않도록 주의를 기울이도록 함. 분량을 늘리다 보면 자칫 글의 초점이 불명확해져서 긴장감과 완성도가 떨어질 수 있음을 주의해야 함. 이보다는 필요한 내용이 들어가되 압축적으로 글을 쓸 수 있도록 노력하는 것이 더 필요함.
- 문장 표현이 정확하고 올바르게 되어 있는지를 신경을 써 가며 고쳐쓰기를 하도록 함.

제 10 장
계열별 에세이 쓰기(3)
—인간의 욕망과 합리성

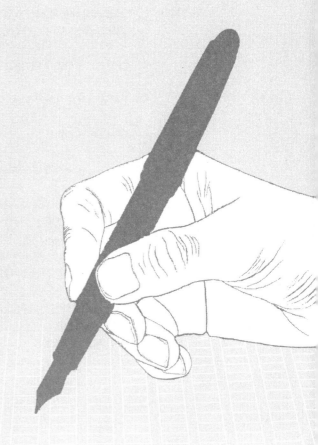

▓ 주요 내용 ▓

구분		내용
학습 목표		• 인문학/사회 과학/과학 기술 관련 주제에 대한 자료를 비판적으로 수용할 수 있다. • 읽은 글의 내용과 자신의 생각을 체계적으로 정리할 수 있다. • 개요를 작성하여 한 편의 완성된 글을 작성할 수 있다.
학습 내용	1차시	• 자료 읽기, 생각 정리
	2차시	• 토론하기, 내용 생성 및 정리
	3차시	• 집필하기
	4차시	• 피드백 및 고쳐쓰기
교수-학습 방법	강의	• 읽기 자료 소개
	토론	• 주제에 대한 모둠별 토론
	실습	• 개별 집필, 고쳐쓰기
평가		• 읽기 자료에 대한 정확한 이해와 해석 능력 • 토론 수업 참여도 • 집필 원고의 완성도

10.1. 인문학 에세이 쓰기(3)

10.1.1. 자료 읽고 내용 정리하기

10.1.1.1. 자료 읽기

현대 사회에서 인문학을 둘러싼 몇 가지 논점을 제시하고 있는 다음 글을 읽어 보고, 글의 핵심 내용과 전개 방법에 대해 생각해 보자.

[자료 1]

미스터 잡스, 이제 그만하면 됐거든요!
[절망의 인문학] '스티브 잡스 인문학'의 정체는?

실제 사정은 전혀 그렇지 않다고 발끈하는 이들이 많을 테지만, 새로운 자본주의가 인문학을 끔찍이 애호한다는 것은 너무나 뻔한 사실이다. 그리고 조금만 생각해 보면 이는 엉뚱할 것도 없는 일이다.

일전 세상을 떠난 스티브 잡스는 아이패드를 선보이는 자리에서 인문학과 기술의 교차로에 '애플'이 있었다고 기염을 토한 적이 있다. 그런 수준의 발언은 지난 수십 년간 이름난 경영 구루의 입에서 나날이 쏟아지는 상투적 발언이란 것은 눈치 밝은 이들은 죄다 알고 있다. 그러나 아이패드라는 값비싼 장난감을 자랑하기 위해 잡스가 꺼내 놓은 인문학 타령은 가뜩이나 인문학으로 밥 벌어 먹기가 어려워진 이들에게는 호재처럼 보였던 듯싶다.

아니나 다를까 대학의 학문 시장에서 인문학이 고사될까 걱정하던 이들은 이때다 싶어 스티브 잡스의 발언을 두둔하고 선전하고 나섰다. 물론 그것은 상당한 오해에서 비롯된 것이다. 스티브 잡스가 인문학에 빚졌다고 말하는 것은 이를테면 문·사·철을 합해 놓은 그런 것을 가리키는 것이 전혀 아니기 때문이다. 그가 말하는 인문학이란 이미 인간에 관한 학문으로 변신한 경영학과 기술에 관한 지식들을 가리킨다. 그것은 굳이 철학과 문학 따위에 신세를 질 이유가 없다. 그것은 그 자체가 이미 인문학이기 때문이다. 그가 말하는 인문학은 새로운 자본주의가 필요로 하는 정신을 집약하는 것에 불과하기 때문이다.

자본주의 비판의 두 얼굴

프랑스의 베버주의 사회학자인 뤼크 볼탕스키는 "근본적으로 존립할 수 없는 자본주의가 (계속해서) 연명할 수 있는 것은 그것을 정당화할 수 있는 에토스를 지속적으로 생산할 수 있기 때문"이라고 말한다. 그리고 이를 '시테(cité)'란 말로 부른다. 그는 자본주가 자본에 의한 노동의 지배에 근거하기에 기원적으로 사악하다고 주장한다. 그렇지만, 그 사악한 세계의 질서는 자신을 견딜 만하고 심지어 미더운 것으로 스스로를 보임으로써, 즉 자신을 정당화함으로써 존속하고 심지어 번창할 수 있다. 그가 생각하기에 자본주의 자체의 역사적인 운명은 바로 그것을 정당화하는 에토스에 따라 달라지고 변화한다.

볼탕스키는 자본주의에 관한 비판에서 크게 두 가지가 득세하였다고 본다. 하나는 사회적인 비판이고 또 하나는 미적인 비판이다. 사회적인 비판이란 흔히 복지 국가라고 부르는 '사회 국가(the social state)'를 탄생시킨 독특한 자본주의 비판이라 할 수 있다. '두 개의 국가'라고 부를 만큼 자본주의는 마치 한 나라 안에 두 개의 나라가 있는 것처럼 사회를 계급적인 분열로 치닫게 하는 듯이 보였다. 19세기 유럽을 뒤흔든 계급투쟁의 열풍은 자본주의가 언제나 반사회적이라는 것을 방증하는 듯이 보였을 것임에 틀림없다. 특히 사회주의적 노동자 운동의 등장은 화해할 수 없는 두 개의 진영으로 세계가 분열되어 있음을 생생하게 증명하였을 것이다.

바로 이때 자본주의가 초래한 계급적인 분열과 적대를 해결하기 위하여 대두된 주요한 비판 가운데 하나가 바로 '사회'란 상상력이다. 마치 하나의 유기체처럼 스스로의 질서와 법칙에 따라 움직이는 전체로서의 세계란 생각은 분명 매력적인 것이었다. 계급적인 분열과 대립은 사회를 자리 잡지 못하게 하는 병리적인 현상처럼 여겨졌다. 프랑스 사회학자 에밀 뒤르켐이 제시했던 저 유명한 '연대'란 개념은 통합과 결속이란 관점에서 이제 막 등장했던 국민 국가 형태의 자본주의 세계를 '사회'란 이미지 속에서 응시할 수 있도록 하였다.

바야흐로 세계를 인식하고 상상하는 새로운 지평으로서 '사회'라는 독특한 시점이 탄생한 것이다. 따라서 불평등과 착취는 사회의 안녕과 건강을 해치는 '위험'이란 견지에서 해석되었고, 사회를 성장, 발전시키기 위해 이런 위험을 관리하기 위한 다양한 기술(연금, 보험, 사회 보장 등)이 발명되고 확산되었다. 그리고 이러한 자본주의에 관한 사회적 비평으로부터 탄생한 것이 복지 국가라 할 수 있다.

반면 볼탕스키는 이런 사회적 비평과 함께 끈질기게 병존했던 또 다른 자본주의 비평의 갈래가 미적인 비판이라고 꼽는다. 미적인 비판이란 거칠게 말하자면 자본주의가 객체화, 획일화, 추상화를 통해 인간들의 삶을 소외시키는 질서라는 관점이다. 소외된 세계로서의 자본주의라는 초상, 즉 자신의 활동의 결과가 거꾸로 자신이 살아가야 하는 바를 거꾸로 결정하는 소외된 세계야말로 자본주의라는 상상은 자본주의가 등장한 이래 집요하게 존속하였다. 자본주의에 관한 미적인 비판은 한 번도 그 자체 유효한 정치적인 프로그램으로 자신을 실현한 적이 없었지만 그렇다고 해서 무력했던 적도 없다. 되레 놀랍게도 동구권이 몰락하고 자본주의가 위기를 겪으면서 사회적 비판이란 것이 맥을 못 추고 패퇴한 자리에, 자본주의를 구원하는 새로운 대안으로 등장한 것이 미적인 비판이라 할 수 있다.

때마침 자본주의를 뒤흔든 마지막 격변은 1968년의 혁명이었다. 비경제적인 억압과 지배를 격렬하게 성토하였던 이 격동을 떠받치고 있던 것은 바로 미적인 자본주의 비판의 원리라 할 수 있다. 조직된 노동자 운동 및 사회주의 정당과 지배 집단 사이에 타협이 이뤄짐으로써 형성된 사회 국가는 이미 노쇠할 만큼 노쇠한 상태였다. 안정된 직장과 연금이 있었지만 세상은 따분하고 지루하였으며 멍청하고 아둔해 보였다. 앙드레 고르와 같은 사회주의자들은 '노동 사회'란 이념에서 벗어나 새로운 생태적이고 문화적인 사회를 만들어야 한다고 앞 다투어 주장하고 나섰다. 그러나 놀랍게도 그런 미적인 비판을 효과적으로 흡수한 것은 위기에 빠진 자본의 편이었다. 라이프스타일의 혁명, 새로운 자아 찾기로 전환한 자본주의 비판은 이제 자본이 자신을 구원할 이념으로 단숨에 전환된다.

신자유주의 인간형: 예술가로서의 기업가

흔히 사람들이 신자유주의라고 부르는 것을 가로지르는 에토스는 바로 이러한 미적인 비판의 정신이라 할 수 있다. 많은 이들이 신자유주의가 애호하고 장려하는 새로운 인간 모델을 기업가(entrepreneur)라고 할 때, 기업가란 인물의 모습은 예술가와 크게 다르지 않다. 기업가란 열정적이고 창의적이며 자발적이고 반규범적인 인물을 가리키기 때문이다. 그런 점에서 회색 정장을 입고 중역 의자에 파묻혀 이윤에 골몰하는 '조직 인간'보다 기업가와 먼 인물은 없다. 이는 1980년대 이후 폭발적으로 증대한 경영 담론이 장려하고 선전했던 새로운 경제적인 인간형이기도 하였다. 그런데 이때 말하는 경영 담론은 굳이 경영학이라고 부를 필요가 없다. 예를 들어 몰입형 영어 교육이란 말로 유명해진 저 '몰입'이란 말은 놀이에 몰두한 아이들이 보여주는 자발적인 열정을 일터 안에 끌어들이기 위해 고안된 사이비 심리학 개념이다.

몰입이나 열정이란 개념은 '근면'이나 '성실' 같은 규율을 연상시키는 개념들과는 다르다. 경영 담론은 시간에 따른 인간 동작을 연구하고 '최선의 방식(the best way)'에 따라 표준적인 근로 방식을 도입했던 테일러주의를 격렬하게 배격한다. 조직, 관료제, 위계, 통제, 권위, 표준과 같은 말은 미적인 인간에게는 견딜 수 없는 가치이자 규범인 것이다. 새로운 경영 담론은 생산성과 능률보다는 탁월함(excellence)이란 가치를 찬미하였고, 이는 한국에서 우량 혹은 초우량이라는 일본식 번역어로 소개되더니 교육학을 통해서는 수월성이라는 더 희극적인 용어로 알려진 개념이 되었다. 이것이 경영 구루 가운데 피터 드러커와 쌍벽을 이루는 저 유명한 톰 피터스가 제창한 개념이란 것을 아는 이들은 그리 많지 않은 것 같다.

아무튼 새로운 경영 담론은 이제는 전과 같은 경직되고 고루한 지식의 모습을 취할 필요가 없다. 경영 담론은 거의 모든 인문학을 아우르고, 또 거기에서 생산된 지식을 수용한다. 당장 몰입, 자기 주도성, 창의성 같은 개념을 양산하고 새로운 심리 검사 모델을 도입하며 이를 교육, 경영, 행정 등 거의 모든 분야에 정착시킨 심리학은 그 자체가 경영 담론이다. 물론 이를 거드는 문학, 예술, 철학을 비롯한 인문학적인 지식 역시 새로운 자본주의가 요청하는 미적인 자기비판에 호응하여 왔다. 이때 여기에서 말하는 인문학이란 창의적이고 자율적이며 자신의 가치를 실현하기 위해 분투하는 정신 박약 상태의 개인을 예찬하는 이념에 다름 아니다.

그런데 심미적인 인간으로서의 경제적 인간의 모델이 정보 통신 분야에서보다 더 요란하게 출현한 곳도 없을 것이다. 빌 게이츠나 스티브 잡스는 억만장자 자본가이기에 앞서 히피 성향의

괴짜에 외골수, 반사회적인 인물로 표상된다. 그들은 닷컴 열풍을 이끈 저 악명 높은 벤처 자본의 화신이다. 그것은 장래에 엄청난 수익을 가져다 줄 창의적인 아이디어 하나로 엄청난 자본을 끌어들일 수 있다는 신화를 만들어 냈다. 자본가는 이제 창의적인 예술가란 가면을 쓴 모험적인 사업가로 변신한 것이다.

그렇기 때문에 스티브 잡스가 애플의 혁신적인 상품은 전적으로 인문학적인 발상에 빚지고 있다고 너스레를 떠는 것은 그다지 신기한 일도 아니다. 가혹한 노동 조건을 견디다 못해 잇달아 자살을 택한 폭스콘 노동자의 처지는 애플이 만든 제품을 이야기하는데 아무 몫도 차지하지 않는다. 세련된 외장을 한 애플 숍에서 손바닥 속에 들어오는 '쌔끈한' 상품을 만지작거릴 때, 우리는 그것이 온갖 노동이 투입되어 만들어진 사물이란 점을 분별할 수 있는 능력을 잃은 지 오래이다.

그때 상품이라는 이름의 사물은 전적으로 그것을 고안하고 디자인한 인물들에게 소속된다. 매 시즌마다 유명한 디자이너, 예술가와 협력을 통해 만들어졌다고 자랑하는 상품들이 진열대를 채울 때, 우리가 상품 안에서 보는 것은 정작 사회화된 노동이 아니다. 우리는 그 안에 깃들어 있으리라 상상하는 것은 창의적인 개인의 열정과 상상력이다. 소설을 읽을 때 우리는 그것이 출판산업이 만들어낸 상품이 아니라 한 소설가의 상상력과 조우하는 것인 듯 상상하듯이, 상품 역시 더할 나위 없이 작품과 같은 모습을 띠고 우리와 마주한다.

인문학은 죽었다!

그런 탓에 인문학이 노동이란 고역이 부재하는 것처럼 상상케 하는 우아한 차단막의 이름이라고 규탄한다고 해서 잘못된 일은 없을 것이다. 그러므로 "CEO를 위한 인문학 읽기" 프로그램 같은 것이 성행하고 경영 스쿨이 인문학 중심으로 교과 과정을 새로 짠다고 해서 기이할 것은 하나도 없다. 그것은 그럴 만하다고 수긍할 수 있다. 그렇지만, 인문학 애호는 거기에 그치지 않는다. 인문학은 이제 사회에서 살아가는 사람이라면 누구나 체득해야 할 에토스가 되었고, 이제 거의 모든 것에 스며든다.

이를테면 '서울형 복지'란 이름으로 고안된 신자유주의적 복지 정책은 '희망의 인문학'이란 프로그램을 실행한다. 물론 거기에서 말하는 인문학이란 "기업가 정신"을 통해 스스로 인생을 책임지고 살아가라는, 저 악명 높은 노동 연계 복지(workfare)의 복음이 스며 있다. 복지(welfare)란 개념을 대체한 노동 연계 복지라는 번역 곤란한 신조어는, 신자유주의적 복지가 무엇인지 잘 보여 준다. 이는 사회적 연대의 원리에 근거하여 위험에 대처하기 위한 책임을 공유한다는 종래의 복지를 철두철미 개인화한다. 급여, 후생, 복지 같은 '사회적인' 테크닉은 사라지고, 창업, 교육, 훈련과 같이 기업가처럼 행동하는 개인을 제한적으로 지원하는 신종 복지 테크닉이 그 자리를 메운다. 그리고 인문학은 바로 그 개인과 그의 경제 활동을 매개하는 윤리로서 자리 잡는다. 자신을 사랑하지 않는데서야, 자신의 능력과 가능성을 신뢰하지 않는 데서야 어떻게 잘 살 수 있을 것이며, 기업가적인 인물이 될 것인가? 그러므로 우리는 무엇보다 인문학을 공부하여야 한다!

그러나 세간에서 말하는 인문학이란 것이 우리의 삶이 어떻게 사회화되는가를 응시하지 못하도록 만드는 유치한 알리바이라고 규탄하는 것이 능사는 아닐 것이다. 이 대목에서 지난 수십 년 전 유행하였던 "의식화"와 신세기의 "인문학 열풍" 사이에 놓인 거리를 반성해 보지 않을 수 없다. 의식화란 불온한 이념을 공부한다는 것을 가리키는 것이 아닐 것이다. 대학생은 물론 많은 이들이 이른바 불온한 사유에 귀를 기울였다는 것은 모든 사유와 정신 속에는 모순과 대립이 스며들어 있다는 믿음을 통해서만 가능했다.

그리고 이렇게 자신이 살아가는 세계가 어떻게 실존하는가를 묻는 이 몸짓에서 실제로 우리가 얻은 것은 놀랍게도 세계를 더 투명하게 객관화한 것이 아니라 새롭게 자신을 주관화한 것이다. 또한 그것은 폐소 공포증적 자기의 세계에 갇힌 채 세계를 망각하는 백치와도 같은 인문학적인 자아와 다른 인물을 만들어 냈다. 사회 과학의 시대였던 그 시기가 삭막하고 건조한 이념의 시대였다고 고발하는 것은 온당치 않다. 그 시기가 또한 한국 사회에서 가장 눈부신 시의 시대이자 예술의 시대였다는 것은 누구나 아는 일이다. 그러므로 인문학이 융성한 시기에 우리가 정작 대면하는 것은 가장 역겨운 형태의 역설이다. 그것은 우리를 새롭게 주관화할 수 있는 가능성을 봉쇄하여 버린다.

인문학이란 이데올로기로부터 인문학을 구제한다는 것은 난센스다. 인문학 자체란 것은 없을 것이기 때문이다. 그저 세계를 달리 사유하는 방식들이 각축을 벌이는 지평이 있을 뿐이다. 그렇다면 이제는 인문학을 거부할, 아니 소멸시켜야 할 때이지 않을까. 인문학이란 물신이야말로 사유를 중단시키는 미끼이기 때문에 말이다.

―서동진, 『프레시안』, 2012. 8. 28.―

10.1.1.2. 이해하고 정리하기

윗글을 이해하는 데에 꼭 알아야 할 용어들이나 역사적 사건, 여러 가지 개념에 대해 정리해 보자. 필요하다면 다양한 자료를 검색해 보면서 정확한 개념을 숙지하고, 자기 자신이 나름대로 이해한 내용으로 기술해 보자.

(1) 경영 구루(Guru) _____

_____

(2) 에토스 _____

_____

(3) 자본주의에 대한 사회적 비판, 미적 비판 _____

_____

(4) 동구권의 몰락 _____

_____

(5) 1968년 혁명 _____

_____

(6) 신자유주의 _____

_____

(7) 테일러 주의 _____

_____

(8) 노동 연계 복지 _____

윗글의 핵심 내용은 무엇인가? 윗글의 주제문과 이를 뒷받침해 주는 중요 내용들을 써 보도록 하자. 그리고 이 내용들이 어떻게 구조화되어 있는지 그림으로 나타내 보도록 하자.

(1) 주제문 _____

(2) 중요 내용

   ① _____

   ② _____

   ③ _____

   ④ _____

(3) 글의 구조

10.1.2. 토론하기, 내용 생성하기 및 정리하기

10.1.2.1. 토론하기

윗글의 내용을 바탕으로 '인문학 열풍'이라는 현상을 어떻게 바라볼 수 있는지 서로 대립되는 견해를 생각해 보자. 이를 통하여 인문학은 과연 근원적 성찰이 될 수 있는지, 아니면 포장재에 불과한 것인지 자신의 생각을 정리하여 자신이 쓸 에세이의 전체적인 구성을 생각해 보자.

1) 토론 주제 1: '스티브 잡스'와 인문학

(1) 스티브 잡스가 인문학과 기술의 교차로에 '애플'이 있다고 말한 것의 의미는 무엇일까?

(2) 이러한 발언에 대해 윗글의 필자는 어떤 태도를 취하고 있는가? 그 근거는 무엇일까?

(3) 윗글의 필자가 취하는 태도에 대해 자신은 어떻게 생각하는가?

2) 토론 주제 2: 인문학의 존재 의의

(1) 현재 일부에서 이야기하고 있는 '인문학 열풍'의 긍정적 측면과 부정적 측면에
  대해 생각해 보자.

(2) 인문학이 '포장재'가 된다는 것의 의미는 무엇일까?

(3) '예술가로서의 기업가'란 어떤 의미일까? 이에 대해 윗글의 필자가 취하는 태
  도는 어떠한지, 그에 대한 자신의 견해는 어떠한지 생각해 보자.

(4) 현대 사회에서 인문학이 필요한가? 만약 필요하다면 어떤 점에서 의의를 찾을
  수 있는지 근거를 생각해 보자.

10.1.2.2. 내용 생성하기 및 정리하기

위 토론을 통하여 알게 된 바가 무엇인지 생각하여 정리해 보자. 이를 통해 실제 에세이를 쓸 수 있는 준비를 하도록 한다.

(1) 위의 토론 내용 정리 _____

_____

(2) 토론을 통해 얻은 자신의 생각 정리 _____

_____

(3) 나의 생각과 남의 생각 사이의 공통점과 차이점 정리 _____

_____

(4) 남을 설득할 때에 유용하게 활용할 것들을 찾아서 정리 _____

_____

_____

(5) 자신의 생각을 중심 문장과 뒷받침 문장으로 제시 _____

_____

_____

(6) 5~6개 정도의 문단으로 이루어진 에세이를 쓸 것을 염두에 두고 자신의 생각을 논리적으로 전개하여 정리 _____

_____

_____

10.1.3. 집필하기

10.1.3.1. 개요 작성하기

지금까지 진행한 글의 이해와 토론을 바탕으로 자신이 작성할 에세이의 개요를 작성해 보자. 큰 틀에서의 주제는 오늘날 인문학의 존재 의의와 가치에 대해 자신의 견해를 서술하고, 이에 상반되는 현실적 흐름에 어떻게 대처해 나갈 것인지에 대한 것이다.

- 토론을 통하여 생성된 내용을 제목, 주제문, 처음, 중간, 끝으로 구성된 개요를 작성하도록 함.
- 개요는 문장 형태로 가능한 한 자세하게 제시하도록 함.
- 개요 속에서는 구체적인 진술에 포함할 구체적인 사례도 포함하도록 함.
- 5~6개 정도의 문단으로 글을 구성할 수 있도록 작성하도록 함.

10.1.3.2. 개요에 따라 집필하기

앞에서 작성한 개요에 따라서 실제로 집필을 하도록 하자. 집필을 할 때에는 다음의 사항들에 주의를 하며 집필을 하도록 한다.

- 1,000자 분량, 5~6개의 문단으로 작성하도록 함.
- 중심 생각에 따라서 문단 구분을 하도록 하고 들여쓰기를 통하여 문단 구분을 명확히 하도록 함.
- 에세이를 쓰는 목적을 분명히 생각하면서 글을 집필
- 개요에 맞게 글이 순탄하게 전개되고 있는지를 확인하면서 집필함.

10.1.4. 피드백 및 고쳐쓰기

10.1.4.1. 피드백

이제 자신이 집필한 에세이 원고를 피드백을 받아 수정 전략을 세워 보도록 하자. 피드백을 할 때 중점을 두는 부분은 다음과 같다. 피드백은 교수자에게서 받는 것이지만 동료 및 자기 스스로에게도 받을 수 있다. 그러니 교수자에게 피드백을 받기 전에 동료와 함께 다음의 내용에 중점을 두어 가며 자아 피드백을 하여 보자.

- 개요에 따라 글이 적절히 집필되었는지를 검토하고 부족한 부분을 지적함.
- 문단의 구성과 배열이 적절한지를 검토하여 부족한 부분을 지적함.
- 에세이의 앞부분, 가운데 부분, 끝부분에 들어갈 내용이 잘 갖추어져 있는지를 파악하여 부족한 부분을 지적함.
- 인문학의 존재 가치에 관한 자신의 생각이 진솔하게 드러나 있고 주장과 근거가 잘 제시되어 있는지를 보고 부족한 부분을 지적함.
- 중심 생각과 뒷받침 생각이 적절히 균형 잡히게 제시되어 있는지를 지적함.
- 추상적인 진술뿐만 아니라 구체적인 진술, 사례 등이 적절히 포함되어 있는지를 살펴보고 부족한 부분을 지적함.

10.1.4.2. 고쳐쓰기

피드백을 받은 결과에 따라서 이제는 적절히 고쳐쓰기를 해 보도록 하자. 고쳐쓰기의 대상에는 글의 내용과 형식뿐만 아니라 문장도 포함된다. 그러므로 이 세 가지가 조화롭게 잘 고쳐져야 완성도 높은 에세이를 쓸 수 있다.

- 피드백에서 제시된 바를 적절히 반영하여 고쳐 쓰도록 함.
- 반드시 피드백 결과를 적절히 반영하였는지를 확인하는 점검표를 만들어 적절한 수정 여부를 확인하도록 함.
- 피드백 결과에 따라 원고 분량이 부족할 경우에는 양을 늘릴 수도 있지만 분량이 필요 이상으로 늘어나지 않도록 주의를 기울이도록 함. 분량을 늘리다 보면 자칫 글의 초점이 불명확해져서 긴장감과 완성도가 떨어질 수 있음을 주의해야 함. 이보다는 필요한 내용이 들어가되 압축적으로 글을 쓸 수 있도록 노력하는 것이 더 필요함.
- 문장 표현이 정확하고 올바르게 되어 있는지를 신경을 써 가며 고쳐쓰기를 하도록 할 것.

10.2. 사회 과학 에세이 쓰기(3)

10.2.1. 자료 읽고 내용 정리하기

10.2.1.1. 자료 읽기

다음은 한국 사회에서 청년들이 처한 현실을 '수저 계급론'으로 분석한 신문 기사와 자본주의 사회의 '불평등과 빈곤'에 대해 경제학적으로 설명한 저서의 일부이다. 두 편의 자료를 읽고, 내용을 파악한 후 그에 대한 자신의 생각을 정리해 보자.

[자료 1]
"흙 심은 데 흙 나고…" 공부 머리부터 교육 · 취업까지 대물림

청년의 고통을 논할 때면 등장하는 개념이 있다. '세대론'이다. 세대론에서 부모 세대는 청년에게 돌아갈 몫을 가로채거나 착취 · 방조하는 이들로 종종 묘사된다. 그러나 중 · 장년층 역시 소득 · 재산 격차가 크게 벌어져 있다. 세대론만 갖고는 '세대 내부의 계급'을 볼 수 없는 셈이다.

한국 사회에서 '흙부모'는 피나는 노력을 해도 자녀를 저임금의 '흙수저 청년'으로 키울 가능성이 높아지고 있다. 부모와 자녀 세대가 함께 어려운 '쌍봉형 빈곤' 현상도 늘고 있다. 반면 '금부모'의 자녀는 쉽게 '금수저 청년'이 되고 있다.

■ 흙수저 대물림의 고통

이정훈 씨(32 · 가명)의 아버지는 의류 계통 사업가였다. 1998년 IMF 외환 위기를 맞아 사업이 기울고 집안이 어려워지면서 어느 날 아버지가 보이지 않았다. 중학교 2학년 때였다. 어머니는 대출받아 가족의 생계를 잇다가 화장품 방문 판매원을 거쳐 보험 설계사로 일했다. 꽤 오래 그렇게 살다 정훈 씨 가족에게 '계급 상승'의 기회가 왔다. 실업계 고등학교를 다니던 네 살 어린 동생이 기적적으로 캔자스주립대에 붙은 것이다. 지역 신문에 날 정도의 '사건'이었다.

"그러면 뭘 해요. 집이 기울면서 다시 돌아왔는데…." 어머니의 수입이 줄면서 동생은 유학을 포기했다. 지금은 화장품 공장에서 생산직으로 일하는 중이다. '흙수저'로 굴러 떨어져 능력을 썩히고 있는 셈이다. 어차피 고정 수입이 없는 '흙수저 2대 가족'에게 해외 유학은 꿈같은 일이었다.

많은 청년들이 먼저 기대는 곳은 '부모 안전망'이다. 복지 지출이 경제협력개발기구(OECD) 가운데 꼴찌 수준인, '사회 안전망 없는 한국'에서의 1차 생존법이다. 그런데 사적 복지 · 안전망의 역할을 떠맡은 부모(중 · 장년층)가 불안정한 상태라면 어떻게 될까. 부모의 빈곤은 자녀 세대로 대물림될 가능성이 높다.

■ 부모와 자녀의 '동시 빈곤'

실제로 부모와 청년이 함께 어려운 '쌍봉형 빈곤' 현상은 지속적으로 감지되고 있다. 중앙대 신광영 교수(사회학)는 2011년 소득 분포 자료에서 '불안정한 계층'(정규직·고용주 제외)에 속하는 60대가 30대 자녀와 동시 빈곤을 겪을 가능성을 계산해 봤다. 불안정한 60대의 30대 자녀가 빈곤층(소득 하위 40%)일 가능성은 21.41%였다. 반면 정규직·고용주 지위 등을 유지한 안정된 60대의 30대 자녀들이 빈곤층이 될 가능성은 8.87%였다.

부모 세대의 빈곤 위기는 IMF 외환 위기 이후 불안정한 일자리가 늘면서 중산층이 급속히 무너진 것과 긴밀한 관련이 있다. 신 교수가 30~50대 남성 1,594명의 2001년 경제적 지위가 2011년에 어떻게 변했는지를 추적한 결과 중산층을 유지한 30·40대는 3명 중 2명이었다. 50대의 경우엔 네 명 중 한 명에 불과했다. 2011년 '정규직 중산층 분포'는 30대에 정점(38.79%)을 이루다가 50대(15.91%)에 급감한다. 신 교수는 "나이가 든 사람일수록 불안정한 일자리에 더 노출돼 왔음을 보여 준다."고 지적했다.

특히 연령별로 'U자'가 그려지는 비정규직 분포도엔 청년·부모의 동시 위기 현상이 그대로 담겨 있다. 한국노동연구원 '비정규직 노동 통계 보고서'(2014년 8월 기준)를 보면 '25세 미만'(45.6%)과 '60~64세'(54.8%), '65세 이상'(73.6%)에서 비정규직 비중이 가장 높게 나타났다. 마치 쌍봉낙타처럼, 부모와 청년 세대에 두 개의 '빈곤 봉우리'를 만들고 있는 셈이다.

■ '공부 머리'까지 계급에 좌우된다

반면 사회 경제적 지위가 탄탄한 중·장년의 자녀는 다양한 방식으로 지위를 물려받고 있다. 선천적인 능력으로 여겨지는 '공부 머리'마저 부모 소득과 지위의 세례를 받는다.

영국 런던정경대 레온 페인스타인 교수는 인지 능력이 부모의 사회 경제적 배경에 좌우된다는 사실을 2003년 밝혀냈다. 그는 1970년생 영국 아동 가운데 생후 22개월 때 인지능력이 상위 10% 수준이던 저소득층 가정의 자녀와 인지 능력 하위 10%이지만 부모의 사회 경제적 배경이 좋은 자녀를 비교했다. 그 결과 두 그룹의 인지 능력은 생후 78개월(6년 6개월) 즈음부터 역전됐다. 부모 배경이 좋은 아동의 인지 능력이 꾸준히 상승하고 저소득 가정 아동은 상대적으로 하락한 탓이다. 역전이 본격적으로 일어나는 시기는 9~10세, 학교에 들어가 학업 능력을 펼치기 시작하는 시점이다. 즉 '공부 자신감'은 부모 배경이 좋은 자녀가 가질 확률이 더 높게 보고됐다.

중·상류층은 다양한 '계급 유지 전략'을 구사한다. '어머니 학력'이 높은 편이라면 자녀의 학업 성취 동기가 더 부여될 수 있다는 연구 보고서도 나왔다. 중앙대 이병훈 교수(사회학과)와 김종성 한국고용정보원 연구원이 분석한 '부모의 사회 계층이 자녀의 노동 시장 성과에 미치는 효과'를 보면, 1999~2009년 한국노동패널 자료로 15~34세의 직업 지위를 점수화했을 때 어머니 학력이 높은 사람의 점수가 높게 나타나는 경향이 발견됐다.

연구자들은 "중산층 가정에서 어머니 학력이 높다는 것은 자녀의 학업·진로·취업에 전략적으로 개입할 수 있는 인적 자원이 풍부하다는 것을 의미한다"면서 '부모의 계층적 지위'가 어머니를 '매개'로 영향을 끼치고 있을 가능성을 주목했다. 4년제 대학을 나와도 토익 성적을 올리거나 대기업·공기업 인턴·공모전에 더 많이 참여할 기회는 서울과 지방, 부모의 사회 경제적 지위에 따라 출발선이 달리 그어지고 있다.

■ 상류층의 '명문중·고' 카르텔

자녀가 10대로 접어들기 시작하면 '노는 그룹'도 나뉘기 시작한다. 국제중이나 특목고·자립형 사립고 진학 여부가 첫 칸막이를 만들고 있다. 과거 명문 대학의 잣대로 작용하던 '계급' 성취 도식이 더 복잡해지고 빨라진 것이다. 특목고 출신 서울대 입학생 비중은 2002년 22.8%(서울 기준)에서 2011년 40.5%로 뛰었다. 특목중·고는 명문대 진학의 발판인 동시에 졸업 후에도 자신을 특별하게 드러내 보일 수 있는 '상징 자본'이다.

이기현 씨(34·가명)는 강남에서 넉넉하게 자라 유명 외고를 거쳐 고려대를 졸업했다. 증권업계 종사자답게 '네트워크' 감각이 발달한 이씨는 "이제 대학을 넘어 유명 외고 같은 특목고 네트워크가 중요해지는 시대로 가고 있다"고 말했다. 그는 "우리 고교 후배니까 너 믿고 (금융 상품을) 산다"는 말을 자주 듣고 스스로도 "고교 선배에게 달라붙어 산다"고 했다. 특목고는 이제 '이너서클'의 장으로 기능한다.

특목고·자사고 진학은 부모의 경제력과도 맞물려 있다. 특목고 졸업자 50.4%의 가정은 월소득이 500만 원을 넘지만 특성화고 졸업자 57%의 가정에선 200만 원 이하를 번다는 통계 보고서(KDI 김희삼 연구위원이 '서울교육종단연구 2010'을 재분석)가 대표적이다. 교육 단체 '사교육 걱정없는 세상' 조사에서 과학고·영재고 진학을 희망하는 수도권 중학생 35%는 사교육비로 월 100만 원 이상을 쓰고 있다.

특목고뿐 아니다. '유학'과 '해외 체류'는 부모 경제력이 자녀의 '고급 스펙'으로 직접 연결되는 대표적인 경우다. 김은수 씨(35·가명)는 중학생 시절 사업하는 아버지를 따라 말레이시아로 이민을 갔다. 그곳에서 연간 학비가 2,000만 원에 달하는 국제학교를 6년간 다녔다. 김 씨는 이때 영어 실력을 쌓았고 각국의 친구를 사귀었다. 이 경험은 한국에서 대학을 졸업한 뒤 대기업에 취업할 때 유리하게 작용했다.

물론 중·상류층 자녀들이라고 해서 노력 없이 해외 유학 같은 고급 스펙과 학벌이 주어지지는 않는다. 그러나 "경제 자본(돈)이 매우 쉽게 사회적 자본과 문화 자본으로 연결되는 자본주의 속성"(조은 전 동국대 사회학과 교수)을 얘기하지 않고는 '지위의 대물림'을 이해하기 어렵다. 재산을 물려주는 것보다 훨씬 복잡한 과정을 거치지만, 사회 경제적 지위의 대물림 시스템이 교육과 취업을 통해 활발하게 돌아가고 있다.

－『경향신문』, 2016. 1. 27.－

불평등과 빈곤

마오쩌둥 집권하의 중국이나 폴 포트 독재 정권이 다스리던 캄보디아와 같은 극단적인 평등주의를 지지할 사람은 거의 없을 것이다. 그러나 너무 심한 불평등은 도덕적으로 나쁠 뿐 아니라 경제적으로도 좋지 않다는 데에 많은 사람들이 의견을 같이한다.

일부 경제학자들은 불평등이 심해지면 사회 통합을 방해해 정치적 불안정성이 높아진다고 강조해 왔다. 정치적으로 불안하며 미래가 불확실해지고, 투자의 성과를 거두어들여야 하는 시점인 미래가 불확실하다는 것은 투자 성과의 불확실성을 뜻하기 때문에 투자가 줄어들 수밖에 없어 결과적으로 성장이 감소한다는 논리이다.

심각한 불평등은 경제적 불안정성 또한 높여 성장을 방해한다. 국민 소득의 더 많은 부분을 최고 소득자들에게 주면 투자율이 올라갈 수는 있다. 그러나 케인즈가 지적한 바와 같이 투자율이 늘어난다는 것은 경제가 불확실성에 더 많이 노출되고 따라서 안정성이 떨어진다는 의미가 될 수도 있다. 많은 경제학자들이 불평등의 심화가 2008년 글로벌 금융 위기의 중요한 원인이었다고 지적한다. 특히 미국의 경우 1970년대 이후 최고 소득자들의 소득이 급격히 증가했지만, 대부분의 사람들은 실질 임금이 거의 오르지 않고 제자리걸음을 했다. 임금은 정체되어 있는데, 계속 올라가는 최고 소득층의 소비 수준을 따라가려다 보니 많은 빚을 지게 되었다. 국내 총생산 대비 가계 부채의 증가로 인해 경제가 2008년과 같은 충격에 매우 취약해져 있었다는 것이다.

또 다른 학자들은 불평등이 심하면 사회적 계층 이동에 장애물이 생겨 경제 성장을 저해한다고 주장한다. 보수가 좋은 직장을 얻는 데 유용하지만 극소수만이 받을 수 있는 값비싼 사교육, 프랑스 사회학자 피에르 부르디외가 사회적 자본이라 이름 붙였던 소수의 특권층 사이에 형성된 개인적 인맥. 심지어 비싼 사립학교 졸업생 특유의 말투와 태도 같은 엘리트 계층의 하위문화도 사회적 이동을 막는 장애물이 될 수 있다.

사회적 이동성이 줄어든다는 것은 가난한 계층 출신들이 고급 직종에서 배제된다는 의미이고, 따라서 개인적, 사회적 양쪽의 시각에서 모두 재능의 낭비를 초래한다. 이는 또 현재 고급 직종을 차지한 사람들 중 일부는 사회적 이동성이 높았다면 그 자리를 차지할 만큼 재능이 충분하지 않았을 수 있다는 뜻이기도 하다. 이런 장애물이 몇 세대 동안 유지되면 사회적 배경이 좋지 않은 젊은이들은 고급 직종에 도전하려는 '시도'조차 하지 않게 된다. 결국 엘리트 계층 안에서 문화적, 지적 '근친 교배'가 이루어지게 되는 것이다. 커다란 변화를 일으키는 데 신선한 아이디어와 인습에 얽매이지 않는 자유로운 태도가 필수적이라고 하면, '근친 교배적' 엘리트 계층이 지배하는 사회는 혁신을 일으키기가 쉽지 않을 것이다. 그 결과 경제는 역동성을 잃게 된다.

최근 들어 불평등이 건강을 비롯해 구성원의 복지와 관련된 각종 사회적 지표에 악영향을 끼친다는 연구 결과들이 나오고 있다. 이는 불평등이 심해지면 가난한 사람의 수가 더 늘어나고, 그 결과 복지 지표에 악영향을 끼치는 문제와는 별도의 결과이다.

이 주장은 최근 리처드 윌킨슨과 케이트 피킷이 펴낸 『평등이 답이다』를 통해 널리 알려졌다.

이 책은 1인당 소득이 2만 달러 정도인 포르투갈 이상의 부자 나라 20여 개 국의 자료를 조사한 결과를 담고 있다. 저자들은 불평등이 심한 나라일수록 영유아 사망률, 십 대 임신, 교육 성과, 살인, 수감률 등의 성적이 확실히 더 안 좋았고 수명, 정신 질환, 비만 등에 있어서도 성적이 안 좋다는 증거가 있다고 주장한다.

(…중략…)

자기 자신을 믿으면 무엇이든지 이루지 못할 것이 없다고 되풀이하는 어릴 적 디즈니 만화에서부터 시작해서 우리는 평생 우리가 이루는 것과 이루지 못하는 것은 모두 어느 누구도 아닌 우리 개인의 책임이라는 말을 수없이 듣는다.

어떤 사람이 1년에 수억의 보수를 받는 것은 모두 그 사람이 그만큼 '소중하니까', 다시 말해 그만큼 가치가 있기 때문에 받아들여야 한다고 설득당한다. 내가 '로레알 원칙'이라고 부르는 이 논리에 따르면 결국 어떤 사람이 가난하다는 것은 그 사람의 능력이 부족하거나 노력을 충분히 하지 않아서라는 이야기가 된다.

물론 결국 자기의 삶은 자기가 책임져야 한다. 비슷한 배경에서 태어나 자란 사람들이라도 사회에서 각자 다른 위치를 차지하게 되는 것은 각자 재능이 다르고 노력의 종류와 정도도 다르기 때문이다. 모든 것을 '환경'이나 운 탓으로 돌리는 것은 정말 어리석은 짓이다. 앞에서도 언급했지만, 옛 사회주의 국가들이 그랬듯 개인의 재능과 노력의 효과를 너무 억누르려고 하면 겉으로 보기에는 평등하지만 근본적으로 불공평한 사회를 만들게 된다. 그러나 '구조적'인 원인으로 생기는 빈곤도 있다. 한 개인이 제어할 수 있는 범위 너머의 무엇 때문에 빈곤하게 살 수밖에 없는 경우 말이다.

이를 테면 아동기의 영양 공급이 충분치 않거나 학습에 흥미를 유발하는 자극이 적거나 (빈곤한 동네에 많이 있는) 수준이 평균 이하인 학교에 다녀야 하는 것은 모두 가난한 가정의 어린이가 성장하는 것을 제한하고, 따라서 그들이 미래에 성공할 확률을 줄이는 요인이 된다. 부모는 자녀의 영양 공급과 학습에 대한 동기 부여에 어느 정도 영향력을 가지고 있다. 그리고 일부 빈곤층 부모는 같은 환경의 다른 부모에 비해 더 많은 노력을 기울여 자녀들에게 이러한 것을 더 제공하기도 한다. 그러나 부모가 노력으로 극복하는 데는 한계가 있다. 빈곤층에 속하는 부모들은 당연히 재정적으로 쪼들린다. 게다가 많은 부모가 언제 해고당할지 모르는 불안한 일자리를 두세 개씩 위태롭게 유지하느라 완전히 지쳐 있다. 그리고 이들 역시 대부분 그 자신이 빈곤한 아동기를 지내면서 그다지 좋지 않은 교육을 받고 자란 사람들이다.

이 모든 것이 빈곤층 어린이가 모래주머니를 다리에 차고 인생의 경주를 시작한다는 것을 의미한다. 빈곤한 부모를 위한 소득 지원, 보육 보조금, 빈곤 지역 학교에 대한 더 많은 투자 등 이들의 불이익을 적어도 부분적으로나마 보충해 주려는 사회적 장치가 없다면 빈곤층 아이들은 타고난 잠재력을 완진히 발휘할 수가 없다.

궁핍한 아동기를 극복하고 사회적 사다리를 오르기 위해 노력한다 해도 배경이 좋지 않은 사람은 상대적으로 더 많은 장애물을 만나게 마련이다. 불우한 환경에서 자란 사람들은 인맥이 부족하고 엘리트 계층과의 문화적 차이 때문에 고용과 승진에서 부당한 차별을 받기 일쑤이다. 이들이 만약 (성별, 인종, 계급, 종교, 성적 선호도 등에서) '바람직하지 못한' 특성까지 지니고 있다면 자신의 능력을 보여 줄 공정한 기회를 얻기는 더욱 힘들어진다.

—장하준 지음/김희정 옮김(2014), 『장하준의 경제학강의』, 부키—

10.2.1.2. 이해하고 정리하기

앞서 읽은 두 편의 글을 이해하는 데에 알아야 할 용어들이나 여러 개념들의 의미를 파악하여 정리해 보자. 필요하다면 다양한 자료를 검색하여 용어나 개념을 정확히 숙지하고, 자기 나름대로 이해한 내용으로 설명해 보자.

(1) 금수저, 흙수저 ──────────────────────────────────────

(2) 쌍봉형 빈곤 ──────────────────────────────────────

(3) 부모 안전망 ──────────────────────────────────────

(4) 상징 자본 ──────────────────────────────────────

(5) 극단적 평등주의 ──────────────────────────────────────

(6) 문화적, 지적 근친 교배 ──────────────────────────────────

(7) 로레알 원칙 ──────────────────────────────────────

(8) 사회적 사다리 ──────────────────────────────────────

위의 글 가운데 '불평등과 빈곤'을 다룬 [자료 2]의 핵심 내용은 무엇인지 정리해 보자. 우선 주제문을 작성하고 이를 뒷받침해 주는 중요 내용들을 써 보도록 하자. 그리고 이 내용들이 어떻게 구조화되어 있는지 그림으로 나타내 보도록 하자.

(1) 주제문 --

(2) 중요 내용

　① --

　② --

　③ --

　④ --

(3) 글의 구조

10.2.2. 토론하기, 내용 생성하기 및 정리하기

10.2.2.1. 토론하기

위의 두 글을 바탕으로 한국사회의 불평등에 대해 어떻게 생각하는지를 한 편의 글로 써 보도록 하자. 우선 두 글을 바탕으로 한국 사회와 수저 계급론, 자본주의와 불평등에 대한 자신의 생각을 정리하고 다른 사람과 이야기를 나누어 보자.

1) 토론 주제 1: 한국 사회와 '수저 계급론'

(1) '쌍봉형 빈곤' 현상이 나타나게 된 원인은 무엇인가?

(2) 왜 '금부모'의 자녀는 쉽게 '금수저 청년'이 되고, '흙부모' 자녀는 아무리 노력해도 '흙수저 청년'이 될 가능성이 높은가?

(3) 공부 머리마저 부모의 재력과 지위에 영향을 받는 이유는 무엇인가?

2) 토론 주제 2: 자본주의와 불평등

(1) 너무 심한 불평등은 어떤 점에서 문제인가?

_____

_____

(2) 투자율이 늘어나면 경제가 불확실성에 더 많이 노출되고 경제의 안정성이 떨어지게 되는 이유는 무엇인가?

_____

_____

(3) 사회적 이동성의 위축이 개인적으로나 사회적으로 재능의 낭비를 초래한다는 말의 뜻은 무엇인가?

_____

_____

(4) 빈곤이 구조적 원인으로 생긴다는 말의 의미는 무엇이고, 그러한 예에는 어떤 것이 있는가?

_____

_____

(5) 빈곤층 어린이가 모래주머니를 차고 인생의 경주를 시작한다는 말의 의미는 무엇인가?

_____

_____

10.2.2.2. 내용 생성하기 및 정리하기

위 토론을 통하여 알게 된 바가 무엇인지 생각하여 정리해 보자. 이를 통해 한국 사회의 불평등과 빈곤 문제에 대한 자신의 생각을 담은 에세이를 쓸 준비를 하도록 한다.

(1) 위의 토론 내용 정리 _____

(2) 토론을 통해 얻은 자신의 생각 정리 _____

(3) 나의 생각과 남의 생각 사이의 공통점과 차이점 정리 _____

(4) 독자의 공감을 끌어내기 위해 유용하게 활용할 것들을 찾아서 정리 _____

(5) 자신의 생각을 중심 문장과 뒷받침 문장으로 제시 _____

(6) 5~6개 정도의 문단으로 이루어진 에세이를 쓸 것을 염두에 두고 자신의 생각을 논리적으로 전개하여 정리 _____

10.2.3. 집필하기

10.2.3.1. 개요 작성하기

지금까지 진행한 글의 이해와 토론을 바탕으로 자신이 집필할 에세이의 개요를 작성해 보자. 에세이의 목표는 한국 사회의 불평등과 빈곤 문제에 대한 자신의 생각을 쓰는 것이다. 이 점을 염두에 두고 어떻게 하면 불평등과 빈곤이라는 현상에 대한 생각을 효과적으로 잘 서술할 수 있을 것인지를 고민하여 개요를 작성해 보라.

- 토론을 통하여 생성된 내용을 제목, 주제문, 처음, 중간, 끝으로 구성된 개요를 작성하도록 함.
- 개요는 문장 형태로 가능한 한 자세하게 제시하도록 함.
- 개요 속에서는 구체적인 진술에 포함할 구체적인 사례도 포함하도록 함.
- 5~6개 정도의 문단으로 글을 구성할 수 있도록 작성하도록 함.

10.2.3.2. 개요에 따라 집필하기

개요 작성이 완료되면 그에 맞추어 집필에 들어간다. 집필을 할 때에는 다음의 사항들에 주의를 하며 진행하도록 한다.

- 1,000자 분량, 5~6개의 문단으로 작성하도록 함.
- 중심 생각에 따라서 문단 구분을 하도록 하고 들여쓰기를 통하여 문단 구분을 명확히 하도록 함.
- 에세이를 쓰는 목적을 분명히 생각하면서 글을 집필
- 개요에 맞게 글이 순탄하게 전개되고 있는지를 확인하면서 집필함.

10.2.4. 피드백 및 고쳐쓰기

10.2.4.1. 피드백

이제 자신이 집필한 에세이 원고를 피드백을 받아 수정 전략을 세워 보도록 하자. 피드백을 할 때 중점을 두는 부분은 다음과 같다. 피드백은 교수자에게서 받는 것이지만 동료 및 자기 스스로에게도 받을 수 있다. 그러니 교수자에게 피드백을 받기 전에 동료와 함께 다음의 내용에 중점을 두어 가며 자아 피드백을 하여 보자.

- 개요에 따라 글이 적절히 집필되었는지를 검토하고 부족한 부분을 지적함.
- 문단의 구성과 배열이 적절한지를 검토하여 부족한 부분을 지적함.
- 에세이의 앞부분, 가운데 부분, 끝부분에 들어갈 내용이 잘 갖추어져 있는지를 파악하여 부족한 부분을 지적함.
- 한국 사회의 불평등과 빈곤에 관한 자신의 생각이 진솔하게 드러나 있고 주장과 근거가 잘 제시되어 있는지를 보고 부족한 부분을 지적함.
- 중심 생각과 뒷받침 생각이 적절히 균형 잡히게 제시되어 있는지를 지적함.
- 추상적인 진술뿐만 아니라 구체적인 진술, 사례 등이 적절히 포함되어 있는지를 살펴보고 부족한 부분을 지적함.

10.2.4.2. 고쳐쓰기

  피드백을 받은 결과에 따라서 이제는 적절히 고쳐쓰기를 해 보도록 하자. 고쳐쓰기의 대상에는 글의 내용과 형식뿐만 아니라 문장도 포함된다. 그러므로 이 세 가지가 조화롭게 잘 고쳐져야 완성도 높은 에세이를 쓸 수 있다.

- 피드백에서 제시된 바를 적절히 반영하여 고쳐 쓰도록 함.
- 반드시 피드백 결과를 적절히 반영하였는지를 확인하는 점검표를 만들어 수정 여부를 확인하도록 함.
- 피드백 결과에 따라 원고 분량이 부족할 경우에는 양을 늘릴 수도 있지만 분량이 필요 이상으로 늘어나지 않도록 주의를 기울이도록 함. 분량을 늘리다 보면 자칫 글의 초점이 불명확해져서 긴장감과 완성도가 떨어질 수 있음을 주의해야 함. 이보다는 필요한 내용이 들어가되 압축적으로 글을 쓸 수 있도록 노력하는 것이 더 필요함.
- 문장 표현이 정확하고 올바르게 되어 있는지를 신경을 써 가며 고쳐쓰기를 하도록 함.

10.3. 과학 기술 에세이 쓰기(3)

10.3.1. 자료 읽고 내용 정리하기 자료 읽기

10.3.1.1. 자료 읽기

노화와 관련한 아래의 글을 찬찬히 읽어 보고 글의 핵심 내용과 전개 방법에 관한 정보를 파악하도록 하자.

[자료]

불로초는 없다

노화는 생존 · 생식에 능했던 젊음의 대가…
욕망에 근거한 '노화 방지 의학'보다 생명 가치 높이는 '노년 의학'이 장수 시대의 답

예나 지금이나 대부분의 학생들은 공부를 주어진 지식을 주워 담는 것으로 여긴다. 학교에서 지적 호기심을 자극하거나 공부 이외의 능력을 알아봐 주는 일은 별로 없다. 하지만 어떤 지식이 얼마나 그 사람의 삶에 영향을 주는지 알게 되었을 때의 '느낌'에 좌우되는 경우가 많다. 이렇게 가슴을 울린 지식은 탐구욕을 자극해 미래의 거름이 된다.

수명 늘린 건 유전자 아닌 문명

진화 생물학과 노년 의학을 공부하다가 문득 중학교 때 생물 선생님의 말씀이 떠올랐다. 대충 이런 얘기였다. 화초를 가꿀 때 너무 좋은 조건을 만들어 주면 꽃을 잘 피우지 않는다. 꽃은 열매와 씨를 맺어 후손을 퍼뜨리려 피는 것이고 그러려면 벌과 나비를 끌어들여야 하므로 향기와 아름다움을 진화시켰다. 자연의 조건이 가혹할 때는 자신을 희생하더라도 빨리 많은 씨를 만들어 뿌려야 후손이 살아남을 가능성이 높아지므로 일찍 꽃을 피운다. 그런데 조건이 너무 좋으면 후손을 퍼뜨리기보다는 자신이 살아남는 편이 유리하다. (지금이라면 여기에 '유전자의 입장에서'라는 말을 덧붙였을 것이다.) 그래서 꽃을 잘 피우지 않는다. 식물은 고난 속에서 더 아름답게 꽃 피운다!

이 이야기는 온갖 고난을 겪으며 얕은 강물을 거슬러 올라가 생식의 임무를 완수한 다음 바로 생을 마치는 연어 이야기에 비하면 훨씬 덜 극적이다. 하지만 연어의 사례와 함께 생명의 본질 또는 적어도 생명의 기본적 경향성에 대해 중요한 사실을 말해 준다. 생명은 어떤 경우든 번식의 성공률을 높이는 방향으로 행동한다는 것이다. 리처드 도킨스는 이 현상을 유전자의 입장에서 보면 쉽게 설명할 수 있음을 깨닫고 '이기적 유전자'라는 말을 만들어 크게 유행시켰다. 생명은 그것이 품고 있는 유전자의 빈도가 높아지는 방향으로 행동한다. 생명체의 몸은 유전자가 운전하는 자동차와 같다. 이 논리에 따르면 생식을 끝낸 개체는 생을 마감하는 게 자연의 원리에 맞는다.

그렇다면 인간은 어째서 생식의 임무를 완수하고서도 자식과 함께 늙어갈 만큼 오래 사는 것일까? 20세기가 시작될 무렵 갓 태어난 조선인 아이의 기대 수명은 24살 전후였지만 2007년에는 무려 79.4살로 늘어났다. 우리는 100여 년 전에 태어난 조상보다 무려 3배나 오래 살게 된 것이다. 생명과 인류의 장구한 역사에 비추어 찰나에 불과한 시간 동안 이루어낸 성과치고는 엄청난 것이다. 이렇게 짧은 시간 동안 수명을 연장하는 유전자가 진화했을 수는 없다. 이러한 성과는 주로 영양과 위생 상태를 개선해 전염병을 극복하고 출산 횟수와 영아 사망률을 크게 낮추었기에 가능했다. 인간의 수명을 늘린 것은 유전자가 아니라 인류의 문명이었던 것이다.

현재 우리 몸의 생물학적 구조와 기능, 그리고 그것을 만들어내는 유전자는 인류 역사의 대부분을 차지하는, 그리고 평균 수명이 10년 남짓이던 수렵·채취 생활에 적응된 것이다. 당시의 주요 사망 원인은 포식 동물의 공격, 추락 같은 사고, 전쟁, 독이 든 음식, 감염, 출산에 따른 사고 등이었을 것이다. 21세기를 살고 있는 우리도 그런 위험한 상황에 적응된 몸을 물려받았다. 그런데 이제 그 몸이 적응한 위험은 대부분 사라졌다. 그러니 생리적 능력의 여분이 생겼고 이것이 수명 연장으로 이어졌다. 우리가 살고 있는 여분의 삶은 10만 년 이상 혹독한 자연에 적응하면서 진화해 온 생물학적 조상과 1만 년 남짓 그 위험을 줄여온 문화적 조상의 덕이다. 우리 몸속에는 그 두 조상이 공존한다.

그러니까 노화는 문명을 진화시킨 인간에게만 있는, 생명의 역사 전체에서도 무척 특이한 현상이다. 그렇다면 인간 수명의 한계는 없는 것일까? 생리적 현상을 통제하는 현대 문명의 능력은 어디까지일까? 그 답은 우리 몸속의 진화적 조상과 문화적 조상이 현실에서 어떻게 상호작용하는지에 달려 있다. 진화적 조상은 우리를 노화에 관한 과학적 탐구로 이끌고, 문화적 조상은 더 오래 건강하게 살려는 욕망을 부추긴다.

욕망에 기생하는 과학

어떤 과학은 욕망에 기생하기도 한다. 2005년 말부터 전국을 뜨겁게 달궜던 줄기세포 파동이 바로 그런 과학의 모습이다. 건강하게 오래 살려는, 그리고 생명 연장 기술을 통해 큰돈을 벌려는 욕망은 일부 과학자와 언론을 이미 무병장수의 꿈을 이룬 듯 행동하게 했다. 그 꿈이 조작된 데이터에 의한 것임이 밝혀진 지금도 장수와 노화 방지에 대한 욕망은 죽지 않았다. 검색창에 '노화 방지'를 입력해보면 수많은 노화 방지 식품·화장품·클리닉·운동법·학술 정보들이 나타난다. 물론 이중 설득력 있는 과학적 근거를 제시하는 것은 거의 없다.

어떤 과학은 욕망에 기생할 뿐 아니라 그것을 부추겨 새로운 시장을 만든다. 노화를 연구하는 과학자 중에는 인간의 수명을 수백 년까지 늘릴 수 있다고 주장하는 드 그레이 같은 사람도 있지만, 대부분은 시중에 유통되는 노화 방지 상품과 담론이 진실을 심하게 왜곡한다고 비판한다.

2002년에 수십 명의 노화 연구자들이 모여 발표한 '인간 노화에 관한 의견서'는 대부분의 노화 방지 상품이 과학적 근거가 없고 위험하기까지 하다고 경고한다. 이 의견서는 지금까지 밝혀진 과학적 사실에 근거한 것이지만, 우리 몸이 진화적으로 한계를 가질 수밖에 없으며 문화적으로 연장돼 온 생명의 길도 한계에 이르고 있음을 깨닫게 한다.

그러나 욕망으로 무장한 문화적 몸은 과학마저 도구로 삼는다. 미국노화방지의학회(A4 M)는 세계 73개국에 1만 2500명의 회원을 거느린 거대 학회로, 교과서와 학술지를 발간하고 세계 각지에서 대규모 학술 대회를 연다. 이 학회에 드는 막대한 비용은 당연히 노화 방지 상품을 파는 회사가 부담한다. 그들이 발간하는 책의 제목은 '새로운 노화 방지의 비밀' '젊음의 호르몬' '성장 호르몬과 함께 젊음을 키우세요' '시계를 멈춰라' 등 모두 선정적인 것들이다.

진화 과정에 숨겨진 노화의 비밀

하지만 노화 자체의 비밀도 모른 채 노화 방지의 비밀을 풀 수는 없다. 기계는 그것을 설계 · 제작한 인간의 의도와 제도를 따라 이력을 추적할 수도 있고 수명을 늘리기로 작정만 한다면– 당연히 한계는 있겠지만– 그렇게 못할 이유도 없다. 우리 몸은 기계에 비유되기도 하지만 수십 억 년 또는 수십만 년에 이르는 생명과 인간 종의 진화를 거쳐왔으므로 그 이력을 추적하기가 쉽지 않다. 하지만 노화의 비밀은 여전히 진화 과정 속에서 찾을 수밖에 없다. 노화의 단서는 분자와 세포에 있을 수도 있지만 그 분자와 세포 역시 진화의 산물이기 때문이다.

이런 전제하에 노화의 원인을 단순하게 설명하자면, '우리는 생존과 생식의 대가로 늙는다'로 요약된다. 진화의 동력인 자연선택은 살아남아 후손을 남기기에 유리한 형질만 선택한다. 어렸을 때 병을 일으키는 유전자를 가진 사람은 아이를 낳기 전에 죽을 확률이 높으므로 그 유전자는 자연에서 점차 사라진다. 그러나 어떤 유전자가 40살 이후에 병을 일으킨다면 그 유전자는 인구에서 제거되지 않는다. 발병되었을 때는 이미 그 유전자를 후손에 전한 다음일 테니까.

노화도 마찬가지다. 사람을 늙게 하는 형질은 생존과 생식에 유리하지 않으므로 자연에 의해 선택되어 널리 퍼지지 않는다. 그러나 어려서 병을 일으키는 형질과는 달리, 자식을 낳기도 전에 일찍 죽게 만들지도 않는다. 그래서 유전자 풀에서 제거되지 않고 남아 있게 된다. 노화는 진화의 직접적 결과가 아니라 자연이 생존과 생식에 능한 형질을 선택하고 남은 찌꺼기인 셈이다.

현대의학이 조만간 획기적으로 노화를 막는 방법을 찾아낼 수 있을지에는 전문가들 사이에서도 의견이 분분하다. 하지만 아직까지 그런 불로초가 없다는 데는 대부분 동의한다. 더구나 노화의 비밀은 우리가 조작할 수 있는 분자와 세포보다는 기나긴 생명의 진화 과정 속에 숨어 있을 가능성이 높다. 욕망에 근거한 노화 '방지' 의학보다는 늘어난 생명의 시간과 주어진 조건을 향유해 생명의 가치를 높이려는 '노년' 의학이 장수 시대의 답인 이유다.

－강신익, 『한겨레 21』 제850호, 2011. 3. 2.－

10.3.1.2. 이해하고 정리하기

윗글을 이해하는 데에 꼭 알아야 할 용어에는 어떤 것들이 있는가? 윗글을 서술하는 데에 사용된 다음의 용어들이 어떤 개념을 지닌 말인지를 써 보도록 하자. 필요시 사전을 이용하여 정확하게 알아 두도록 하자.

(1) 유전자 --

(2) 인류 문명 --

(3) 진화적 조상 --

(4) 문화적 조상 --

(5) 노화 --

(6) 생존 --

(7) 생식 --

(8) 노화 방지 의학 _____

_____

(9) 노년 의학 _____

_____

(10) 욕망에 기생하는 과학 _____

_____

윗글의 핵심 내용은 무엇인가? 윗글의 주제문과 이를 뒷받침해 주는 중요 내용들을 써 보도록 하자. 그리고 이 내용들이 어떻게 구조화되어 있는지 그림으로 나타내 보도록 하자.

(1) 주제문 _____

_____

(2) 중요 내용

① _____

_____

② _____

_____

③ _____

_____

④ _____

(3) 글의 구조

10.3.2. 토론하기, 내용 생성하기 및 정리하기

10.3.2.1. 토론하기

인간이 노화를 인식하는 태도, 노화를 막기 위한 과학 연구와 과학의 발전, 노화를 받아들이는 우리들의 태도에 관해서 토론을 하여 보자. 이를 통하여 과학의 시대에 노화를 우리들이 어떻게 인식하고 받아들이는 것이 좋을지에 관해서 자신의 생각을 정리해 가며 글을 쓸 준비를 하도록 하자.

1) 토론 주제 1: 인간이 노화를 인식하는 태도

(1) 인간이 노화를 받아들이는 방식

_____

_____

_____

(2) 인간에게 찾아오는 노화의 보편성과 특수성

_____

_____

_____

(3) 노화와 문명의 진화와의 관계

_____

_____

(4) 노화와 생존 · 생식과의 관계

_____

_____

2) 토론 주제 2: 노화를 막기 위한 과학 연구와 과학의 발전에 대한 인식

(1) 노화 방지와 과학 사이의 관계

(2) 노화와 욕망에 기생하는 과학과의 관계

(3) 노화를 막기 위한 과학 연구와 과학의 발전이 인간의 삶에 가져다준 행복

(4) 노화 방지 덕택에 달라진 인간의 삶

3) 토론 주제 3: 우리는 노화를 어떻게 받아들여야 할 것인가?

(1) 인간이 노화를 막는 방법을 찾아내야 할 이유

(2) 인간이 노화를 막기 위해 노력하는 목적

(3) 노화와 인간의 욕망, 인간다운 삶, 생명체다운 삶과의 관계

(4) 노화를 받아들이는 태도와 우리의 삶 사이의 관계

(5) 노화를 받아들이는 태도의 변화가 우리 삶에 미치는 영향

10.3.2.2. 내용 생성하기 및 정리하기

위 토론을 통하여 알게 된 바가 무엇인지 생각하여 정리하여 보도록 하자. 이를 통하여 실제 에세이를 쓸 수 있는 준비를 하도록 한다.

(1) 위의 토론 내용 정리 _____

(2) 토론을 통해 얻은 자신의 생각을 정리 _____

(3) 나의 생각과 남의 생각 사이의 공통점과 차이점을 정리 _____

(4) 남을 설득할 때에 유용하게 활용할 것들을 찾아서 정리 _____

(5) 자신의 생각을 중심 문장과 뒷받침 문장으로 제시 _____

(6) 5~6개 정도의 문단으로 이루어진 에세이를 쓸 것을 염두에 두고 자신의 생각을 논리적으로 전개하여 정리 _____

10.3.3. 집필하기

10.3.3.1. 개요 작성하기

앞의 모둠별 토론하기를 통하여 생성하게 된 자신의 생각을 에세이로 쓰기 위해서 먼저 개요를 작성하도록 하자. 개요는 다음의 사항들에 주의를 기울여 가며 작성하도록 한다.

- 토론을 통하여 생성된 내용을 제목, 주제문, 처음, 중간, 끝으로 구성된 개요를 작성하도록 함.
- 개요는 문장 형태로 가능한 한 자세하게 제시하도록 함.
- 개요 속에서는 구체적인 진술에 포함할 구체적인 사례도 포함하도록 함.
- 5~6개 정도의 문단으로 글을 구성할 수 있도록 작성하도록 함.

10.3.3.2. 개요에 따라 집필하기

앞에서 작성한 개요에 따라서 실제로 집필을 하도록 하자. 집필을 할 때에는 다음의 사항들에 주의를 하며 집필을 하도록 한다.

- 1,000자 분량으로 작성하도록 하고, 5~6개의 문단으로 작성하도록 함.
- 중심 생각에 따라서 문단 구분을 하도록 하고 들여쓰기를 통하여 문단 구분을 명확히 하도록 함.
- 에세이를 쓰는 목적을 분명히 생각하면서 글을 집필하도록 안내하도록 함.
- 개요에 맞게 글이 순탄하게 전개되고 있는지를 확인하면서 집필함.

10.3.4. 피드백 및 고쳐쓰기

10.3.4.1. 피드백

이제 자신이 집필한 에세이 원고를 피드백을 받아 수정 전략을 세워 보도록 하자. 피드백을 할 때 중점을 두는 부분은 다음과 같다. 피드백은 교수자에게서 받는 것이지만 동료 및 자기 스스로에게도 받을 수 있다. 그러니 교수자에게 피드백을 받기 전에 동료와 함께 다음의 내용에 중점을 두어 가며 자아 피드백을 하여 보자.

- 개요에 따라 글이 적절히 집필되었는지를 검토하고 부족한 부분을 지적함.
- 문단의 구성과 배열이 적절한지를 검토하여 부족한 부분을 지적함.
- 에세이의 앞부분, 가운데 부분, 끝부분에 들어갈 내용이 잘 갖추어져 있는지를 파악하여 부족한 부분을 지적함.
- 생명 과학에 관한 자신의 생각이 진솔하게 드러나 있고 주장과 근거가 잘 제시되어 있는지를 보고 부족한 부분을 지적함.
- 중심 생각과 뒷받침 생각이 적절히 균형 잡히게 제시되어 있는지를 지적함.
- 추상적인 진술뿐만 아니라 구체적인 진술, 사례 등이 적절히 포함되어 있는지를 살펴보고 부족한 부분을 지적함.

10.3.4.2. 고쳐쓰기

피드백을 받은 결과에 따라서 이제는 적절히 고쳐쓰기를 해 보도록 하자. 고쳐쓰기의 대상에는 글의 내용과 형식뿐만 아니라 문장도 포함된다. 그러므로 이 세 가지가 조화롭게 잘 고쳐져야 완성도 높은 에세이를 쓸 수 있다.

- 피드백에서 제시된 바를 적절히 반영하여 고쳐 쓰도록 함.
- 반드시 피드백 결과를 적절히 반영하였는지를 확인하는 점검표를 만들어 적절한 수정 여부를 확인하도록 함.
- 피드백 결과에 따라 원고 분량이 부족할 경우에는 양을 늘릴 수도 있지만 분량이 필요 이상으로 늘어나지 않도록 주의를 기울이도록 함. 분량을 늘리다 보면 자칫 글의 초점이 불명확해져서 긴장감과 완성도가 떨어질 수 있음을 주의해야 함. 이보다는 필요한 내용이 들어가되 압축적으로 글을 쓸 수 있도록 노력하는 것이 더 필요함.
- 문장 표현이 정확하고 올바르게 되어 있는지를 신경을 써 가며 고쳐쓰기를 하도록 할 것.

■ 참고 문헌

1) 국내 논저

강희숙(2003), 『국어 정서법의 이해』, 역락.

글쓰기교재편찬위원회(2015), 『인문학 글쓰기』, 경북대학교 출판부.

김경희(2016.1.12), 「'가장 행복한 나라' 부탄을 가다」, 『주간경향』.

김민수(1984), 『국어정책론』, 탑출판사.

김민영 · 황선애(2015), 『서평 글쓰기 특강』, 북바이북.

나찬연(2005), 『한글 맞춤법의 이해』(개정판), 도서출판 월인.

남기심 · 고영근(1993), 『표준국어문법론』(개정판), 탑출판사.

대한교과서 주식회사(2001), 『국어 어문 규정집』, 대한교과서 주식회사.

박영준 외(2006), 『광고언어론』, 커뮤니케이션북스.

배식한(2000), 『인터넷, 하이퍼텍스트 그리고 책의 종말』, 책세상.

송창훈(2014), 『지식생산의 글쓰기』, 이담북스(한국학술정보).

연규동(1998), 『「통일시대」의 한글 맞춤법』, 박이정.

우한용 외(2006), 『인터넷 시대의 글쓰기와 표현 교육』, 서울대학교 출판부.

유광수 외(2013), 『비판적 읽기와 소통의 글쓰기』, 박이정.

이삼형 외(2007), 『국어교육학과 사고』(개정신판), 역락.

이재현(2000), 『인터넷과 사이버사회』, 커뮤니케이션북스.

이창덕 외(2000), 『삶과 화법』, 박이정.

정희모 · 이재성(2005), 『글쓰기의 전략』, 들녘.

정희모 외(2008), 『대학 글쓰기』, 삼인.

차오름(2016), 『지적인 삶을 위한 글쓰기』, 지혜의 숲.

채석용(2011), 『논증하는 글쓰기의 기술』, 소울메이트.

최미숙 외(2012), 『국어 교육의 이해』(개정판), 사회평론.

최준호(2012), 『마이너리거를 위한 철학여행-내 삶의 주인이 되기 위한 8가지 질문-』, 책세상.

최용기(2003), 『남북한 국어 정책 변천사 연구』, 박이정.

최현섭 외(2005), 『국어교육학개론』(제2증보판), 삼지원.

허철구(2016), 『우리말 규범의 이해』(개정판), 역락.

홍성욱(2002), 『네트워크 혁명, 그 열림과 닫힘』, 들녘.

2) 번역 논저

로버트 치알디니 지음/이현우 옮김(2004), 『설득의 심리학』, 21세기 북스.
알랭 바디우 지음/박성훈 옮김(2016), 『행복의 형이상학』, 민음사.
윌리엄 진서 지음/이한중 옮김(2007), 『글쓰기, 생각쓰기』, 돌베개.
조지 밀러 지음/강범모 · 김성도 옮김(1991), 『언어의 과학』, 민음사.
한병철 지음/김태환 옮김(2012), 『피로사회』, 문학과 지성사.

3) 인터넷 자료

국립국어원 표준국어대사전(http://stdweb2.korean.go.kr/main.jsp)

■ 부록: 글쓰기에서 자주 틀리는 어문 규정

글쓰기를 하다 보면 맞춤법에 맞지 않는 표기를 하게 된다든지, 자신도 모르게 비표준어를 쓰게 된다든지, 외래어 표기법에 어긋나는 표기를 하게 된다든지, 로마자 표기법에 맞지 않는 표기를 하게 된다든지 문장 부호를 잘못 쓴다든지 하는 경우가 있다. 이들은 모두 어문 규정을 어기게 되는 것인데, 어문 규정을 어긴 표기 또는 표현을 하게 될 경우에 필자와 독자 사이에 원활한 의사소통을 하는 데에 지장이 생기게 된다. 따라서 어문 규정에 맞게 표기를 하거나 표현을 하여 계층, 지역 등에 상관없이 정확하고 원활한 의사소통이 이루어지도록 노력하는 것이 필요하다.

어문 규정의 내용, 상세한 해설, 해당되는 용례 등을 찾아보고 싶을 때에는 국립국어원의 누리집(홈페이지)인 http://www.korean.go.kr/에 들어가서 이곳의 「사전·국어지식」에 실려 있는 어문 규정 관련 정보를 참고하고, 『표준국어대사전』(http://stdweb2.korean.go.kr/main.jsp#)을 검색하여 원하는 정보를 찾아보면 된다.

〈맞춤법, 표준어, 외래어 표기법〉

제시한 예 중 별표(*)는 비규범적임을 나타내는 것으로 어문 규정에 어긋나는 것임.

1. 깍두기   *깍뚜기   색시   *색씨
   각시   *각씨   깍지   *깍찌

   한 단어 안에서 'ㄱ, ㅂ' 받침 뒤에서 나는 된소리는 그 받침소리 때문에 된소리화 현상이 일어난 것으로 보아 된소리로 적지 않는다.

2. 딱딱하다   *딱닥하다   쌉쌀하다   *쌉살하다
   씁쓸하다   *씁슬하다   짭짤하다   *짭잘하다
   찝찔하다   *찝질하다

   한 단어 안에서 'ㄱ, ㅂ' 받침 뒤에서 나는 된소리라도 같은 음절이나 비슷한 음절이 겹쳐 있는 경우에는 모두 된소리로 적는다.

3. 강소주   *깡소주   졸아서   *쫄아서
   졸병   *쫄병   잘렸다   *짤렸다

   흔히 어두음을 된소리로 발음하나 비표준적인 발음이므로 된소리로 적으면 안 된다.

4. 신여성   *신녀성   실낙원   *실락원
   중노동   *중로동   연이율   *연리율
   출생 연도   *출생 년도   졸업 연도   *졸업 년도
   회계 연도   *회계 년도   생산 연도   *생산 년도

   두음법칙에 따라 적는 단어는 다른 말과 복합어 또는 구를 이룰 때도 그대로 적는다.

5. 남녀   *남여   연년생   *연연생
   신년도   *신연도   구년도   *구연도
   고랭지   *고냉지   소식란   *소식난
   부고란   *부고난   쌍룡   *쌍용
   와룡   *와용   희희낙락   *희희낙낙
   늠름하다   *늠늠하다   냉랭하다   *냉냉하다
   녹록하다   *녹녹하다

   단어의 첫머리에 오지 않을 경우에는 두음법칙과 무관하므로 본음대로 적는다.

6. 가정란　　*가정난　　소식란　　*소식난
    부고란　　*부고난　　학습란　　*학습난
    노동량　　*노동양　　강수량　　*강수양
    수확량　　*수확양

    어린이난　*어린이란　뉴스난　　*뉴스란
    구름양　　*구름량

한자 '欄(란)', '量(량)' 등은 한자 형태소인 동시에 '난', '양'처럼 국어의 한 단어이기도 하다. 따라서 한자어 뒤에 오는 경우에는 한자 형태소로 취급하여 본음대로 적지만 고유어나 외래어 뒤에서는 단어 '난', '양'이 결합한 것으로 보아 '난', '양'으로 적는다.

7. 나열　　*나렬　　　선열　　*선렬
    비율　　*비률　　　선율　　*선률
    사고율　*사고률　　실패율　*실패률
    득표율　*득표률　　백분율　*백분률
    불문율　*불문률　　출산율　*출산률
    할인율　*할인률

    성공률　*성공율　　적중률　*적중율
    출생률　*출생율　　해독률　*해독율
    위험률　*위험율　　취업률　*취업율
    손실률　*손실율

단어의 첫머리가 아닌 위치에서, '렬, 률'은 모음이나 'ㄴ' 받침 뒤에서 본음대로 적지 않고 '열, 율'로 적는다. 그 외는 본음대로 적는다.

8. 가짓수　*가지수　　시냇가　*시내가
    나뭇잎　*나무잎　　수돗물　*수도물
    전셋집　*전세집　　등굣길　*등교길
    하굣길　*하교길　　횟집　　*회집
    처갓집　*처가집　　국숫집　*국수집
    맥줏집　*맥주집　　김칫국　*김치국
    배춧국　*배추국　　장밋빛　*장미빛
    보랏빛　*보라빛

명사와 명사로 이루어진 합성 명사에서 뒷말의 첫소리가 된소리로 나거나 'ㄴ' 또는 'ㄴㄴ' 소리가 덧나는 사잇소리 현상이 있는 경우에 두 가지 경우에 사이시옷을 쓴다.

(ⅰ) 합성 명사가 다음과 같은 말로 이루어져 있으며 두 말 사이에 사잇소리 현상이 있을 경우에 쓴다. 이 조건에 따라 '핑크빛/*핑큿빛', '피자집/*피잣집'처럼 외래어가 들어간 경우에는 사이시옷을 쓰지 않는다.

ㄱ. 고유어+고유어	ㄴ. 고유어+한자어	ㄷ. 한자어+고유어

9. 초점   *촛점   대가   *댓가
    시가   *싯가   월세방   *월셋방
    전세방 *전셋방

합성 명사에서 사이시옷을 쓰는 두 번째 환경은 다음과 같다.

(ⅱ) 합성 명사가 '한자어+한자어'인 경우에는 '곳간(庫間), 셋방(貰房), 숫자(數字), 찻간(車間), 툇간(退間), 횟수(回數)'만 사이시옷을 쓴다. 그 외는 쓰지 않는다.

10. 기와집 *기왓집   초가집   *초갓집
    인사말 *인삿말   머리글   *머릿글
    머리말 *머릿말

합성 명사에 사잇소리 현상이 없으면 당연히 사이시옷을 적지 않는다.

11. 접때   *저때   볍씨   *벼씨
    좁쌀   *조쌀   햅쌀   *햇쌀
    햇곡식 햇콩   햇감자   햇고구마

두 말이 어울릴 적에 'ㅂ' 소리가 덧나는 것은 소리대로 적는다. 특히 '그 해에 새로 난'의 뜻의 접두사는 '햇-'이지만 '쌀'의 경우에는 'ㅂ' 소리가 덧나므로 '햅쌀'로 적는다.

12. 개다(날씨가) *개이다   개어   *개여
    개는   *개이는   갠   *개인
    메다(목이) *메이다   메어   *매여
    메는   *메이는   멘   *메인
    설레다(가슴이) *설레이다 설레어   *설레여
    설레는   *설레이는   설렌   *설레인
    채다(발에) *채이다   채어   *채여
    채는   *채이는   챈   *채인

이 용언들은 '이'가 불필요하게 덧붙은 어형으로 적어서는 안 된다.

13. 담그고(김치) *담구고 *담고
    담가 *담궈 *담아
    담갔다 *담궜다 *담았다
    잠그고(문을) *잠구고
    잠가 *잠궈
    잠갔다 *잠궜다
    치르고(시험을) *치루고
    치러 *치뤄
    치렀다 *치뤘다
    들르고(집에) *들리고
    들러서 *들려서
    들렀다 *들렸다

이 용언들은 '으' 모음을 지닌 어형이 기본형이다.

14. 굵다랗다 *국다랗다/국따랗다 [국따라타]
    굵직하다 *국직하다/국찍하다 [국찌카다]
    넓적하다 *넙적하다/넙쩍하다 [넙쩌카다]

겹받침을 갖는 용언의 어간에 자음으로 시작된 접미사가 결합할 경우 어간의 원형을 밝혀 적는다.

15. 널따랗다 *넓다랗다 널찍하다 *넓직하다
    얄따랗다 *얇다랗다 짤따랗다 *짧다랗다
    짤막하다 *짧막하다 얄팍하다 *얇팍하다

겹받침을 갖는 용언의 어간에 자음으로 시작된 접미사가 결합하였는데 그 겹받침의 끝소리가 드러나지 않는 경우에는 소리 나는 대로 쓴다.

16. 파래(서) *파레(서) 빨개(서) *빨게(서)
    노레(서) *노래(서) 까매(서) *까메(서)
    하얘(서) *하예(서) 파래지다 *파레지다
    노래지다 *노레지다 까매지다 *까메지다
    하얘지다 *하예지다

    퍼레(서) *퍼래(서) 뻘게(서) *뻘개(서)
    누레(서) *누래(서) 꺼메(서) *꺼매(서)
    허예(서) *허얘(서) 퍼레지다 *퍼래지다

누레지다	*누래지다	꺼메지다	*꺼매지다
허예지다	*허얘지다		

색깔을 나타내는 형용사에 '-아/어(서)'나 '-아/어지다'가 결합하는 경우에 모음 조화 규칙에 따라 적는다.

17. 그러고 나서 *그리고 나서　　　그러고는　　　*그리고는
　　그러고도　　*그리고도

'그렇게 하다'의 뜻을 지닌 동사 '그러다'가 활용한 경우이다. 이 동사를 접속 부사 '그리고'와 혼동해서는 안 된다. 접속 부사 '그리고' 뒤에는 '나다'와 같은 보조 동사나 '는', '도'와 같은 보조사가 결합할 수 없다.

18. 민(등을) *밀은　　　만(물에)　　　*말은
　　연(문을) *열은　　　는(실력이)　　*늘은
　　거친(손이) *거칠은　　나는(하늘을) *날으는

이 용언들은 관형사형 어미 앞에서 'ㄹ'이 탈락하여 활용한 대로 적어야 한다.

19. 살다시피 *사다시피　　알다시피　　*아다시피

'-다시피' 앞에서는 'ㄹ' 탈락이 인정되지 않는다.

20. 알맞은 *알맞는　　걸맞은　　*걸맞는

'알맞다', '걸맞다'는 형용사로서 그 관형사형 어미는 '-는'이 아니라 '-은'이 붙는다.

21. 잇따른(사고) *잇딴　　잇단　　*잇다른

의미상 유사한 '잇달다'와 '잇따르다'의 관형형은 각각 '잇단'과 '잇따른'이다.

22. 가려고 *갈려고　　먹으려고　　*먹을려고
　　오려나 *올려나　　열려나　　*열을려나
　　떼려야 *뗄래야　　가려야　　*갈래야
　　먹으려야 *먹을래야

'-려고', '-려나', '-려야' 등의 어미 앞에 불필요한 'ㄹ'을 덧붙여 말하고 적지 않는다.

23. 연구하도록　연구토록　　　단념하게　　단념케
　　일정하지　　일정치　　　　칠칠하지　　칠칠치
　　다정하다　　다정타　　　　신청하고자　신청코자

　　생각하건대　생각건대　　　거북하지　　거북지
　　넉넉하지　　넉넉지　　　　생각하도록　생각도록
　　짐작하건대　짐작건대　　　보답하고자　보답고자

'명사-하다' 용언의 경우 명사가 울림소리(모음, ㄴ, ㅁ, ㅇ, ㄹ)로 끝나면 'ㅏ'만 줄어들고, 안울림소리(그 밖의 자음)로 끝나면 '하' 전체가 준다. 그럴 경우 준 대로 적는다.

24. 되어　　　돼　　　　　　　　뵈어　　　　봬
　　쐬어　　　쐐　　　　　　　　쬐어　　　　쫴
　　되었다　　됐다　　　　　　　뵈었다　　　뵀다
　　쐬었다　　쐤다　　　　　　　쬐었다　　　쬈다
　　되고　　　*돼고(*되어고)　　되니　　　　*돼니(*되어니)
　　되자　　　*돼자(*되어자)　　된다　　　　*됀다(*되언다)

'ㅚ'가 'ㅓ'와 어울려 줄 경우 'ㅙ'로 적는다. 'ㅚ'가 'ㅕ'과 어울려 줄고, 'ㅚ'가 'ㅕ'과 어울려 울려 줄 경우 'ㅙ'으로 적는다. 만일 'ㅚ'인지 'ㅙ'인지 불확실하면 'ㅚ ㅓ'가 성립하는지 검증해 보면 된다.

25. 싸이어　　　쌔어/싸여　　　보이어　　　뵈어/보여
　　누이어　　　뉘어/누여　　　쓰이어　　　씌어/쓰여
　　트이어　　　틔어/트여　　　뜨이어　　　띄어

이 활용형들은 앞의 두 음절이 줄거나, 뒤의 두 음절이 주는 경우 모두 준 대로 적으면 된다. 다만, '띄어'의 경우는 '*뜨여'를 인정하지 않는다.

26. 가지다　　　갖다　　　　　서두르다　　서둘다
　　서투르다　　서툴다　　　　디디다　　　딛다
　　가지고　　　갖고　　　　　서두르지　　서둘지
　　서투르고　　서툴고　　　　서두르니　　서두니
　　서투른　　　서툰　　　　　디디거나　　딛거나

　　가져　　　　*갖어　　　　가졌다　　　*갖었다
　　서둘러　　　*서둘어　　　서둘렀다　　*서둘었다
　　서툴러　　　*서툴어　　　서툴렀다　　*서툴었다

| 디뎌 | *딛어 | 디뎠다 | *딛었다 |
| 내디뎌 | *내딛어 | 내디뎠다 | *내딛었다 |

이 활용형들은 준말과 본말을 모두 인정한다. 다만 준말의 경우는 모음으로 시작하는 어미 앞에서만 사용하고, 자음으로 시작하는 어미 앞에서는 사용하지 못한다.

27. 자랑스러운　　*자랑스런　　　멋스러운　　　*멋스런
　　　정성스러운　　*정성스런　　　을씨년스러운　*을씨년스런
　　　맛깔스러운　　*맛깔스런

'-스럽다'는 관형사형 어미와 결합할 경우 준말로 적어서는 안 된다.

28. 오십시오　　*오십시요　　　계십시오　　　*계십시요
　　　가시오　　　*가시요　　　　앉으시오　　　*앉으시요

종결 어미 '-오'는 '요'로 소리 나더라도 원형을 밝혀서 '오'로 적는다.

29. 먹어　　　먹어요　　　　잡아　　　　잡아요
　　　갈까　　　갈까요　　　　뛰지　　　　뛰지요

종결 어미 뒤에 붙는 '-요'는 해요체의 조사로서 '요'로 적는다.

30. 먹습니다　　*먹읍니다　　　있습니다　　　*있읍니다
　　　없습니다　　*없읍니다　　　먹음　　　　　*먹슴
　　　있음　　　　*있슴　　　　　없음　　　　　*없슴

합쇼체의 종결 어미는 '*-읍니다'가 아니라 '-습니다'이다. 명사형 어미 '-(으)ㅁ'은 이와 상관없는 별개의 어미이므로 '-슴'이라고 적어야 할 이유가 없다.

31. 갈게　　　　*갈께　　　　　말할게　　　　*말할께
　　　잘거나　　　*잘꺼나　　　　있을걸　　　　*있을껄
　　　넘어질세라　*넘어질쎄라　　죽을지언정　　*죽을찌언정
　　　모를진대　　*모를찐대

위 어미들은 'ㄹ' 뒤의 형태소들이 기원적으로 예사소리이다. 된소리로 발음되는 것은 관형형 어미 'ㄹ'의 영향이므로 된소리가 아닌 예사소리로 적는다.

32. 갑니까 *갑니가 갈까 *갈가
    질쏘냐 *질소냐 그만둘쏘냐 *그만둘소냐
    했을꼬 *했을고 사랑할꼬 *사랑할고

의문을 나타내는 어미들은 기원적으로 예사소리였더라도 이미 된소리로 굳어진 것으로 보아 된소리로 적는다.

33. 삶 *삼 줆 *줌
    만듦 *만듬 베풂 *베품

용언 어간에 '-음'이 붙어 명사가 된 경우 그 용언의 원형을 밝혀서 적는다.

34. 같아 *같애 같아요 *같애요
    같아서 *같애서 같았니 *같앴니
    바라 *바래 바라요 *바래요
    바라서 *바래서 바랐니 *바랬니
    바람 *바램 나무라 *나무래
    나무라요 *나무래요 나무라서 *나무래서
    나무랐니 *나무랬니 나무람 *나무램

반말체 종결 어미 '-아'나 연결 어미 '-아(서)' 등을 '-애(서)'등으로 말하고 적어서는 안 된다.

35. 학생이에요 *학생이예요 책이에요 *책이예요
    창원이에요 *창원이예요

    저예요 *저에요 친구예요 *친구에요
    대구예요 *대구에요

    아니에요 *아니예요 아녜요

명사 뒤에 붙는 말 '-이에요'는 자음으로 끝난 명사 뒤에서 '-이에요'로 쓴다. 모음으로 끝난 명사 뒤에서는 모음의 지나친 반복을 피하여 '이에'가 '예'로 줄어든 '-예요'로 쓴다. '아니다'의 경우에는 '아니다'가 형용사로 '-이'가 불필요하므로 '아니에요'로 쓴다.

36. 부르던지 *부르든지 (얼마나 노래를 잘 ~ 놀랐다)
    무섭던지 *무섭든지 (얼마나 ~)

'-던지'는 회상을 나타내는 어미이다.

37. 가든지 말든지   *가던지 말던지
    자든가 말든가   *자던가 말던가
    울든 말든   *울던 말던

 '-든지', '-든가', '-든'은 선택을 나타내는 어미이다.

38. 심부름꾼   *심부름군   일꾼   *일군
    지게꾼   *지겟군

    때깔   *때갈   색깔   *색갈
    빛깔   *빛갈   성깔   *성갈

    귀때기   *귓대기   판자때기   *판잣대기

    팔꿈치   *팔굼치   뒤꿈치   *뒷굼치
    발꿈치   *발굼치

    이마빼기   *이맛배기   코빼기   *콧배기
    곱빼기   *곱배기   얼룩빼기   *얼룩배기

    객쩍다   *객적다   겸연쩍다   *겸연적다

 '-꾼, -깔, -때기, -꿈치, -빼기, -쩍다'의 접미사들은 된소리로 굳어진 것으로 보아 된소리로 적
 는다.

39. 배불뚝이   *배불뚜기   오뚝이   *오뚜기
    쌕쌕이   *쌕쌔기

 '-하다'나 '-거리다'가 붙는 어근에 '-이'가 붙어서 명사가 된 말은 그 원형을 밝혀서 적는다.

40. 얼루기   *얼룩이   깍두기   *깍둑이
    누더기   *누덕이

 '-하다'나 '-거리다'가 붙을 수 없는 어근에 모음으로 시작된 접미사가 붙어서 명사가 된 말은 그
 원형을 밝혀 적지 않는다.

41. | 수나사 | *숫나사 | 수놈 | *숫놈 |
| --- | --- | --- | --- |
| 수소 | *숫소 | 수거미 | *숫거미/*수커미 |
| 수벌 | *숫벌/*수펄 | 수고양이 | *숫고양이/*수코양이 |
| 수제비 | *숫제비 | | |

동물의 성별을 나타내는 접두사 '수-' 등은 다음과 같은 조건에 따라 적는다.

(ⅰ) 거센소리로 굳어진 다음 9단어는 '수ㅎ-'으로 적는다.

수캉아지, 수캐, 수컷, 수키와, 수탉, 수탕나귀, 수톨쩌귀, 수퇘지, 수평아리

(ⅱ) 다음 3단어는 '숫-'으로 적는다.

숫양, 숫염소, 숫쥐

(ⅲ) 나머지는 모두 '수-'로 적는다.

42. | 미장이 | *미쟁이 | 갓장이 | *갓쟁이 |
| --- | --- | --- | --- |
| 유기장이 | *유기쟁이 | | |

점쟁이	*점장이	갓쟁이	*갓장이(갓을 즐겨 쓰는 사람)
그림쟁이	*그림장이	멋쟁이	*멋장이
소금쟁이	*소금장이	골목쟁이	*골목장이
발목쟁이	*발목장이		

전통적인 수공업 기술자인 경우에는 '-장이'로 적고 나머지는 '-쟁이'로 적는다.

43. | 윗눈썹 | *웃눈썹 | 윗니 | *웃니 |
| --- | --- | --- | --- |
| 윗도리 | *웃도리 | 윗목 | *웃목 |
| 윗자리 | *웃자리 | | |

웃돈	*윗돈	웃어른	*윗어른

위쪽	*윗쪽	위층	*윗층
위턱	*윗턱		

'윗-/웃-/위-'는 다음과 같이 구별하여 적는다.

(ⅰ) 아래 대립이 있으면 '윗-'으로 적는다.

(ⅱ) 위아래 대립이 없으면 '웃-'으로 적는다.

(ⅲ) '윗-'의 경우 뒷말이 된소리나 거센소리이면 '위-'로 적는다.

44. 점박이	*점배기	차돌박이	*차돌배기
네눈박이	*네눈배기	오이소박이	*오이소배기

'-박이'는 일부 명사 뒤에 붙어 무엇이 박혀 있는 사람이나 짐승 또는 물건이라는 뜻을 더하는 접미사로서 '박다'의 원형이 나타나게 적는다.

45. 돌배기	*돌박이	두 살배기	*두 살박이
알배기	*알박이	진짜배기	*진짜박이
대짜배기	*대짜박이		

'-배기'는 (1) '그 나이를 먹은 아이', (2) '그것이 들어 있거나 차 있음', (3) '그런 물건' 등의 뜻을 더하는 접미사로서 '박다'와는 거리가 멀거나 '배다'와 관련이 있으므로 '-배기'로 적는다.

46. 서울내기	*서울나기	신출내기	*신출나기
풋내기	*풋나기	냄비	*남비
주책	*주착		
지팡이	*지팽이	왼손잡이	*왼손잽이
아지랑이	*아지랭이		

'이'모음 역행동화 현상이 일어난 명사는 표준어로 인정된 것과 아닌 것이 있다.

47. 출렁거리다	출렁대다	흔들거리다	흔들대다
방실거리다	방실대다		

'-거리다'와 '-대다'는 모두 표준어로 인정된다.

48. 깨뜨리다	깨트리다	망가뜨리다	망가트리다
넘어뜨리다	넘어트리다		

'-뜨리다'와 '-트리다'는 모두 표준어로 인정된다.

49. 거무스레하다	거무스름하다	발그스레하다 발그스름하다

'-스레하다'와 '-스름하다'는 모두 표준어로 인정된다.

50. 재떨이	*재털이	먼지떨이	*먼지털이
이슬떨이	*이슬털이		

'떨다'와 '털다'는 옷의 먼지 등 붙거나 달려 있는 것을 쳐서 떼어낸다는 의미에서 유사하지만 파생 명사가 만들어질 경우 '-떨이'형을 선택한다.

51. 더욱이	*더우기	일찍이	*일찌기

부사에 '−이'가 붙어 부사가 되는 경우 그 부사의 원형을 밝혀서 적는다.

52. 깨끗이	*깨끗히	따뜻이	*따뜻히
일일이	*일일히	틈틈이	*틈틈히
솔직히	*솔직이	쓸쓸히	*쓸쓸이
꼼꼼히	*꼼꼼이	열심히	*열심이
분명히	*분명이		

부사의 끝음절의 '이' 또는 '히'의 표기는 다음과 같이 구별하여 적는다.
(i) 분명히 '이'로만 소리나는 것은 '−이'로 적는다.
(ii) '히'로만 소리나거나 '이'나 '히'로 소리나는 것은 '히'로 적는다.

이러한 '한글 맞춤법'의 기준은 실제 발음이 사람마다 다르므로 엄격한 기준이 되기 어렵다. 그러므로 문법적인 특징에 따라 다음과 같이 보조적인 기준을 세워볼 수 있다. 다만 이 경우에도 예외가 있는 데서 보듯 궁극적으로는 각 단어마다 표기를 익혀 두어야 한다.

    (1) '−하다'가 붙지 않는 경우는 모두 '이'로 적는다.
    (2) '−하다'가 붙으면 '히'로 적는다.
    (3) '−하다'가 붙으면서 '이'로 적는 예외가 있다.
        ㄱ. 어근이 'ㄱ'받침으로 끝날 때: 깊숙이, 고즈넉이, 끔찍이, 가뜩이, 멀찍이
        ㄴ. 그 외: 깨끗이, 따뜻이

53. 아무튼	*아뭏든	하여튼	*하옇든

이 단어들은 이미 어원에서 멀어져 부사로 굳어진 것으로 보아 어원을 밝혀 적지 않는다.

54. 그렇지만	그치만	그런데	근데
그러니까	그니까		

흔히 구어체에서 접속 부사가 어미와 어울려 줄어든 경우도 규범에서 벗어나는 것은 아니나 문어적인 글쓰기에는 적합하지 못하다.

55. 칼로써	*칼로서	(~ 종이를 베다)
함으로써	*하므로써	(운동을 ~ 건강을 지킨다)
만듦으로써	*만드므로써	(신제품을 ~ 이익을 내다)

'−(으)로써'는 '~을 가지고/~한 방법을 통하여'(도구)의 의미를 나타내는 조사이다. 조사는 명사 뒤에 결합하므로 '−으로써'의 앞말은 명사 또는 명사형이어야 한다. 그러므로 앞말이 용언인 경우에는 명사형 어미 '−음'을 붙여 명사형으로 만들어야 한다.

56. 학생으로서   *학생으로써   남자로서   *남자로써

'-(으)로서'는 '~의 자격으로'(자격)의 의미를 나타내는 조사이다.

57. 착하므로   *착함으로(써) (철수가 ~ 상을 주어야겠다)

'-므로'는 '~하기 때문에'(이유)의 의미를 나타내는 어미이다. 조사인 '-으로써'와 달리 용언 뒤에 결합하며 '써'가 덧붙은 '*-므로써'와 같은 어형도 없다.

58. 나는   *내는
    너는   *네는   *니는
    내가   *나가
    네가   *너가   *니가

인칭대명사 '나/너'는 주격조사를 제외한 모든 조사와 결합한다. 주격조사가 결합할 경우에는 '내/네'라고 하여야 한다. '니'는 비표준어이다.

59. 저만큼   저만치   책과   책하고
    그녀와   그녀랑   미련은   미련일랑
    서울에는   서울엘랑

구어적으로 널리 쓰여 표준으로 인정되는 단어들이다. 이 말들은 구어적인 성격이 매우 강하므로 글에서는 가려 쓸 필요가 있다.

60. 그것은   그건   그것이   그게
    그것으로   그걸로
    나는   난   나를   날
    너는   넌
    무엇을   뭣을/무얼/뭘   무엇이   뭣이/무에

체언과 조사가 어울려 줄어든 경우는 그 준 대로 적어도 된다.

61. 예/아니요   *예/아니오

대답의 감탄사는 하오체의 '아니오'가 아니라 해요체의 '아니요'이다.

62. 며칠   *몇 일   부리나케   *불이나케

어원이 분명치 않은 것은 소리 나는 대로 쓴다. '며칠'의 경우 그 어원이 '몇 일'이라면 '몇 월'처럼 그 발음이 [며딜]이 되어야 하나 [며칠]이므로 어원을 분명히 말하기 어렵다.

63. 예스러운   *옛스러운   예부터   *옛부터
    옛날   옛이야기   옛 생각   옛 친구

'예'는 명사이고 '옛'은 관형사이다. 접미사나 조사 앞에서는 명사가 와야 하므로 '예'로 말하고 적는다.(예로부터/예나 지금이나) 명사 앞에서는 관형사 '옛'으로 말하고 적는다.

64. 삼가다   *삼가하다   꼬이다/꾀다   *꼬시다

위 단어들은 비표준적인 어형이 널리 쓰이고 있는 대표적인 예들이다.

65. 삼촌   *삼춘   부조   *부주
    사돈   *사둔

위 단어들은 흔히 한자음 '오'가 '우'로 바뀌어 쓰이지만 비표준적이다.

66. 끼어들기   *끼여들기   금세   *금새
    뒤치다꺼리   *뒤치닥꺼리   길쭉하다   *길죽하다
    인마   *임마   움큼   *웅큼
    왠지   *웬지   비로소   *비로서
    베개   *베게/배개   벚꽃   *벗꽃

발음의 동화나 중화 등으로 인하여 정확한 어형이 구별되지 못하는 단어들이다. 그 바른 어형에 맞게 적어야 한다.

67. 센터   *센타   터미널   *터미날
    라이터   *라이타   컬러   *칼라(colour)
    달러   *달라(dollar)

영어의 [ə]는 '어'로 적는다.

68. 장르   *쟝르   레저   *레져
    비전   *비젼   저널   *져널
    주니어   *쥬니어   찬스   *챤스
    차트   *챠트   추잉껌   *츄잉껌

영어의 모음 앞 [ʤ]와 [ʧ]는 'ㅈ'과 'ㅊ'으로 적는다. 즉 구개음인 이 발음들을 위하여 '쟈, 져, 죠, 쥬' 및 '챠, 쳐, 쵸, 츄'와 같이 이중모음으로 표기할 필요가 없으며 '자, 저, 조, 주' 및 '차, 처, 초, 추'와 같이 단모음으로 표기하면 된다.

69. 윈도	*윈도우	스노	*스노우
보트	*보우트	옐로	*옐로우
볼링	*보울링		

영어의 [ou]는 '오우'가 아닌 '오'로 적는다.

70. 커피숍	*커피숖	디스켓	*디스켙
슈퍼마켓	*슈퍼마켙	라켓	*라켙

외래어의 받침에는 'ㄱ, ㄴ, ㄹ, ㅁ, ㅂ, ㅅ, ㅇ'만을 적고 그 밖의 자음은 사용하지 않는다.

71. 패밀리	*훼밀리	파일	*화일
페리	*훼리	파이팅	*화이팅
파이버	*화이바	프라이팬	*후라이팬

영어의 [f]는 'ㅍ'으로 적는다.

72. 대시	*대쉬	잉글리시	*잉글리쉬
리더십	*리더쉽		

영어의 어말의 [ʃ]는 '시'로 적는다.

73. 파리	*빠리	도쿄	*도꾜
오사카	*오사까	센터	*쎈터
서비스	*써비스	시스템	*씨스템
재즈	*째즈	모차르트	*모짜르트
취리히	*쮜리히		

외래어는 원칙적으로 된소리 표기를 안 한다. 외래어에서 된소리 표기를 하는 경우는 다음과 같다.
(i) 일본어의 'ッ'(쓰) 및 중국어의 'ㄗ'(쯔), 'ㄙ'(쓰): 쓰시마, 장쩌민, 쓰촨
(ii) 관용 표기의 5단어: 껌, 빵, 삐라, 빨치산, 히로뽕
(iii) 타이어·베트남어의 된소리: 푸껫, 호찌민

74. 라디오	*레이디오	카메라	*캐머러

외래어는 원어의 발음과 멀어져 굳어진 경우 관용 표기를 인정하는 것과 그러지 않은 것이 있다.
위 예들은 관용 표기만을 인정하는 경우이다.

75. 텔레비전　　　*테레비　　　　　셔터　　　　　　*샷다
　　브래지어　　　*브라자　　　　　나이론　　　　　*나이롱

위 예들은 관용 표기를 인정하지 않는 경우이다.

76. 셔츠　　　　　샤쓰　　　　　　점퍼　　　　　　잠바

위 예들은 표기 원칙에 의한 표기와 관용 표기를 모두 인정하는 경우이다.

77. 다음 단어들은 구별하여 적는다.

　　가르치다　　국어를 가르친다.
　　가리키다　　방향을 가리킨다.

　　가름　　　　둘로 가름.['가르다'의 명사형] / 이 일은 가름이 안 된다.[일의 분별]
　　갈음　　　　인사말을 갈음하다. [대신함]

　　걷잡다　　　걷잡을 수 없는 상태.
　　겉잡다　　　겉잡아서 이틀 걸릴 일.

　　그러므로　　그는 부지런하다. 그러므로 잘 산다.
　　그럼으로(써) 그는 열심히 공부한다. 그럼으로(써) 은혜에 보답한다.

　　너머　　　　고개 너머에 있다.[공간의 위치]
　　넘어　　　　고개를 넘어 갔다.[동사]

　　노느다　　　모두 먹게 떡을 노느자.[여러 몫으로 갈라서 분배하다]
　　나누다　　　반을 나누었다.[하나를 둘 이상으로 가르다]

　　노름　　　　노름판이 벌어졌다.
　　놀음　　　　즐거운 놀음.

　　늘이다　　　고무줄을 늘이다.[길게 함] / 줄을 아래로 늘이다.[아래로 처지게 함]
　　늘리다　　　학생 수를 늘리다./재산을 늘리다.[길이나 양 등을 더함]

　　다리다　　　옷을 다리다.
　　달이다　　　약을 달이다.

　　돋우다　　　화를 돋우다.
　　돋구다　　　안경의 도수를 돋구다.

　　맞추다　　　부부끼리 성격을 맞춘다. / 서로 답을 맞추어 본다. / 옷을 맞춘다.
　　맞히다　　　문제의 답을 맞힌다. / 과녁을 맞힌다.

머지않아	머지않아 올 것이다.[가까운 시간]
멀지 않아	거리가 멀지 않아 금방 도착할 것이다.
목거리	목거리가 덧났다.[목의 병]
목걸이	금 목걸이.
바치다	나라를 위해 목숨을 바쳤다.
받치다	우산을 받치고 간다. / 책받침을 받친다.
반드시	약속은 반드시 지켜라.
반듯이	반듯이 앉아라.
벌이다	잔치를 벌이다. / 가게에 물건을 벌여 놓다.
벌리다	다리를 벌리다.
부딪히다	서 있다가 차에 부딪혔다.[피동]
부딪치다	힘껏 달려가 부딪친다.[능동]
부시다	그릇을 물로 부신다.[물로 씻다]
부수다	유리창을 부순다.
부치다	힘이 부치는 일이다. / 편지를 부친다. / 논밭을 부친다. / 식목일에 부치는 글. / 회의에 부치는 안건. / 인쇄에 부치는 원고. / 하숙을 부친다.
붙이다	우표를 붙인다. / 책상을 벽에 붙였다. / 흥정을 붙인다. / 감시원을 붙인다. / 조건을 붙인다. / 취미를 붙인다. / 별명을 붙인다.
비껴가다	골대를 비껴가다.[비스듬히 스쳐 지나가다]
비켜 가다	차가 사람을 비켜 갔다.[피하여 가다]
살지다	살지고 싱싱한 물고기. / 살진 옥토.[형용사/사람에게는 안 씀]
살찌다	너무 먹어 살찐 몸. / 가을은 마음이 살찌는 계절.[동사]
썩히다	감자를 썩힌다. / 재능을 썩힌다.
썩이다	부모 속을 썩인다.
안치다	밥을 안친다.
앉히다	자리에 앉힌다.
어떻게	요즘 어떻게 지내니?[어떠하다]
어떡해	나 어떡해? / 어떡하면 좋아?[어떠하게 하다]
어름	두 물건의 어름에서 일어난 현상
얼음	얼음이 얼었다.

옷거리	옷거리가 좋다.[옷을 입은 맵시]
옷걸이	옷걸이에 걸린 옷.
윗옷	윗옷과 아래옷 한 벌.[상의]
웃옷	추우니 웃옷을 입어라.[점퍼 등 덧입는 옷]
이따가	이따가 오너라.[부사]
있다가	돈은 있다가도 없다.[용언]
저리다	다친 다리가 저리다.
절이다	김장 배추를 절인다.
조리다	생선을 조린다.
졸이다	찌개를 졸인다. / 마음을 졸인다.
쫓다	도둑을 쫓는다. / 앞서간 차를 쫓아간다.[물리적인 이동]
좇다	명예를 좇는다. / 최신 이론을 좇아 연구한다. / 그의 눈길은 영이를 좇았다.[추상적인 이동]
─노라고	하노라고 한 것이 이 모양이다.
─느라고	공부하느라고 밤을 새웠다.
─데	그 영화 참 재미있데.[직접 경험한 일의 회상]
─대	그 영화 참 재미있대.[경험하지 못한 일의 인용]
─(으)러	공부하러 간다.[목적]
─(으)려	서울에 가려 한다.[의도]
─이라야	봄이라야 싹이 난다.[─이어야]
─이래야	반찬이래야 김치뿐이다.[─라고 해 보았자]
─오	이것은 책이오.[하오체 종결 어미]
─(이)요	이것은 감이요, 저것은 배다.[나열의 연결 어미]

〈띄어쓰기〉

1. 띄어쓰기의 원리

1.1. 문장의 각 단어는 띄어 씀을 원칙으로 한다.(한글 맞춤법 제2항)

(1) 단어의 정의: 분리하여 자립적으로 쓸 수 있는 말이나 이에 준하는 말. 또는 그 말의 뒤에 붙어서 문법적 기능을 나타내는 말. "철수가 영희의 일기를 읽은 것 같다."에서 자립적으로 쓸 수 있는 '철수', '영희', '일기', '읽은', '같다'와 조사 '가', '의', '를', 의존 명사 '것' 따위이다.

(2) 단어인데도 띄어 쓰지 않는 경우: '학교가', '학교를'의 '가', '를'과 같은 조사는 앞말에 붙여 쓴다.

1.2. 자립적이지 못한 의존 요소는 띄어 쓰지 않는다.(접사, 어근, 어미, 조사)

(1) 의존 요소인지의 판단 기준

　① 접사: <u>개</u>-살구, 도둑-<u>질</u>, 사랑-<u>스럽다</u>, <u>신</u>-여성, 욕심-<u>꾸러기</u>, 오줌싸-<u>개</u>
　② 어근: <u>깨끗</u>-하다, <u>먹</u>-음직스럽다
　③ 어미: 먹-<u>습니다</u>, 먹-<u>냐</u>, 먹-<u>는다</u>, 아시-<u>다시피</u>, 굴복할<u>까</u>, 어떻게 할<u>지</u>
　④ 조사: 철수<u>가</u>, 밥<u>을</u>, 서울<u>에서처럼만</u> 부산<u>까지도</u>, 황소<u>같이</u>, 먹기<u>는커녕</u>, 누가 너<u>더러</u>,
　　　　 먹는다기<u>보다는</u>, 좋<u>아요</u>, 좋습니다<u>그려</u>, 날씨가 참 맑군<u>그래</u>, "알았다"<u>라고</u>

(2) 의존 명사의 띄어쓰기

　참을 <u>수</u>가 없다, 집 떠난 <u>지</u> 3년, 두 말할 <u>나위</u>가 없는 일, 너 <u>따위</u>가, 제 <u>딴에는</u> 그래도,
어찌할 <u>바</u>를 모를 정도로, 아는 <u>척</u>, 그런 말을 했을 <u>리</u>가 없다, 그건 너 <u>때문</u>이다.

(3) 보조 용언의 띄어쓰기

　① 종이를 찢어 버렸다./ 종이를 찢어(서) (쓰레기통에) 버렸다.
　② 꽃이 예쁘다/꽃을 예뻐한다, 뜻을 이룬다/뜻이 이루어진다, 잘못이 부끄럽다/잘못을 부끄러워하다.
　※ 보조 용언은 의존적이지만 자립적인 용언의 연결형과 형태가 유사하고 일정한 의미를 가진다는 점에서 띄어 씀을 원칙으로 하되 붙이는 것도 허용한다. 다만, '지다'와 '하다'는 문법 범주를 바꾸게 되므로 붙여 쓴다.

(4) 두 말을 잇거나 열거하는 말의 띄어쓰기(한글 맞춤법 제45항)

　① 귤, 사과 <u>등</u>이 있다. 연필, 지우개 <u>따위</u>가 있다.
　② 이사장 <u>및</u> 이사, 시인 <u>겸</u> 소설가

1.3. 자립적인 요소의 띄어쓰기에는 다음 두 가지를 고려한다.

(1) 의미의 변화가 있으면 띄어 쓴다.

　　노루-귀「명」『식』 미나리아재빗과의 여러해살이풀.

(2) 다른 요소의 개입이 가능하면 띄어 쓴다.

　　'받아가다', '돌아가다[死]'의 띄어쓰기: '받아(서)가다', '돌아(서)가다'와 같이 '서'가 중간에 끼
　　어들 수 있고 의미가 보존된다면 띄어쓰기를 하지만, '돌아가다[死]'와 같이 의미가 달라지고
　　'서'가 끼어들 수 없으면 띄어 쓴다.

1.4. 일반어, 전문어, 고유 명사에 따라 띄어쓰기가 다르다.

(1) '전문어'는 단어별로 띄어 쓰되 붙여 쓸 수 있다.(한글 맞춤법 제50항)

　　① 구황^작물『농』 흉년 따위로 기근이 심할 때 주식물 대신 먹을 수 있는 농작물.
　　② 염화-나트륨「명」『화』 소금의 화학적 이름.
　　③ 분류두공부시-언해「명」『책』 조선 성종 12년(1481)에 의침(義砧), 조위(曹偉) 등이 왕명
　　　　　　　　　　　　　　　에 따라 두보의 시(詩)를 분류하여 한글로 풀이한 책.

(2) '고유 명사'는 단어별로 띄어 쓰되 단위별로 띄어 쓸 수 있다.(한글 맞춤법 제49항)

　　① 이순신/이충무공, 이율곡/율곡 이이, 황보관(황보 관), 모택동/토요토미 히데요시
　　② 창원 대학교 인문 대학/창원대학교 인문대학

2. 띄어쓰기의 실제

2.1. 어미와 의존 명사와 접사의 띄어쓰기

(1) -다시피

　　ㄱ. 아시다시피(○)/ 아시다 시피(×)

　　ㄴ. 알다시피/ 거의 뛰다시피 걸었다.

(2) -ㄴ데, 데

　　ㄱ. 네가 무엇인데 그런 소릴 하니?

　　ㄴ. 밥을 먹었는데도 배가 안 부르다.

　　ㄷ. 집에 가는데 비가 오기 시작했다.

　　ㄹ. 얼굴도 예쁜 데다가 마음씨도 곱다./ 그를 설득하는 데(에) 며칠 걸렸다.

(3) -ㄴ바, 바

　　ㄱ. 금강산에 가 본바 과연 경치가 좋더군.

　　ㄴ. 선생님은 일찍이 학문에 뜻을 두셨던바 그 결실을 보게 되었다.

ㄷ. 총무과에서 다음과 같이 통보하여 <u>온바</u> 이를 알려 드립니다.

ㄹ. 앞서 <u>지적한 바와</u> 같이/ 불의에 <u>굴할 바에는</u> 감옥에 가겠다.

ㅁ. <u>아는 바대로</u> 말해라.

(4) -듯, 듯

ㄱ. 변덕이 죽 <u>끓듯</u> 한다/ 구름에 달 <u>가듯</u> 가는 나그네

ㄴ. 밥을 <u>먹은 듯</u> 배가 부르다

(5) -다마다, -고말고, -다마는

ㄱ. 신부가 예쁘<u>다마다</u>(○)/ 예쁘다 마다(×)

ㄴ. 내가 <u>가고말고</u>(○)/ 내가 가고 말고(×)

ㄷ. 오늘은 내가 참겠<u>다마는</u> 다음엔 어림없다.(○)/ 오늘은 내가 참겠다 마는(×)

(6) -ㄹ걸, 걸

ㄱ. 지금쯤 도착했을<u>걸</u>(○)/ 지금쯤 도착했을 걸(×)

ㄴ. 이미 늦었<u>는걸</u>(○)/ 이미 늦었는 걸(×) ※ *이미 늦었는 것을

ㄷ. <u>후회할 걸</u> 왜 그랬어(○)/ 후회할걸 왜 그랬어(×) ※ ←'후회할 것을'

ㄹ. 아마 난리가 <u>났을 거다</u>(○)/ 아마 난리가 났을거다(×) ※ ←'났을 것이다'

ㅁ. 사랑을 <u>할 거야</u>(○)/ 사랑을 할거야(×)

(7) 터

ㄱ. 날이 맑아야 <u>할 텐데</u>(○)/ 날이 맑아야 할텐데(×)

ㄴ. 꼭 원수를 <u>갚을 테다</u>(○)/ 꼭 원수를 갚을테다(×)

ㄷ. 집에 <u>갈 테야</u>(○)/ 집에 갈테야(×)

(8) -으니만큼, -리만큼, 만큼

ㄱ. 열심히 일했<u>으니만큼</u> 좋은 성과가 기대된다.

ㄴ. 꼼짝도 <u>못하리만큼</u> 기운이 없다.

ㄷ. 열심히 <u>일한 만큼</u> 좋은 성과가 기대된다.

ㄹ. 꼼짝도 <u>못할 만큼</u> 기운이 없다.

(9) -ㄴ지, -ㄹ지, -ㄴ가, -ㄹ까

ㄱ. 집에 도착했<u>는지</u> 모르겠다.(○)/ 집에 도착했는 지 모르겠다.(×)

ㄴ. 언제 도착<u>할지</u> 모르겠다.(○)/ 언제 도착할 지 모르겠다.(×)

ㄷ. 집에 도착했<u>는가</u> 모르겠다.

ㄹ. 언제 도착할<u>까</u> 모르겠다.

(10) -나-, -디-

　　ㄱ. 크<u>나</u>크다(○)/ 크나 크다(×)

　　ㄴ. 크<u>디</u>크다(○)/ 크디 크다(×), 쓰<u>디</u>쓰다(○)/ 쓰디 쓰다(×)

(11) -ㄹ망정, -ㄹ지라도, -ㄴ즉슨

　　ㄱ. <u>죽을망정</u> 불의에 굴복하지는 않겠다.(○)/ 죽을 망정(×)

　　ㄴ. 비록 가진 건 <u>없을지라도</u>(○)/ 비록 가진 건 없을 지라도(×)

　　ㄷ. <u>물건인즉슨</u> 최상품이다(○)/ 물건인 즉슨 최상품이다.(×)

(12) 만, 만하다, 지

　　ㄱ. 십 년 <u>만에</u> 만난 사람(○)/ 십 년만에 만난 사람(×)

　　ㄴ. 크기가 <u>집채만</u> 하다, <u>혼자만</u> 알고 있어라, <u>형만</u> 한 아우 없다.

　　ㄷ. 밥을 <u>먹을 만하다</u>(○)/ 밥을 먹을만 하다(×)

　　ㄹ. 집 <u>떠난 지</u> 삼 년이 넘었다./ 친구를 <u>만난 지</u> 한참 되었다.

(13) 간(공간), -간(시간)

　　ㄱ. 서울 부산 <u>간</u>, 부모와 자식 <u>간에도</u> 예의를 지켜야 한다.

　　ㄴ. <u>이틀간</u>, 한 <u>달간</u>, 삼십 <u>일간</u>

　　ㄷ. <u>부부간</u>, 부자간, 모녀간, 모자간, 형제간, 동기간, 상호 간, 사제 간, 지역 간
　　　　※ '부부간', '부자간', '형제간' 등은 사전에 한 단어로 오른 말이다.

(14) 대로

　　ㄱ. 당신 <u>좋으실 대로</u> 하세요, <u>아는 대로</u> 말해라, <u>지칠 대로</u> 지친 몸

　　ㄴ. 너는 <u>너대로</u> 나는 <u>나대로</u>, <u>마음대로</u> 해라

(15) 뿐, -ㄹ뿐더러

　　ㄱ. 그저 <u>웃을 뿐</u> 말이 없다, 그저 <u>웃었을 뿐이다</u>

　　ㄴ. 때렸을 <u>뿐만</u> 아니라/ 칼만 안 들었다 <u>뿐이지</u>

　　ㄷ. 얼굴이 <u>예쁠뿐더러</u> 마음씨도 곱다.

(16) 거리, 감

　　ㄱ. 한 입 <u>거리</u>, 한 사람 <u>거리</u>, 일할 <u>거리</u>

ㄴ. 국거리, 반찬거리, 비웃음거리, 이야깃거리

    ※ 앞말이 내용이 될 만한 재료의 의미를 갖는 경우에는 붙여 쓴다.

ㄷ. 신랑감, 사윗감, 놀림감, 양념감, 안줏감

    ※ 앞말이 자격을 갖춘 사람, 대상이 되는 도구·사물·사람·재료 의미를 갖는 경우에는 붙여
     쓴다.

(17) 씨, -씨, 과장 등의 직책

ㄱ. 홍 씨, 홍길동 씨, 길동 씨(군, 옹, 양, 님)

ㄴ. 그 일은 김 씨가 맡기로 했네/ 우리나라에서 김씨가 제일 큰 성이다.

    ※ 사람이 아닌 성씨 자체를 가리키는 말일 때에는 '씨'를 성에 붙여 쓴다.

ㄷ. 홍 과장, 홍길동 과장(차장, 부장, 이사, 회장)

(18) 측, 대

ㄱ. 회사 측과 노조 측의 대표

ㄴ. 이십 대에 해야 할 열 가지 일/ 20대에 해야 할 10가지 일

2.2. 조사의 띄어쓰기

(1) 은커녕, 는커녕

ㄱ. 밥은커녕 죽도 못 먹는다(○)/ 밥은 커녕 죽도 못 먹는다(×)

ㄴ. 뛰기는커녕 걷지도 않는다(○)/ 뛰기는 커녕 걷지도 않는다(×)

(2) 보다

ㄱ. 기차보다 비행기가 빠르다(○)/ 기차 보다 비행기가 빠르다(×)

(3) 그래, 그려

ㄱ. 기분이 좋아 보이는구먼그래(○)/ 기분이 좋아 보이는구먼 그래(×)

ㄴ. 날씨가 맑군그려(○)/ 날씨가 맑군 그려(×)

(4) 같이, 치고, 하고, 하며

ㄱ. 꽃같이 예쁜 얼굴(○)/ 꽃과 같이 예쁜 얼굴(○)/ 꽃 같이 예쁜 얼굴(×)

ㄴ. 너같이 바보 같은 놈은 처음 봤다(○)/ 너같이 바보같은 놈은 처음 봤다(×)

ㄷ. 겨울 날씨치고는 아주 따뜻하다(○)/ 겨울 날씨 치고는 아주 따뜻하다(×)

ㄹ. 사과하고 배하고 사 왔다, 너하고 춤을 추고 싶다

ㅁ. 사과하며 배하며 많이 먹었다.

2.3. 접사의 띄어쓰기

(1) -하다

ㄱ. 공부하다, 운동하다, 이동하다, 추진하다/ 미술 하는 친구, 떡 하는 쌀

ㄴ. 반짝반짝하다, 덜컹덜컹하다/ 꽝 하는 소리, 꾀꼴 하는 소리

cf) 왔다 갔다 하다, 앉았다 섰다 하다, 이랬다저랬다 하다, 이래라저래라 하다

(2) -드리다

ㄱ. 감사드리다(○)/ 감사 드리다(×), 인사드리다(○)/ 인사 드리다(×)

ㄴ. 말씀드리다(○)/ 말씀 드리다(×), 불공드리다(○)/ 불공 드리다(×)

(3) -받다

ㄱ. 교육받다(○)/ 교육 받다(×), 미움받다(○)/ 미움 받다(×)

ㄴ. 사랑받다(○)/ 사랑 받다(×), 오해받다(○)/ 오해 받다(×)

(4) -시키다

ㄱ. 발전시키다(○)/ 발전 시키다 (×), 피신시키다(○)/ 피신 시키다(×)

(5) -당하다

ㄱ. 납치당하다, 사기당하다, 도난당하다

cf) 납치를 당하다, 사기를 당하다, 도난을 당하다

(6) 제-, -상, -하

ㄱ. 제이 차 세계 대전, 제삼 실습실, 제3 병동

ㄴ. 관례상, 규정상, 통신상의 비밀, 지구상에서 아름다운 곳, 도로상의 굴곡

ㄷ. 그러한 인식하에, 합리적인 체계하에서, 철저한 준비하에

(7) 큰-, 큰, 작은-, 작은

ㄱ. 큰아버지, 작은이모

ㄴ. 너무 큰 집, 키 작은 이모

(8) -장, -도, -인

ㄱ. 한국은행 대출계장(○)/ 한국은행 대출 계장 (×)

ㄴ. 기독교도(○)/ 기독 교도(×)

ㄷ. 이슬람교인(○)/ 이슬람 교인(×)

2.4. 관형사의 띄어쓰기

(1) 각, 고, 귀, 단, 동, 만, 매, 별, 수, 수십, 순/순-, 약, 연, 전

  ㄱ. <u>각(各)</u> 가정, <u>각</u> 개인, <u>각</u> 학교, <u>각</u> 부처, <u>각</u> 지방

  ㄴ. <u>고(故)</u> 홍길동/ 고인(故人)

  ㄷ. <u>귀(貴)</u> 회사/ 귀사(貴社)

  ㄹ. <u>단(單)</u> 한 발의 총알

  ㅁ. <u>동(同)</u> 회사에 근무

  ㅂ. <u>만(滿)</u> 나이, <u>만</u> 15세, <u>만</u> 열 달

  ㅅ. <u>매(每)</u> 경기마다, 매 회계 연도

  ㅇ. <u>별(別)</u> 사이가 아니다, 별 문제가 안 된다

  ㅈ. <u>수(數)</u> 킬로미터, 수 톤의 무게

  ㅊ. <u>수십</u> 개의 연필/ <u>수십억</u> 원에 이르는 돈

  ㅋ. <u>순(純)</u> 한국식/ 순이익(접사)

  ㅌ. <u>약(約)</u> 23명, <u>약</u> 60%

  ㅍ. <u>연(延)</u> 10만 명

  ㅎ. <u>전(全)</u> 국민, 전 세계

(2) 갖은, 긴긴, 딴, 맨, 뭇, 새, 온

  ㄱ. <u>갖은</u> 양념, <u>갖은</u> 고생, <u>갖은</u> 수단, <u>갖은</u> 노력

  ㄴ. <u>긴긴</u> 세월, <u>긴긴</u> 밤

  ㄷ. <u>딴</u> 일, <u>딴</u> 회사

  ㄹ. <u>맨</u> 꼭대기, <u>맨</u> 먼저

  ㅁ. <u>뭇</u> 백성, <u>뭇</u> 사람

  ㅂ. <u>새</u> 신, <u>새</u> 컴퓨터

  ㅅ. <u>온</u> 식구, <u>온</u> 세계

2.5. 단위를 나타내는 의존 명사의 띄어쓰기(한글 맞춤법 제43항)

  ① 금 서 돈, 집 한 채, 바둑 한 판, 버선 한 죽, 신 두 켤레
  ② 십여만 명, 십만여 명, 십 년여, 십여 년, 삼십여 년간, 두 시간여

(1) 아라비아 숫자 뒤나 순서, 연월일, 시각을 나타낼 때는 모두 붙여 쓸 수 있다.

  ① 2009년, 5월, 25일, 3년 3개월, 200번지, 35원, 51톤
  ② 제사 학년/제사학년, 육 층/육층, 제일 장/제일장
  ③ 이천 년 일 월 십칠 일/이천년 일월 십칠일

(2) 수를 적을 때는 '만(萬)' 단위로 띄어 쓴다. 즉 '만, 억, 조, 경(京), 해(垓), 자(秭)' 단위로 띄어 쓴다. 따라서 '만'보다 작은 단위는 모두 붙여 쓴다.

　① 삼천오백이십일억 삼천오백, 육조 팔억 칠천
　② 스물여섯, 이십육
　③ 수백 명, 수천 명, 수만 명, 철수는 몇만 몇천 원인가를 주고 그 물건을 샀다. 이것 몇 만원
　　이야?

2.6. 고유 명사의 띄어쓰기

(1) 성과 이름, 성과 호, 성과 자는 붙여 쓴다. 호나 자가 성명 앞에 놓일 때는 띄어 쓴다. 그 뒤에 붙는 호칭어나 관직명은 띄어 쓴다.

　① 홍길동, 황보관/황보 관, 이순신, 이충무공, 이율곡/율곡 이이
　② 홍길동 씨, 홍 씨, 홍 군, 홍 양, 홍 선생, 황희 정승, 김 과장, 유 박사

(2) 외래어 인명과 지명은 원어의 띄어쓰기를 따르되 관용에 따른 띄어쓰기도 허용한다.

　① 모택동, 마오쩌둥, 풍신수길, 도요토미 히데요시
　② 뉴욕(New York), 루이 14세(Louis ⅩⅣ), 르망(Le Mans), 드골(De Gaulle)
　③ 돈 조반니, 돈 카를로스, 돈 후안, 돈키호테, 돈키호테형 인물

2.7. 외래어의 띄어쓰기

(1) 외래어는 띄어쓰기는 원어의 띄어쓰기에 따라 결정된다. 그렇지만 관용적으로 붙여 쓰는 경우는 붙여서 쓴다.(외래어 표기 용례집)

앵커맨, 백미러, 백네트, 콜론, 콜머니, 콜택시, 카페리, 슈크림, 커피숍, 콘칩, 코너킥, 쿠데타, 아이스크림, 골인, 골킥, 홀인원, 홈인, 홈런, 핫케이크, 핫도그, 핫라인, 립크림, 팝송, 리어카, 티오프, 티업, 워밍업, 와이셔츠/와이샤쓰, 월드컵

(2) 준말이나 음운론적 융합이 일어난 말은 붙여 쓴다.

르포라이터(reportage writer), 애드벌룬(ad balloon), 에어컨(air conditioner), 리모콘(remote control), 오므라이스(omlet rice), 오토바이(auto bicycle), 오피스텔(office hotel)

〈문장 부호〉

문장 부호 전문(2015. 1. 1. 시행)

문장 부호는 글에서 문장의 구조를 드러내거나 글쓴이의 의도를 전달하기 위하여 사용하는 부호이다. 문장 부호의 이름과 사용법은 다음과 같이 정한다.

1. 마침표(.)

(1) 서술, 명령, 청유 등을 나타내는 문장의 끝에 쓴다.

예 젊은이는 나라의 기둥입니다.   예 제 손을 꼭 잡으세요.
예 집으로 돌아갑시다.   예 가는 말이 고와야 오는 말이 곱다.

[붙임 1] 직접 인용한 문장의 끝에는 쓰는 것을 원칙으로 하되, 쓰지 않는 것을 허용한다. (ㄱ을 원칙으로 하고, ㄴ을 허용함.)

예 ㄱ. 그는 "지금 바로 떠나자."라고 말하며 서둘러 짐을 챙겼다.
ㄴ. 그는 "지금 바로 떠나자"라고 말하며 서둘러 짐을 챙겼다.

[붙임 2] 용언의 명사형이나 명사로 끝나는 문장에는 쓰는 것을 원칙으로 하되, 쓰지 않는 것을 허용한다.(ㄱ을 원칙으로 하고, ㄴ을 허용함.)

예 ㄱ. 목적을 이루기 위하여 몸과 마음을 다하여 애를 씀.
ㄴ. 목적을 이루기 위하여 몸과 마음을 다하여 애를 씀
예 ㄱ. 결과에 연연하지 않고 끝까지 최선을 다하기.
ㄴ. 결과에 연연하지 않고 끝까지 최선을 다하기
예 ㄱ. 신입 사원 모집을 위한 기업 설명회 개최.
ㄴ. 신입 사원 모집을 위한 기업 설명회 개최
예 ㄱ. 내일 오전까지 보고서를 제출할 것.
ㄴ. 내일 오전까지 보고서를 제출할 것

다만, 제목이나 표어에는 쓰지 않음을 원칙으로 한다.

예 압록강은 흐른다   예 꺼진 불도 다시 보자
예 건강한 몸 만들기

(2) 아라비아 숫자만으로 연월일을 표시할 때 쓴다.

예 1919. 3. 1.   예 10. 1.~10. 12.

(3) 특정한 의미가 있는 날을 표시할 때 월과 일을 나타내는 아라비아 숫자 사이에 쓴다.

예 3.1 운동   예 8.15 광복

[붙임] 이때는 마침표 대신 가운뎃점을 쓸 수 있다.

    예 3·1 운동   예 8·15 광복

(4) 장, 절, 항 등을 표시하는 문자나 숫자 다음에 쓴다.

    예 가. 인명   예 ㄱ. 머리말
    예 Ⅰ. 서론   예 1. 연구 목적

[붙임] '마침표' 대신 '온점'이라는 용어를 쓸 수 있다.

2. 물음표(?)

(1) 의문문이나 의문을 나타내는 어구의 끝에 쓴다.

    예 점심 먹었어?
    예 이번에 가시면 언제 돌아오세요?
    예 제가 부모님 말씀을 따르지 않을 리가 있겠습니까?
    예 남북이 통일되면 얼마나 좋을까?
    예 다섯 살짜리 꼬마가 이 멀고 험한 곳까지 혼자 왔다?
    예 지금?
    예 뭐라고?
    예 네?

[붙임 1] 한 문장 안에 몇 개의 선택적인 물음이 이어질 때는 맨 끝의 물음에만 쓰고, 각 물음이 독립적일 때는 각 물음의 뒤에 쓴다.

    예 너는 중학생이냐, 고등학생이냐?
    예 너는 여기에 언제 왔니? 어디서 왔니? 무엇하러 왔니?

[붙임 2] 의문의 정도가 약할 때는 물음표 대신 마침표를 쓸 수 있다.

    예 도대체 이 일을 어쩐단 말이냐.
    예 이것이 과연 내가 찾던 행복일까.

다만, 제목이나 표어에는 쓰지 않음을 원칙으로 한다.

    예 역사란 무엇인가   예 아직도 담배를 피우십니까

(2) 특정한 어구의 내용에 대하여 의심, 빈정거림 등을 표시할 때, 또는 적절한 말을 쓰기 어려울 때 소괄호 안에 쓴다.

    예 우리와 의견을 같이할 사람은 최 선생(?) 정도인 것 같다.
    예 30점이라, 거참 훌륭한(?) 성적이군.
    예 우리 집 강아지가 가출(?)을 했어요.

(3) 모르거나 불확실한 내용임을 나타낼 때 쓴다.

    예 최치원(857~?)은 통일 신라 말기에 이름을 떨쳤던 학자이자 문장가이다.
    예 조선 시대의 시인 강백(1690?~1777?)의 자는 자청이고, 호는 우곡이다.

3. 느낌표(!)

(1) 감탄문이나 감탄사의 끝에 쓴다.

> 예 이거 정말 큰일이 났구나! 예어머!

[붙임] 감탄의 정도가 약할 때는 느낌표 대신 쉼표나 마침표를 쓸 수 있다.

> 예 어, 벌써 끝났네.　　　　예 날씨가 참 좋군.

(2) 특별히 강한 느낌을 나타내는 어구, 평서문, 명령문, 청유문에 쓴다.

> 예 청춘! 이는 듣기만 하여도 가슴이 설레는 말이다.
> 예 이야, 정말 재밌다!　　　　예 지금 즉시 대답해!
> 예 앞만 보고 달리자!

(3) 물음의 말로 놀람이나 항의의 뜻을 나타내는 경우에 쓴다.

> 예 이게 누구야!　　　　예 내가 왜 나빠!

(4) 감정을 넣어 대답하거나 다른 사람을 부를 때 쓴다.

> 예 네!　　　　예 네, 선생님!
> 예 흥부야!　　　　예 언니!

4. 쉼표(,)

(1) 같은 자격의 어구를 열거할 때 그 사이에 쓴다.

> 예 근면, 검소, 협동은 우리 겨레의 미덕이다.
> 예 충청도의 계룡산, 전라도의 내장산, 강원도의 설악산은 모두 국립 공원이다.
> 예 집을 보러 가면 그 집이 내가 원하는 조건에 맞는지, 살기에 편한지, 망가진 곳은 없는지 확인해야 한다.
> 예 5보다 작은 자연수는 1, 2, 3, 4이다.

다만, (가) 쉼표 없이도 열거되는 사항임이 쉽게 드러날 때는 쓰지 않을 수 있다.

> 예 아버지 어머니께서 함께 오셨어요.
> 예 네 돈 내 돈 다 합쳐 보아야 만 원도 안 되겠다.

(나) 열거할 어구들을 생략할 때 사용하는 줄임표 앞에는 쉼표를 쓰지 않는다.

> 예 광역시: 광주, 대구, 대전……

(2) 짝을 지어 구별할 때 쓴다.

> 예 닭과 지네, 개와 고양이는 상극이다.

(3) 이웃하는 수를 개략적으로 나타낼 때 쓴다.

> 예 5, 6세기　　　　예 6, 7, 8개

(4) 열거의 순서를 나타내는 어구 다음에 쓴다.

예 첫째, 몸이 튼튼해야 한다.

예 마지막으로, 무엇보다 마음이 편해야 한다.

(5) 문장의 연결 관계를 분명히 하고자 할 때 절과 절 사이에 쓴다.

예 콩 심은 데 콩 나고, 팥 심은 데 팥 난다.

예 저는 신뢰와 정직을 생명과 같이 여기고 살아온바, 이번 비리 사건과는 무관하다는 점을 분명히 밝힙니다.

예 떡국은 설날의 대표적인 음식인데, 이걸 먹어야 비로소 나이도 한 살 더 먹는다고 한다.

(6) 같은 말이 되풀이되는 것을 피하기 위하여 일정한 부분을 줄여서 열거할 때 쓴다.

예 여름에는 바다에서, 겨울에는 산에서 휴가를 즐겼다.

(7) 부르거나 대답하는 말 뒤에 쓴다.

예 지은아, 이리 좀 와 봐.　　　　　예 네, 지금 가겠습니다.

(8) 한 문장 안에서 앞말을 '곧', '다시 말해' 등과 같은 어구로 다시 설명할 때 앞말 다음에 쓴다.

예 책의 서문, 곧 머리말에는 책을 지은 목적이 드러나 있다.

예 원만한 인간관계는 말과 관련한 예의, 즉 언어 예절을 갖추는 것에서 시작된다.

예 호준이 어머니, 다시 말해 나의 누님은 올해로 결혼한 지 20년이 된다.

예 나에게도 작은 소망, 이를테면 나만의 정원을 가졌으면 하는 소망이 있어.

(9) 문장 앞부분에서 조사 없이 쓰인 제시어나 주제어의 뒤에 쓴다.

예 돈, 돈이 인생의 전부이더냐

예 열정, 이것이야말로 젊은이의 가장 소중한 자산이다.

예 지금 네가 여기 있다는 것, 그것만으로도 나는 충분히 행복해.

예 저 친구, 저러다가 큰일 한번 내겠어.

예 그 사실, 넌 알고 있었지

(10) 한 문장에 같은 의미의 어구가 반복될 때 앞에 오는 어구 다음에 쓴다.

예 그의 애국심, 몸을 사리지 않고 국가를 위해 헌신한 정신을 우리는 본받아야 한다.

(11) 도치문에서 도치된 어구들 사이에 쓴다.

예 이리 오세요, 어머님.　　　　　예 다시 보자, 한강수야.

(12) 바로 다음 말과 직접적인 관계에 있지 않음을 나타낼 때 쓴다.

예 갑돌이는, 울면서 떠나는 갑순이를 배웅했다.

예 철원과, 대관령을 중심으로 한 강원도 산간 지대에 예년보다 일찍 첫눈이 내렸습니다.

(13) 문장 중간에 끼어든 어구의 앞뒤에 쓴다.

[예] 나는, 솔직히 말하면, 그 말이 별로 탐탁지 않아.

[예] 영호는 미소를 띠고, 속으로는 화가 치밀어 올라 잠시라도 견딜 수 없을 만큼 괴로웠지만, 그들을 맞았다.

[붙임 1] 이때는 쉼표 대신 줄표를 쓸 수 있다.

[예] 나는 — 솔직히 말하면 — 그 말이 별로 탐탁지 않아.

[예] 영호는 미소를 띠고 — 속으로는 화가 치밀어 올라 잠시라도 견딜 수 없을 만큼 괴로웠지만 — 그들을 맞았다.

[붙임 2] 끼어든 어구 안에 다른 쉼표가 들어 있을 때는 쉼표 대신 줄표를 쓴다.

[예] 이건 내 것이니까 — 아니, 내가 처음 발견한 것이니까 — 절대로 양보할 수가 없다.

(14) 특별한 효과를 위해 끊어 읽는 곳을 나타낼 때 쓴다.

[예] 내가, 정말 그 일을 오늘 안에 해낼 수 있을까

[예] 이 전투는 바로 우리가, 우리만이, 승리로 이끌 수 있다.

(15) 짧게 더듬는 말을 표시할 때 쓴다.

[예] 선생님, 부, 부정행위라니요? 그런 건 새, 생각조차 하지 않았습니다.

[붙임] '쉼표' 대신 '반점'이라는 용어를 쓸 수 있다.

5. 가운뎃점(·)

(1) 열거할 어구들을 일정한 기준으로 묶어서 나타낼 때 쓴다.

[예] 민수 · 영희, 선미 · 준호가 서로 짝이 되어 윷놀이를 하였다.

[예] 지금의 경상남도 · 경상북도, 전라남도 · 전라북도, 충청남도 · 충청북도 지역을 예부터 삼남이라 일러 왔다.

(2) 짝을 이루는 어구들 사이에 쓴다.

[예] 한(韓) · 이(伊) 양국 간의 무역량이 늘고 있다.

[예] 우리는 그 일의 참 · 거짓을 따질 겨를도 없었다.

[예] 하천 수질의 조사 · 분석

[예] 빨강 · 초록 · 파랑이 빛의 삼원색이다.

다만, 이때는 가운뎃점을 쓰지 않거나 쉼표를 쓸 수도 있다.

[예] 한(韓) 이(伊) 양국 간의 무역량이 늘고 있다.

[예] 우리는 그 일의 참 거짓을 따질 겨를도 없었다.

[예] 하천 수질의 조사, 분석

[예] 빨강, 초록, 파랑이 빛의 삼원색이다.

(3) 공통 성분을 줄여서 하나의 어구로 묶을 때 쓴다.

[예] 상 · 중 · 하위권   [예] 금 · 은 · 동메달

예 통권 제54 · 55 · 56호

[붙임] 이때는 가운뎃점 대신 쉼표를 쓸 수 있다.

예 상, 중, 하위권   예 금, 은, 동메달

예 통권 제54, 55, 56호

6. 쌍점(:)

(1) 표제 다음에 해당 항목을 들거나 설명을 붙일 때 쓴다.

예 문방사우: 종이, 붓, 먹, 벼루

예 일시: 2014년 10월 9일 10시

예 흔하진 않지만 두 자로 된 성씨도 있다.(예: 남궁, 선우, 황보)

예 올림표(#): 음의 높이를 반음 올릴 것을 지시한다.

(2) 희곡 등에서 대화 내용을 제시할 때 말하는 이와 말한 내용 사이에 쓴다.

예 김 과장: 난 못 참겠다.

예 아들: 아버지, 제발 제 말씀 좀 들어 보세요.

(3) 시와 분, 장과 절 등을 구별할 때 쓴다.

예 오전 10:20(오전 10시 20분)

예 두시언해 6:15(두시언해 제6권 제15장)

(4) 의존명사 '대'가 쓰일 자리에 쓴다.

예 65:60(65 대 60)   예 청군:백군(청군 대 백군)

[붙임] 쌍점의 앞은 붙여 쓰고 뒤는 띄어 쓴다. 다만, (3)과 (4)에서는 쌍점의 앞뒤를 붙여 쓴다.

7. 빗금(/)

(1) 대비되는 두 개 이상의 어구를 묶어 나타낼 때 그 사이에 쓴다.

예 먹이다/먹히다   예 남반구/북반구

예 금메달/은메달/동메달

예 ( )이/가 우리나라의 보물 제1호이다.

(2) 기준 단위당 수량을 표시할 때 해당 수량과 기준 단위 사이에 쓴다.

예 100미터/초   예 1,000원/개

(3) 시의 행이 바뀌는 부분임을 나타낼 때 쓴다.

예 산에 / 산에 / 피는 꽃은 / 저만치 혼자서 피어 있네

다만, 연이 바뀜을 나타낼 때는 두 번 겹쳐 쓴다.

예 산에는 꽃 피네 / 꽃이 피네 / 갈 봄 여름 없이 / 꽃이 피네 // 산에 / 산에 / 피는

꽃은 / 저만치 혼자서 피어 있네

[붙임] 빗금의 앞뒤는 (1)과 (2)에서는 붙여 쓰며, (3)에서는 띄어 쓰는 것을 원칙으로 하되 붙여 쓰는 것을 허용한다. 단, (1)에서 대비되는 어구가 두 어절 이상인 경우에는 빗금의 앞뒤를 띄어 쓸 수 있다.

8. 큰따옴표(" ")

(1) 글 가운데에서 직접 대화를 표시할 때 쓴다.

> 예 "어머니, 제가 가겠어요."
> "아니다. 내가 다녀오마."

(2) 말이나 글을 직접 인용할 때 쓴다.

> 예 나는 "어, 광훈이 아니냐?" 하는 소리에 깜짝 놀랐다.
> 예 밤하늘에 반짝이는 별들을 보면서 "나는 아무 걱정도 없이 가을 속의 별들을 다 헬 듯 합니다."라는 시구를 떠올렸다.
> 예 편지의 끝머리에는 이렇게 적혀 있었다.
> "할머니, 편지에 사진을 동봉했다고 하셨지만 봉투 안에는 아무것도 없었어요."

9. 작은따옴표(' ')

(1) 인용한 말 안에 있는 인용한 말을 나타낼 때 쓴다.

> 예 그는 "여러분! '시작이 반이다.'라는 말 들어 보셨죠?"라고 말하며 강연을 시작했다.

(2) 마음속으로 한 말을 적을 때 쓴다.

> 예 나는 '일이 다 틀렸나 보군.' 하고 생각하였다.
> 예 '이번에는 꼭 이기고야 말겠어.' 호연이는 마음속으로 몇 번이나 그렇게 다짐하며 주먹을 불끈 쥐었다.

10. 소괄호(( ))

(1) 주석이나 보충적인 내용을 덧붙일 때 쓴다.

> 예 니체(독일의 철학자)의 말을 빌리면 다음과 같다.
> 예 2014. 12. 19.(금)
> 예 문인화의 대표적인 소재인 사군자(매화, 난초, 국화, 대나무)는 고결한 선비 정신을 상징한다.

(2) 우리말 표기와 원어 표기를 아울러 보일 때 쓴다.

> 예 기호(嗜好), 자세(姿勢)
> 예 커피(coffee), 에티켓(étiquette)

(3) 생략할 수 있는 요소임을 나타낼 때 쓴다.

> 예 학교에서 동료 교사를 부를 때는 이름 뒤에 '선생(님)'이라는 말을 덧붙인다.
> 예 광개토(대)왕은 고구려의 전성기를 이끌었던 임금이다.

(4) 희곡 등 대화를 적은 글에서 동작이나 분위기, 상태를 드러낼 때 쓴다.

> 예 현우: (가쁜 숨을 내쉬며) 왜 이렇게 빨리 뛰어
> 예 "관찰한 것을 쓰는 것이 습관이 되었죠. 그러다 보니, 상상력이 생겼나 봐요."(웃음)

(5) 내용이 들어갈 자리임을 나타낼 때 쓴다.

> 예 우리나라의 수도는 (   )이다.
> 예 다음 빈칸에 알맞은 조사를 쓰시오.
> 　　민수가 할아버지(   ) 꽃을 드렸다.

(6) 항목의 순서나 종류를 나타내는 숫자나 문자 등에 쓴다.

> 예 사람의 인격은 (1) 용모, (2) 언어, (3) 행동, (4) 덕성 등으로 표현된다.
> 예 (가) 동해, (나) 서해, (다) 남해

11. 중괄호({ })

(1) 같은 범주에 속하는 여러 요소를 세로로 묶어서 보일 때 쓴다.

> 예 주격 조사 $\begin{Bmatrix} 이 \\ 가 \end{Bmatrix}$

> 예 국가의 성립 요소 $\begin{Bmatrix} 영토 \\ 국민 \\ 주권 \end{Bmatrix}$

(2) 열거된 항목 중 어느 하나가 자유롭게 선택될 수 있음을 보일 때 쓴다.

> 예 아이들이 모두 학교{에, 로, 까지} 갔어요.

12. 대괄호([ ])

(1) 괄호 안에 또 괄호를 쓸 필요가 있을 때 바깥쪽의 괄호로 쓴다.

> 예 어린이날이 새로 제정되었을 당시에는 어린이들에게 경어를 쓰라고 하였다.[윤석중 전집(1988), 70쪽 참조]
> 예 이번 회의에는 두 명[이혜정(실장), 박철용(과장)]만 빼고 모두 참석했습니다.

(2) 고유어에 대응하는 한자어를 함께 보일 때 쓴다.

> 예 나이[年歲]　　　　　　　예 낱말[單語]
> 예 손발[手足]

(3) 원문에 대한 이해를 돕기 위해 설명이나 논평 등을 덧붙일 때 쓴다.

예 그것[한글]은 이처럼 정보화 시대에 알맞은 과학적인 문자이다.

예 신경준의 《여암전서》에 "삼각산은 산이 모두 돌 봉우리인데, 그 으뜸 봉우리를 구름 위에 솟아 있다고 백운(白雲)이라 하며 [이하 생략]"

예 그런 일은 결코 있을 수 없다.[원문에는 '업다'임.]

13. 겹낫표(『 』)와 겹화살괄호(≪ ≫)

책의 제목이나 신문 이름 등을 나타낼 때 쓴다.

예 우리나라 최초의 민간 신문은 1896년에 창간된 『독립신문』이다.

예 『훈민정음』은 1997년에 유네스코 세계 기록 유산으로 지정되었다.

예 ≪한성순보≫는 우리나라 최초의 근대 신문이다.

예 윤동주의 유고 시집인 ≪하늘과 바람과 별과 시≫에는 31편의 시가 실려 있다.

[붙임] 겹낫표나 겹화살괄호 대신 큰따옴표를 쓸 수 있다.

예 우리나라 최초의 민간 신문은 1896년에 창간된 "독립신문"이다.

예 윤동주의 유고 시집인 "하늘과 바람과 별과 시"에는 31편의 시가 실려 있다.

14. 홑낫표(「 」)와 홑화살괄호(〈 〉)

소제목, 그림이나 노래와 같은 예술 작품의 제목, 상호, 법률, 규정 등을 나타낼 때 쓴다.

예 「국어 기본법 시행령」은 「국어 기본법」에서 위임된 사항과 그 시행에 필요한 사항을 규정함을 목적으로 한다.

예 이 곡은 베르디가 작곡한 「축배의 노래」이다.

예 사무실 밖에 「해와 달」이라고 쓴 간판을 달았다.

예 〈한강〉은 사진집 ≪아름다운 땅≫에 실린 작품이다.

예 백남준은 2005년에 〈엄마〉라는 작품을 선보였다.

[붙임] 홑낫표나 홑화살괄호 대신 작은따옴표를 쓸 수 있다.

예 사무실 밖에 '해와 달'이라고 쓴 간판을 달았다.

예 '한강'은 사진집 "아름다운 땅"에 실린 작품이다.

15. 줄표(—)

제목 다음에 표시하는 부제의 앞뒤에 쓴다.

예 이번 토론회의 제목은 '역사 바로잡기 — 근대의 설정 —'이다.

예 '환경 보호 — 숲 가꾸기 —'라는 제목으로 글짓기를 했다.

다만, 뒤에 오는 줄표는 생략할 수 있다.

예 이번 토론회의 제목은 '역사 바로잡기 — 근대의 설정'이다.

예 '환경 보호 — 숲 가꾸기'라는 제목으로 글짓기를 했다.

[붙임] 줄표의 앞뒤는 띄어 쓰는 것을 원칙으로 하되, 붙여 쓰는 것을 허용한다.

16. 붙임표(-)

(1) 차례대로 이어지는 내용을 하나로 묶어 열거할 때 각 어구 사이에 쓴다.

　　예 멀리뛰기는 도움닫기-도약-공중 자세-착지의 순서로 이루어진다.

　　예 김 과장은 기획-실무-홍보까지 직접 발로 뛰었다.

(2) 두 개 이상의 어구가 밀접한 관련이 있음을 나타내고자 할 때 쓴다.

　　예 드디어 서울-북경의 항로가 열렸다.

　　예 원-달러 환율 예남한-북한-일본 삼자 관계

17. 물결표(〜)

기간이나 거리 또는 범위를 나타낼 때 쓴다.

　　예 9월 15일〜9월 25일　　　　　　　예김정희(1786〜1856)

　　예 서울〜천안 정도는 출퇴근이 가능하다.

　　예 이번 시험의 범위는 3〜78쪽입니다.

[붙임] 물결표 대신 붙임표를 쓸 수 있다.

　　예 9월 15일-9월 25일　　　　　　　예 김정희(1786-1856)

　　예 서울-천안 정도는 출퇴근이 가능하다.

　　예 이번 시험의 범위는 3-78쪽입니다.

18. 드러냄표(˙)와 밑줄(＿)

문장 내용 중에서 주의가 미쳐야 할 곳이나 중요한 부분을 특별히 드러내 보일 때 쓴다.

　　예 한글의 본디 이름은 훈민정음이다.

　　예 중요한 것은 왜 사느냐가 아니라 어떻게 사느냐이다.

　　예 지금 필요한 것은 지식이 아니라 실천입니다.

　　예 다음 보기에서 명사가 아닌 것은?

[붙임] 드러냄표나 밑줄 대신 작은따옴표를 쓸 수 있다.

　　예 한글의 본디 이름은 '훈민정음'이다.

　　예 중요한 것은 '왜 사느냐'가 아니라 '어떻게 사느냐'이다.

　　예 지금 필요한 것은 '지식'이 아니라 '실천'입니다.

　　예 다음 보기에서 명사가 '아닌' 것은

19. 숨김표(○, ×)

(1) 금기어나 공공연히 쓰기 어려운 비속어임을 나타낼 때, 그 글자의 수효만큼 쓴다.

　　예 배운 사람 입에서 어찌 ○○○란 말이 나올 수 있느냐

　　예 그 말을 듣는 순간 ×××란 말이 목구멍까지 치밀었다.

(2) 비밀을 유지해야 하거나 밝힐 수 없는 사항임을 나타낼 때 쓴다.

    예 1차 시험 합격자는 김○영, 이○준, 박○순 등 모두 3명이다.

    예 육군 ○○ 부대 ○○○ 명이 작전에 참가하였다.

    예 그 모임의 참석자는 김×× 씨, 정×× 씨 등 5명이었다.

20. 빠짐표(□)

(1) 옛 비문이나 문헌 등에서 글자가 분명하지 않을 때 그 글자의 수효만큼 쓴다.

    예 大師爲法主□□賴之大□薦

(2) 글자가 들어가야 할 자리를 나타낼 때 쓴다.

    예 훈민정음의 초성 중에서 아음(牙音)은 □□□의 석 자다.

21. 줄임표(……)

(1) 할 말을 줄였을 때 쓴다.

    예 "어디 나하고 한번……." 하고 민수가 나섰다.

(2) 말이 없음을 나타낼 때 쓴다.

    예 "빨리 말해!"

       "……."

(3) 문장이나 글의 일부를 생략할 때 쓴다.

    예 '고유'라는 말은 문자 그대로 본디부터 있었다는 뜻은 아닙니다. …… 같은 역사적 환경에서 공동의 집단생활을 영위해 오는 동안 공동으로 발견된, 사물에 대한 공동의 사고방식을 우리는 한국의 고유 사상이라 부를 수 있다는 것입니다.

(4) 머뭇거림을 보일 때 쓴다.

    예 "우리는 모두…… 그러니까…… 예외 없이 눈물만…… 흘렸다."

[붙임 1] 점은 가운데에 찍는 대신 아래쪽에 찍을 수도 있다.

    예 "어디 나하고 한번......." 하고 민수가 나섰다.

    예 "실은...... 저 사람...... 우리 아저씨일지 몰라."

[붙임 2] 점은 여섯 점을 찍는 대신 세 점을 찍을 수도 있다.

    예 "어디 나하고 한번…." 하고 민수가 나섰다.

    예 "실은... 저 사람... 우리 아저씨일지 몰라."

[붙임 3] 줄임표는 앞말에 붙여 쓴다. 다만, (3)에서는 줄임표의 앞뒤를 띄어 쓴다.

〈추가된 표준어〉

[2011년 9월 추가 표준어]

1) 현재 표준어와 같은 뜻으로 추가로 표준어를 인정한 경우(11개)

현재 표준어	추가된 표준어	현재 표준어	추가된 표준어
간질이다	간지럽히다	남우세스럽다	남사스럽다
목물	등물	만날	맨날
묏자리	묫자리	복사뼈	복숭아뼈
세간	세간살이	쌉싸래하다	쌉싸름하다
고운대	토란대	허섭스레기	허접쓰레기
토담	흙담		

2) 현재 표준어와 별도의 표준어로 추가로 인정한 경우(25개)

현재 표준어	추가된 표준어	뜻 차이
- 기에	- 길래	'~기에'의 구어적 표현
날개	나래	'날개'의 문학적 표현
눈초리	눈꼬리	눈초리: 어떤 대상을 바라볼 때 눈에 나타나는 표정 눈꼬리: 눈의 귀 쪽으로 째진 부분
뜰	뜨락	뜨락: 추상적 공간을 비유하는 뜻
메우다	메꾸다	메꾸다: 무료한 시간을 적당히 또는 그럭저럭 흘러가게 하다
어수룩하다	어리숙하다	어수룩하다: 순박함/순진함 어리숙하다: 어리석음
거치적거리다	걸리적거리다	자음 또는 모음의 차이로 인한 어감 및 뜻 차이 존재
두루뭉술하다	두리뭉실하다	〃
바동바동	바둥바둥	〃
아옹다옹	아웅다웅	〃
오순도순	오손도손	〃
치근거리다	추근거리다	〃

현재 표준어	추가된 표준어	뜻 차이
괴발개발	개발새발	고양이와 개 / 개와 새
냄새	내음	향기롭거나 나쁘지 않은 냄새
떨어뜨리다	떨구다	떨구다: 시선을 아래로 향하다
먹을거리	먹거리	먹거리: 사람이 살아가기 위하여 먹는 음식을 통틀어 이름
손자	손주	손자: 아들의 아들, 또는 딸의 아들 손주: 손자와 손녀를 아울러 이르는 말
연방	연신	연방: 연속성 연신: 반복성
끼적거리다	끄적거리다	자음 또는 모음의 차이로 인한 어감 및 뜻 차이 존재
맨송맨송	맨숭맨숭/ 맹숭맹숭	〃
새치름하다	새초롬하다	〃
야멸치다	야멸차다	〃
찌뿌듯하다	찌뿌둥하다	〃
횡허케	휭하니	횡허케: '휭하니'의 예스러운 표현

3) 두 가지 표기를 모두 표준어로 인정한 경우(3개)

현재 표준어	추가된 표준어	현재 표준어	추가된 표준어
태견	택견	품세	품새
자장면	짜장면		

[2014년 12월 추가 표준어]

1) 현재 표준어와 같은 뜻으로 추가로 표준어를 인정한 경우 (5개)

현재 표준어	추가된 표준어
구안괘사	구안와사
굽실	굽신*
눈두덩	눈두덩이
삐치다	삐지다
작장초	초장초

* '굽신'이 표준어로 인정됨에 따라, '굽신거리다, 굽신대다, 굽신하다, 굽신굽신, 굽신굽신하다' 등도 함께 인정됨

2) 현재 표준어와 뜻이나 어감이 차이가 나는 별도의 표준어로 인정한 경우 (8개)

현재 표준어	추가된 표준어	뜻 차이
개개다	개기다	• 개기다: (속되게) 명령이나 지시를 따르지 않고 버티거나 반항하다. (※개개다: 성가시게 달라붙어 손해를 끼치다.)
꾀다	꼬시다	• 꼬시다: '꾀다'를 속되게 이르는 말. (※꾀다: 그럴듯한 말이나 행동으로 남을 속이거나 부추겨서 자기 생각대로 끌다.)
장난감	놀잇감	• 놀잇감: 놀이 또는 아동 교육 현장 따위에서 활용되는 물건이나 재료. (※장난감: 아이들이 가지고 노는 여러 가지 물건.)
딴죽	딴지	• 딴지: ((주로 '걸다, 놓다'와 함께 쓰여)) 일이 순순히 진행되지 못하도록 훼방을 놓거나 어기대는 것(※딴죽: 이미 동의하거나 약속한 일에 대하여 딴전을 부림을 비유적으로 이르는 말.)
사그라지다	사그라들다	• 사그라들다: 삭아서 없어져 가다.(※사그라지다: 삭아서 없어지다.)
섬뜩	섬찟*	• 섬찟: 갑자기 소름이 끼치도록 무시무시하고 끔찍한 느낌이 드는 모양. (※섬뜩: 갑자가 소름이 끼치도록 무섭고 끔찍한 느낌이 드는 모양.)
속병	속앓이	• 속앓이: 「1」속이 아픈 병. 또는 속에 병이 생겨 아파하는 일 「2」겉으로 드러내지 못하고 속으로 걱정하거나 괴로워하는 일(※속병: 「1」몸속의 병을 통틀어 이르는 말. 「2」'위장병01'을 일상적으로 이르는 말. 「3」화가 나거나 속이 상하여 생긴 마음의 심한 아픔.
허접스럽다	허접하다	• 허접하다: 허름하고 잡스럽다.(※허접스럽다: 허름하고 잡스러운 느낌이 있다.)

* '섬찟'이 표준어로 인정됨에 따라, '섬찟하다, 섬찟섬찟, 섬찟섬찟하다' 등도 표준어로 함께 인정됨.

** 국어심의회에서는 'RADAR(radio detecting and ranging)'의 한글 표기로 '레이다'와 '레이더'를 복수로 인정

[2015년 12월 추가 표준어]

1) 복수 표준어: 현재 표준어와 같은 뜻을 가진 표준어로 인정한 것(4개)

추가 표준어	현재 표준어	비고
마실	마을	• '이웃에 놀러 다니는 일'의 의미에 한하여 표준어로 인정함. '여러 집이 모여 사는 곳'의 의미로 쓰인 '마실'은 비표준어임. • '마실꾼, 마실방, 마실돌이, 밤마실'도 표준어로 인정함. (예문) 나는 아들의 방문을 열고 이모네 마실 갔다 오마고 말했다.
이쁘다	예쁘다	• '이쁘장스럽다, 이쁘장스레, 이쁘장하다, 이쁘디이쁘다'도 표준어로 인정함. (예문) 어이구, 내 새끼 이쁘기도 하지.
찰지다	차지다	• 사전에서 〈'차지다'의 원말〉로 풀이함. (예문) 화단의 찰진 흙에 하얀 꽃잎이 화사하게 떨어져 날리곤 했다.
-고프다	-고 싶다	• 사전에서 〈'-고 싶다'가 줄어든 말〉로 풀이함. (예문) 그 아이는 엄마가 보고파 앙앙 울었다.

2) 별도 표준어: 현재 표준어와 뜻이 다른 표준어로 인정한 것(5개)

추가 표준어	현재 표준어	뜻 차이
꼬리연	가오리연	• 꼬리연: 긴 꼬리를 단 연. ※가오리연: 가오리 모양으로 만들어 꼬리를 길게 단 연. 띄우면 오르면서 머리가 아래위로 흔들린다. (예문) 행사가 끝날 때까지 하늘을 수놓았던 대형 꼬리연도 비상을 꿈꾸듯 끊임없이 창공을 향해 날아올랐다.
의론	의논	• 의론(議論): 어떤 사안에 대하여 각자의 의견을 제기함. 또는 그런 의견. ※의논(議論): 어떤 일에 대하여 서로 의견을 주고 받음. • '의론되다, 의론하다'도 표준어로 인정함. (예문) 이러니저러니 의론이 분분하다.
이크	이키	• 이크: 당황하거나 놀랐을 때 내는 소리. '이키'보다 큰 느낌을 준다. ※이키: 당황하거나 놀랐을 때 내는 소리. '이끼'보다 거센 느낌을 준다. (예문) 이크, 이거 큰일 났구나 싶어 허겁지겁 뛰어갔다.
잎새	잎사귀	• 잎새: 나무의 잎사귀. 주로 문학적 표현에 쓰인다. ※잎사귀: 낱낱의 잎. 주로 넓적한 잎을 이른다. (예문) 잎새가 몇 개 남지 않은 나무들이 창문 위로 뻗어올라 있었다.
푸르르다	푸르다	• 푸르르다: '푸르다'를 강조할 때 이르는 말. ※푸르다: 맑은 가을 하늘이나 깊은 바다. 풀의 빛깔과 같이 밝고 선명하다. • '푸르르다'는 '으불규칙용언'으로 분류함. (예문) 겨우내 찌푸리고 있던 잿빛 하늘이 푸르르게 맑아 오고 어디선지도 모르게 흙냄새가 뭉클하니 풍겨 오는 듯한 순간 벌써 봄이 온 것을 느낀다.

3) 복수 표준형: 현재 표준적인 활용형과 용법이 같은 활용형으로 인정한 것(2개)

추가 표준형	현재 표준형	비고
말아 말아라 말아요	마 마라 마요	• '말다'에 명령형어미 '—아', '—아라', '—아요' 등이 결합할 때는 어간 끝의 'ㄹ'이 탈락하기도 하고 탈락하지 않기도 함. (예문) 내가 하는 말 농담으로 듣지 마/말아. 　　　 얘야, 아무리 바빠도 제사는 잊지 마라/말아라. 　　　 아유, 말도 마요/말아요.
노랗네 동그랗네 조그맣네 …	노라네 동그라네 조그마네 …	• ㅎ불규칙용언이 어미 '—네'와 결합할 때는 어간 끝의 'ㅎ'이 탈락하기도 하고 탈락하지 않기도 함. • '그렇다, 노랗다, 동그랗다, 뿌옇다, 어떻다, 조그맣다, 커다랗다' 등등 모든 ㅎ불규칙용언의 활용형에 적용됨. (예문) 생각보다 훨씬 노랗네/노라네. 　　　 이 빵은 동그랗네/동그라네. 　　　 건물이 아주 조그맣네/조그마네.

[2016년 12월 추가 표준어]

1) 복수 표준어: 현재 표준어와 같은 뜻을 가진 표준어로 인정한 것(4개)

추가 표준어	현재 표준어	뜻 차이
걸판지다	거방지다	걸판지다 [형용사] ① 매우 푸지다. ¶ 술상이 걸판지다 / 마침 눈먼 돈이 생긴 것도 있으니 오늘 저녁은 내가 걸판지게 사지. ② 동작이나 모양이 크고 어수선하다. ¶ 싸움판은 자못 걸판져서 구경거리였다. / 소리판은 옛날이 걸판지고 소리할 맛이 났었지. 거방지다 [형용사] ① 몸집이 크다. ② 하는 짓이 점잖고 무게가 있다. ③ =걸판지다①.
겉울음	건울음	겉울음 [명사] ① 드러내 놓고 우는 울음. ¶ 꼭꼭 참고만 있다 보면 간혹 속울음이 겉울음으로 터질 때가 있다. ② 마음에도 없이 겉으로만 우는 울음. ¶ 눈물도 안 나면서 슬픈 척 겉울음 울지 마. 건울음 [명사] =강울음. 강울음 [명사] 눈물 없이 우는 울음. 또는 억지로 우는 울음.
까탈스럽다	까다롭다	까탈스럽다 [형용사] ① 조건, 규정 따위가 복잡하고 엄격하여 적응하거나 적용하기에 어려운 데가 있다. '가탈스럽다①'보다 센 느낌을 준다. ¶ 까탈스러운 공정을 거치다 / 규정을 까탈스럽게 정하다 / 가스레인지에 길들여진 현대인들에게 지루하고 까탈스러운 숯 굽기 작업은 쓸데없는 시간 낭비로 비칠 수도 있겠다. ② 성미나 취향 따위가 원만하지 않고 별스러워 맞춰 주기에 어려운 데가 있다. '가탈스럽다②'보다 센 느낌을 준다. ¶ 까탈스러운 입맛 / 성격이 까탈스럽다 / 딸아이는 사 준 옷이 맘에 안 든다고 까탈스럽게 굴었다. ※ 같은 계열의 '가탈스럽다'도 표준어로 인정함. 까다롭다 [형용사] ① 조건 따위가 복잡하거나 엄격하여 다루기에 순탄하지 않다. ② 성미나 취향 따위가 원만하지 않고 별스럽게 까탈이 많다.
실뭉치	실몽당이	실뭉치 [명사] 실을 한데 뭉치거나 감은 덩이. ¶ 뒤엉킨 실뭉치 / 실뭉치를 풀다 / 그의 머릿속은 엉클어진 실뭉치같이 갈피를 못 잡고 있었다. 실몽당이 [명사] 실을 풀기 좋게 공 모양으로 감은 뭉치.

2) 복수 표준형: 현재 표준적인 활용형과 용법이 같은 활용형으로 인정한 것(2개)

추가 표준형	현재 표준형	비고

엘랑	에는	○표준어 규정 제25항에서 '에는'의 비표준형으로 규정해 온 '엘랑'을 표준형으로 인정함.
		○'엘랑' 외에도 'ㄹ랑'에 조사 또는 어미가 결합한 '에설랑, 설랑, –고설랑, –어설랑, –질랑'도 표준형으로 인정함.
		○'엘랑, –고설랑' 등은 단순한 조사/어미 결합형이므로 사전 표제어로는 다루지 않음.
		  (예문) 서울엘랑 가지를 마오.
		       교실에설랑 떠들지 마라.
		       나를 앞에 앉혀놓고설랑 자기 아들 자랑만 하더라.

주책이다	주책없다	○표준어 규정 제25항에 따라 '주책없다'의 비표준형으로 규정해 온 '주책이다'를 표준형으로 인정함. ○'주책이다'는 '일정한 줏대가 없이 되는대로 하는 짓'을 뜻하는 '주책'에 서술격조사 '이다'가 붙은 말로 봄. ○'주책이다'는 단순한 명사+조사 결합형이므로 사전 표제어로는 다루지 않음. (예문) 이제 와서 오래 전에 헤어진 그녀를 떠올리는 나 자신을 보며 '나도 참 주책이군' 하는 생각이 들었다.